PPP

项目运作与资产证券化

卢明明◎编著

中国铁道出版社

CHINA RAILWAY PUBLISHING HOUSE

内 容 简 介

PPP 模式是全面深化改革在经济投资领域的具体举措，是经济发展进入新常态的必然选择。但 PPP 是一项复杂的系统性工程，它需要我们对 PPP 有系统全局的认识，对 PPP 的要点、重点和核心点有深度的理解，对 PPP 在现实运作中要有足够的执行力度。

本书从业务运作模式与实务操作入手，详细系统地介绍了 PPP 项目识别、项目准备、项目采购、项目执行、项目移交整个生命周期的操作要点以及 PPP 项目合同、项目融资、项目风险管理等系列关键问题，并对 PPP 项目资产证券化的运作进行全面系统的介绍，同时借助典型案例剖析成功 PPP 项目的操作经验。

本书是一部 PPP 理论指导与操作实务全方位指引的读物，适合普通读者以及理论研究人员、有志于参与 PPP 项目的企业管理人员、PPP 领域从业人员参考阅读。

图书在版编目（CIP）数据

PPP 项目运作与资产证券化 / 卢明明编著 . —北京：中国铁道出版社，2018.9

ISBN 978-7-113-24744-7

Ⅰ . ①P… Ⅱ . ①卢… Ⅲ . ①政府投资－合作－社会资本－研究 ②资产证券化－研究 Ⅳ . ① F830.59 ② F014.39

中国版本图书馆 CIP 数据核字（2018）第 157812 号

书　　名：PPP 项目运作与资产证券化
作　　者：卢明明　编著

责任编辑：张亚慧　　　　　　读者热线电话：010-63560056
责任印制：赵星辰　　　　　　封面设计：MXK DESIGN STUDIO

出版发行：中国铁道出版社（100054，北京市西城区右安门西街 8 号）
印　　刷：三河市宏盛印务有限公司
版　　次：2018 年 9 月第 1 版　　　2018 年 9 月第 1 次印刷
开　　本：700mm×1000mm　1/16　印张：18.25　字数：287 千
书　　号：ISBN 978-7-113-24744-7
定　　价：55.00 元

PPP（Public—Private—Partnership 的缩写，即公私合作关系）作为政府与社会资本的合作模式，是指在政府负有提供责任的公共产品和公共服务领域，政府通过竞争性方式选择社会资本，并授权社会资本投资、建设特定基础设施和公用事业项目的模式。建成后，社会资本通过一定期限的运营和收费收回投资并获取合理回报，期限届满后无偿移交给政府。合作过程中，政府负责全生命周期内的监管和绩效考核付费等。在 PPP 项目中，项目公司在经营期内通过使用者付费、政府付费、可行性缺口补贴等保有持续、稳定的现金流。

PPP 模式能够帮助政府减轻财政负担，降低企业投资中的不确定性风险，使合作各方达到比预期单独行动更为有利的结果。这种模式突破了私人企业参与公用基础设施项目组织机构的多种限制，比较适用于公益性较强、后续经营较长的项目，主要运用于基础设施（如轨道交通、隧道港口、道路桥梁等）、公用事业（污水处理、垃圾处理等环保项目）和社会事业项目（学校、养老院、医疗等）领域。

我国 PPP 模式的推广和运用开始于党的十八届三中全会，在历经 2013年的准备以及 2014 年以来密集政策红利和加速落地合力助推下，PPP 逐渐发展成项目规模庞大、政策体系相对完善的改革事业。在 2016 年，PPP 更是以"加速度"迅猛推进。在经济新常态背景下，在推动市场于资源配置中起决定性作用的关口，PPP 已成为稳增长、调结构、促改革、惠民生、防风险的重要抓手。同时，为了缓解 PPP 项目融资难的问题、推进 PPP 项目规范实施，2017 年 6月，国家相关部门力推 PPP 资产证券化，利用资产证券化这一创新金融工具的优势，推动实体项目与资本市场对接，拓宽融资渠道，降低融资成本，从源头上破解 PPP 项目的融资难题。

为了帮助读者更加全面系统地认识和了解当前中央力推的 PPP 模式，本书力求从政策理论到落地实操，从宏观理解到微观操作等方面对 PPP 模式进行一次系统、全面、立体的梳理和讲解。

本书立足于 PPP 模式的基本概念、参与主体、模式分类等关键要点以及国内外发展现状，从业务运作模式与实务操作入手，全面系统地介绍了 PPP 项目识别、项目准备、项目采购、项目执行、项目移交整个生命周期内的操作要点，并对 PPP 项目合同、项目融资以及项目风险管理等系列关键问题进行了全面、具体而深入的分析。

同时，针对 PPP 项目资产证券化实务操作，系统地介绍了 PPP 项目开展资产证券化的运作要点，包括 PPP 项目资产证券化的模式、基本条件、主要参与者以及基本流程，并对 PPP 项目资产证券化面临的问题提出了政策建议。此外，本书从实际案例出发，通过剖析典型的、成功的 PPP 项目案例以及 PPP 项目资产证券化案例，介绍了相关成功经验，对项目的实际操作具有较高的参考价值。

本书图文结合，图表并重，在做到专业性的同时，兼顾对 PPP 相关知识的普及，适合广大普通读者作为了解 PPP 有关知识的兴趣读物，也可作为希望参与 PPP 项目的企业管理人员、相关监管机构、理论研究人员以及 PPP 领域从业人员的参考用书。

本书在策划与编写过程中，参考了一些权威资料，因无法一一联系原作者，在此一并表示感谢。由于编者水平有限，书中难免有疏漏之处，在此恳请读者批评指正。

编　者
2018 年 6 月

| 目 录 |
CONTENTS

第一章

PPP 究竟是什么

近几年，国家发展改革委、财政部等都在力推 PPP（政府和社会资本合作）模式，各地的 PPP 项目也相继落地，PPP 模式呈现出燎原之势。截至 2017 年 3 月末，PPP 全国落地项目共计 12287 个，累计投资额 14.6 万亿元，覆盖 31 个省（自治区、直辖市）及新疆生产建设兵团和 19 个行业领域。其中，已签约落地项目 1729 个，投资额 2.9 万亿元，PPP 模式已经成为当前最热的热点经济之一。

本章主要内容包括：

➤ PPP 概念界定

➤ PPP 的参与主体

➤ PPP 的特征

➤ PPP 的优缺点

➤ PPP 的分类

➤ PPP 模式在国内的应用

➤ 国内 PPP 的发展历程

➤ 当前国内 PPP 发展现状

一、PPP 概念界定

PPP 即英文 "Public—Private—Partnership" 的缩写，直译为 "公私合作伙伴关系"，"公" 即公共部门，"私" 即私营机构。简单来说，PPP 是指公共部门和私营机构为提供公共产品或服务而建立的一种合作关系。

PPP 本身是一个非常宽泛的概念，加之各国意识形态不同，具体实践不同，PPP 并没有一个完全统一的定义。本书将从世界主要组织机构、我国主要政策文件中的定义两个角度进行阐述，以帮助读者进一步理解和认识 PPP 的概念。

（一）世界主要组织机构的定义

世界主要国际组织机构、国家组织机构对 PPP 定义的界定详见表 1-1。

表 1-1 国际组织机构、国家组织机构对 PPP 的界定

组织结构	概念界定
世界银行（WBG）	PPP 是私营部门和政府机构间就提供公共资产和公共服务签订的长期合同，而私营部门须承担实质性风险和管理责任
联合国开发计划署（UNDP）	PPP 是在公共部门和私营部门的合作体制下，吸取各自的长处，集中建设和运营管理城市环境基础设施的财源、经营及专业知识的有效手段
联合国训练研究所（UNITAR）	PPP 涵盖了不同社会系统倡导的所有制度合作方式，目的是解决当地区域内的某些复杂问题。其包含两层含义：其一是为满足公共产品需要而建立的公共和私人倡导者之间的各种合作关系；其二是为满足公共产品需要，公共部门和私营部门建立伙伴关系进行的大型公共项目的实施
亚洲开发银行（ADB）	PPP 是指公共部门和私营机构在基础设施建设和其他服务提供方面建立的一系列合作关系，其特征是政府授权、规制和监管私营部门，私营部门出资、建设和运营提供公共产品和服务，公私双方长期合作、共担风险和收益，提高效率和服务水平
欧盟委员会（European Commission）	PPP 是公共部门和私营部门之间的一种合作关系，其目的是提供传统由公共部门提供的公共项目或服务

续表

组织结构	概念界定
加拿大 PPP 国家委员会 （PPP Canada）	PPP 是指公共部门和私营部门之间的一种合作经营关系，它建立在双方各自经验的基础之上，通过适当的资源分配、风险分担和利益共享机制，最好地满足事先清晰界定的公共需求
美国 PPP 国家委员会 （NCPPP）	PPP 是介于外包和私有化之间并结合两者特点的一种公共产品提供方式，它充分利用私人资源来设计、建设、投资、经营和维护公共基础设施，并提供相关服务以满足公共需求

通过对以上各个国际组织机构以及国家组织机构对 PPP 概念界定的分析，可以发现各个组织机构对 PPP 做出的定义都比较宽泛，PPP 概念的本质体现在以下四点，如图 1-1 所示。

1　公共部门与私营部门之间的伙伴关系，是 PPP 区别于其他项目模式的关键

2　PPP 模式中公共部门与私营部门之间是关系性的契约形式，契约的目的是实现公共需求，而非单纯的商业利益关系

3　长期的、有效的公共政策或制度的规范是 PPP 项目公私合作实现的保障

4　公共部门与私营部门的合作基础是共有产权关系和合作期间的资源配置、风险分担和利益共享。

●图 1-1　广泛的 PPP 概念的本质

（二）我国主要政策文件中的定义

在我国，PPP（Public—Private—Partnership）被译为"政府与社会资本合作"，是政府与社会资本为了合作建设城市基础设施项目，或是为了提供某种公共产品和服务，以特许经营协议为基础，以利益共享和风险共担为特征，通过引入市场竞争和激励约束机制，发挥各方优势，提供公共产品或服务的质量和供给效率。

其中的"Public"指的是政府、政府职能部门或政府授权的其他合格机构；"Private"指的是依法设立并有效存续的自主经营、自负盈亏、独立合算的具有法人资格的企业，包括民营企业、国有企业、外国企业和外资企业，但不包括本级政府所属融资平台公司及其他控股国有企业。

在我国相关政策文件中，对 PPP 的定义详见表 1-2。

表 1-2 我国相关政策文件中对 PPP 的定义

文件名称	发文单位	具体定义
《关于推广运用政府和社会资本合作模式有关问题的通知》	财政部	政府和社会资本合作模式是在基础设施及公共服务领域建立的一种长期合作关系。通常模式是由社会资本承担设计、建设、运营、维护基础设施的大部分工作，并通过"使用者付费"及必要的"政府付费"获得合理投资回报。政府部门负责基础设施及公共服务的价格和质量监管，以保证公共利益最大化
《关于开展政府和社会资本合作的指导意见》	发改委	政府和社会资本合作（PPP）模式是指政府为增强公共产品和服务供给能力、提高供给效率，通过特许经营、购买服务、股权合作等方式，与社会资本建立的利益共享、风险分担及长期合作关系
《关于在公共服务领域推广政府和社会资本合作模式的指导意见》	国务院办公厅	政府和社会资本合作模式是公共服务供给机制的重大创新，即政府采取竞争性方式择优选择具有投资、运营管理能力的社会资本，双方按照平等协商原则订立合同，明确责权利关系，由社会资本提供公共服务，政府依据公共服务绩效评价结果向社会资本支付相应对价，保证社会资本获得合理收益

（三）PPP 与特许经营的关系

PPP 和特许经营经常引起歧义，甚至被混为一谈，因此，要想充分理解 PPP 的概念，还应该弄清楚 PPP 和特许经营分别是什么，两者之间又存在哪些区别。

1．PPP 与特许经营的相同点

2015 年 4 月 25 日，发改委、财政部、住房和城乡建设部、交通运输部、水利部、中国人民银行六部委发布《基础设施和公共事业特许经营管理办法》，其中第 3 条规定："本办法所称基础设施和公用事业特许经营，是指政府采用竞争方式依法授权中华人民共和国境内外的法人或者其他组织，通过协议明确权利义务和风险分担，约定其在一定期限和范围内投资建设运营基础设施和公用事业并获得收益，提供公共产品或者公共服务。"

从定义上看，特许经营与 PPP 相同点主要表现在三个方面，如图 1-2 所示。

| 1 | 对象相同 |
| | 不管是特许的双方，还是合作的双方，都是一方为政府、另一方为企业 |

| 2 | 适用领域相同 |
| | 都是具有非竞争性或非排他性的公共产品领域，实施领域范围进一步拓展 |

| 3 | 实施目的相同 |
| | 都是为了提高公共产品的供给效率和水平 |

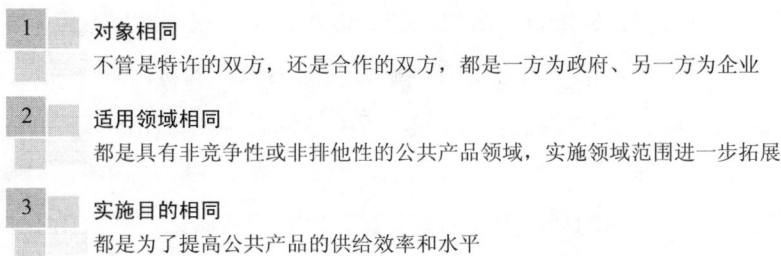

●图 1-2　PPP 与特许经营的相同点

2. PPP 与特许经营的区别

PPP 与特许经营的区别主要表现在三个方面，如图 1-3 所示。

立法用语存在差异。

PPP 与特许
经营的区别

适用范围有交叉但又各有侧重。

政府与企业的法律关系存在差别。

●图 1-3　PPP 与特许经营的区别表现

（1）立法用语存在差异

PPP 常见于国家财政部主导的 PPP 政策文件中，如财政部《关于推广运用政府和社会资本合作模式有关问题的通知》（财金〔2014〕76 号）、《政府与社会资本合作模式操作指南》（财金〔2014〕113 号文），国务院办公厅《关于在公共服务领域推广政府和社会资本合作模式的指导意见》（国办发〔2015〕42 号）等规范性文件中。

而特许经营多在以国家发改委牵头主导的特许经营立法中，如《基础设施和公用事业特许经营管理办法》以及国家发展改革委关于切实做好《基础设施和公用事业特许经营管理办法》贯彻实施工作的通知（发改法规〔2015〕1508）等规范性文件。

（2）适用范围有交叉但又各有侧重

在可适用的领域及范围上，PPP 和特许经营存在交叉领域，国务院办公厅《关于在公共服务领域推广政府和社会资本合作模式的指导意见》（国办发〔2015〕42 号）中明确提出"在能源、交通运输、水利、环境保护、市政工程等特定领域需要实施特许经营的，按《基础设施和公用事业特许经营管理办法》执行。"

但是两者在适用的领域上又各有侧重。PPP 模式可以广泛应用于能源、交通运输、水利、环境保护、农业、林业、科技、保障性安居工程、医疗、卫生、养老、教育、文化等公共服务领域，不管项目是否带有经营性，是否属于政府垄断范畴。而采取特许经营模式的更加倾向于项目本身有一定的经营性且具有独家经营的垄断性质，例如能源、交通运输、水利、环境保护、市政工程等基础设施和公用事业领域。

（3）政府与企业的法律关系存在差别

PPP 模式更加强调政府与企业的法律平等地位，在平等协商的原则下订立合同，双方是基于契约而建立的民事法律关系。而特许经营强调的是政府方对境内外法人或其他组织的行政授权，政府对企业是行政行为，二者是管理与被管理的行政法律关系。由于 PPP 与特许经营中政府和企业的法律关系不同，因此，当项目发生争议时所适用的法律、争议解决机制等方面也不同。

二、PPP 的参与主体

PPP 项目的参与方通常包括政府方、社会资本方、金融机构、承包商和分包商、原料供应商、专业运营商以及专业机构等。

（一）政府方

在 PPP 模式中，政府扮演引导者、管理者的角色，也是重要的参与者、监督者。根据 PPP 项目运作方式和社会资本参与程度的不同，政府在 PPP 项目中所承担的具体职责也不同。总体来讲，在 PPP 项目中，政府需要同时扮演两种角色，如图 1-4 所示。

作为公共事务的管理者，政府负有向公众提供优质且价格合理的公共产品和服务的义务，承担 PPP 项目的规划、采购、管理、监督等行政管理职能，并在行使上述行政管理职能时形成与项目公司（或社会资本）之间的行政法律关系

作为公共产品或服务的购买者（或者购买者的代理人），政府基于 PPP 项目合同形成与项目公司（或社会资本）之间的平等民事主体关系，按照 PPP 项目合同的约定行使权利、履行义务

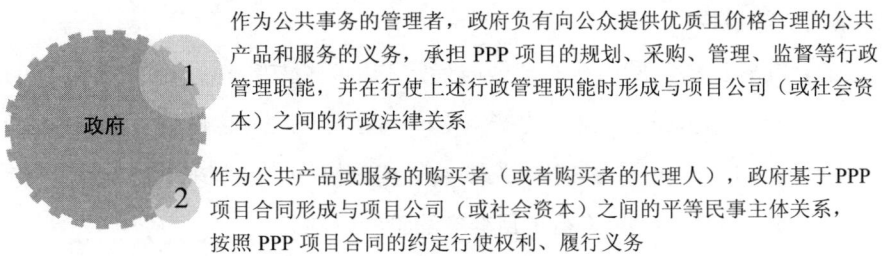

• 图 1-4　PPP 项目中政府扮演的角色

　　具体来说，政府在 PPP 项目中的角色包括政府、政府和社会资本合作中心（PPP 中心）、项目实施机构及其他角色。

1. 政府

　　此种意义上的政府是指国家或省级政府在 PPP 模式中的角色和作用，主要体现在宏观上。在宏观层面上，国家或省级政府的主要职责就是为 PPP 模式的开展和推广创造坚实稳定的宏观环境和氛围。例如，制定 PPP 相关法律法规，为 PPP 模式提供政策法律保障。为 PPP 项目提供相应的外在条件的支持，如简化审批手续和过程，提供税收、外汇、土地使用等优惠政策，提供知识产权和其他秘密信息方面的保护，提供必要的金融支持等。

2. 政府和社会资本合作中心

　　政府和社会资本合作中心（PPP 中心）是国家为推广 PPP 模式而专门设立的、对 PPP 项目行使管理职能的机构。《政府和社会资本合作模式操作指南（试行）》第四条中规定"各省、自治区、直辖市、计划单列市和新疆生产建设兵团财政部门应积极设立政府和社会资本合作中心或指定专门机构，履行规划指导、融资支持、识别评估、咨询服务、宣传培训、绩效评价、信息统计、专家库和项目库建设等职责"。

　　2014 年 12 月，财政部政府和社会资本合作中心（PPP 中心）设立，主要承担政府和社会资本合作（PPP）相关的政策研究、咨询培训、能力建设、融资支持、信息统计和国际交流等工作。地方各级政府也纷纷成立了 PPP 中心，负责地方 PPP 项目的推广和管理工作。

3. 项目实施机构

项目实施机构是指由政府或政府指定的相关机构，在政府授权范围内负责具体 PPP 项目准备、采购、监管和移交等工作的主体。政府、政府指定的有关职能部门和事业单位可以作为项目的实施机构。一般来说，项目实施机构是在完成项目识别后，进行项目准备的阶段成立。

4. 其他

在具体的实践中，根据 PPP 项目的不同，政府也可能担任投资者、服务购买者等角色，这些角色都会对 PPP 项目的成败、社会资本的投资收益等产生重要影响。

（1）投资人

在 PPP 项目中，政府可作为项目投资人，通过注资入股、以土地作价入股等方式与社会资本共同出资。但是，政府出资有一定的比例限制。《PPP 项目合同指南（试行）》中规定，政府出资不得超过项目资本金的 50%，财政部《政府和社会资本合作项目财政承受能力论证指引》中规定，每一年度全部 PPP 项目需要从预算中安排的支出责任，占一般公共预算支出的比例不应超过 10%。

（2）购买者

在无使用者付费或使用者付费不足以覆盖投资的 PPP 项目中，政府承担着 PPP 项目购买者的角色，以政府付费或政府提供必要补助的形式，使社会资本能获得合理的投资回报。

（3）协调者、监督者

在具体的 PPP 项目中，政府可以根据项目的具体情况建立专门的协调机制，负责项目评审、组织协调和检查监督等工作。

（二）社会资本方

社会资本方是指与政府方签署 PPP 项目合同的社会资本或项目公司。其中，社会资本是指依法设立且有效存续的具有法人资格的企业，包括民营企业、国有企业、外国企业和外商投资企业。但本级人民政府下属的政府融资平台公司及其控股的其他国有企业（上市公司除外）不得作为社会资本方参与本级政府辖区内的 PPP 项目。社会资本是 PPP 项目的实际投资人。但在 PPP 实践中，社会资本通常不会直接作为 PPP 项目的实施主体，而会专门针对该项目成立项目公司，作为 PPP 项目合同及项目其他相关合同的签约主体，负责项目具体实施。

项目公司是依法设立的自主运营、自负盈亏的具有独立法人资格的经营实体。项目公司可以由社会资本（可以是一家企业，也可以是多家企业组成的联合体）出资设立，也可以由政府和社会资本共同出资设立。但政府在项目公司中的持股比例应当低于 50% 且不具有实际控制力及管理权。

1. 社会资本应具有的条件

PPP 项目具有投资金额大、回报周期长、工程复杂等特点，因此，要求社会资本必须具有相应的资信状况、资金实力、融资能力、专业能力等。

（1）具有企业法人的资格

社会资本必须是建立现代企业制度的境内外企业法人，是依法设立且有效存续的具有法人资格的企业，能独立承担民事责任，具有健全的内部治理结构和良好的信用状况。

（2）具备雄厚的资金实力

PPP 项目需要巨大的资金做支撑，根据《国务院关于调整和完善固定投资资产项目资本金制度的通知》，各行业固定资产投资项目的最低资本金比例都比较高，一般占项目总投资的 20% 以上。因此，社会资本作为投资量巨大的 PPP 项目的主要投资方，必须具备雄厚的资金实力，才能保证固定投资项目的最低资本金满足法律规定。

（3）具备较强的融资实力

除了资本金的投入外，PPP 项目的资金需要通过融资完成。一般项目资本金只占项目所需资金的 20% 左右，其余资金都需要融资。社会资本承担着项目融资的职责，必须具有较强的融资实力。

（4）具备相应的专业能力和资质

PPP 项目是一项复杂的工程，对设计、技术、施工、管理等具有较高的要求，因此，在选择社会资本时通常要求社会资本必须具备相应的资质条件。

具有较强专业能力和资质的社会资本能利用其专业能力，降低公共产品的投入成本，提供更高质量的服务产品，增加基础设施的供给。

2. 社会资本的主要类型

随着 PPP 模式的不断发展，越来越多的社会资本开始参与到 PPP 项目中，各级政府也在积极吸引更广泛的社会资本参与。目前，参与 PPP 项目的社会资本主要有外资企业、外商投资企业、民营企业、国有企业和联合体。

其中，外资企业和外商投资企业是最早参与我国基础设施公共领域投资的社会资本，在 PPP 的热潮下，民营企业也在积极寻找参与途径，但总体来说，民营企业参与 PPP 项目的程度有限。

由于 PPP 项目对参与方的资质、资金、融资能力有较高的要求，一般来说，单一的社会资本难以满足，社会资本通过组建联合体的方式可以实现强强联合，优势互补，联合体之间可以互相监督、合理分担风险，提高项目运作效率和质量。在 PPP 项目中，社会资本联合体主要有综合型联合体、专业型联合体、互补型联合体三种类型，不同模式联合体的类型及特点详见表 1-3。

表 1-3　PPP 项目社会资本联合体的类型及特点

联合体类型	特点
综合型联合体	由经营规模大、覆盖领域广的集团公司为主导，联合旗下不同领域和专业的子公司组成联合体，发挥各自优势，分工协作，共同参与 PPP 项目
专业型联合体	由同一专业领域的企业组成联合体，在项目建设中，各个参与方分别承担部分工作。一方面便于各方协调，保证项目的建设进程，另一方面，可以实现风险共担、收益共享，降低项目的经营性风险
互补型联合体	由多个独立的且不同专业领域的企业组成，如金融机构与建筑企业联合，这样可以发挥各个企业在不同领域中的优势，实现优势互补

（三）金融机构

PPP 项目需要大量资金的支持，而金融机构具有雄厚的资金实力和融资能力，是 PPP 项目重要的参与主体。各类金融机构参与 PPP 项目主要有两种途径，如图 1-5 所示。

具体来说，针对银行、保险公司、证券公司、信托公司等不同的金融机构参与 PPP 项目的方式也有所不同，详见表 1-4。

作为社会资本直接投资PPP项目

可以与具有基础设施设计、建设、运营、维护等能力的其他社会资本进行联合，与政府签订合作协议，在协议约定的范围内参与PPP项目的投资运作

可以为主要负责 PPP 项目的社会资本或者项目公司提供项目贷款、信托贷款、明股实债、基金、项目收益债和资产证券化等形式的融资

作为资金提供方为项目提供资金支持

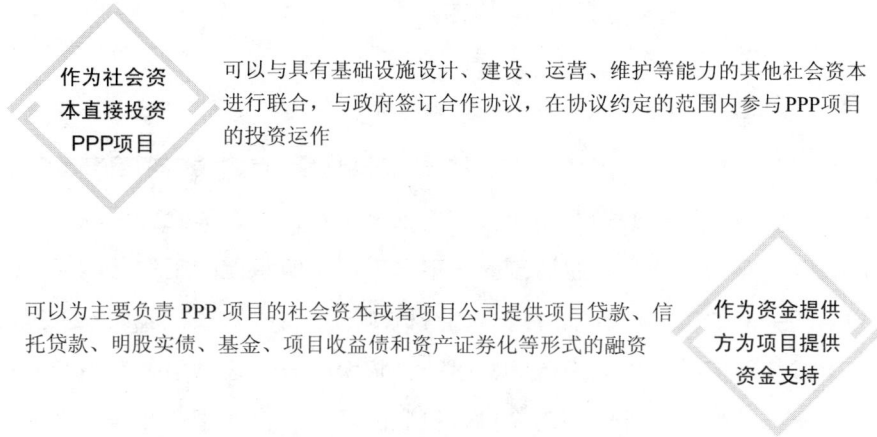

• 图 1-5　金融机构参与 PPP 项目的主要途径

表 1-4　各类金融机构参与 PPP 项目的方式

金融机构	参与方式
银行	可以为 PPP 项目提供融资支持或规划咨询、融资顾问、财务顾问等金融服务
保险公司	通过开发多种险种为 PPP 项目提供各种保险服务，也可以将保险资金通过资产债权投资计划、股权投资计划、资产支持计划等方式为 PPP 项目提供融资
证券公司	可以为 PPP 项目提供资产证券化、资产管理计划、另类投资等服务，也可以为 PPP 项目提供财务服务、债券承销等投行业务
信托公司	可以直接以社会资本的角色参与项目建设和运营，通过发行产品期限较长的股权或债权信托计划等方式收回投资；也可以为 PPP 项目中的参与方提供融资，或者是与其他社会资本组成联合体共同为 PPP 项目融资

（四）承包商和分包商

在 PPP 项目中，承包商和分包商的选择是影响工程技术成败的关键因素，其技术水平、资历、信誉以及财务能力在很大程度上会影响贷款人对项目的商业评估和风险判断，是项目能否获得贷款的一个重要因素。

承包商主要负责项目的建设，通常与项目公司签订固定价格、固定工期的工程总承包合同。一般而言，承包商要承担工期延误、工程质量不合格和成本超支等风险。

对于规模较大的项目，承包商可能会与分包商签订分包合同，把部分工作分包给专业分包商。根据具体项目的不同情况，分包商从事的具体工作可能包括设计、部分非主体工程的施工，提供技术服务以及供应工程所需的货物、

材料、设备等。承包商负责管理和协调分包商的工作。

（五）专业运营商

根据不同 PPP 项目运作方式的特点，项目公司有时会将项目部分的运营和维护事务交给专业运营商负责。但根据项目性质、风险分配以及运营商资质能力等的不同，专业运营商在不同项目中所承担的工作范围和风险也会不同。例如，在一些采用政府付费机制的项目中，项目公司不承担需求风险或仅承担有限需求风险的，可能会将大部分的运营事务交由专业运营商负责；而在一些采用使用者付费机制的项目中，由于存在较大需求风险，项目公司可能仅仅会将部分非核心的日常运营管理事务交由专业运营商负责。

（六）原料供应商

在一些 PPP 项目中，原料的及时、充足、稳定供应对于项目的平稳运营至关重要，因此原料供应商也是这类项目的重要参与方之一。例如在燃煤电厂项目中，为保证煤炭的稳定供应，项目公司通常会与煤炭供应商签订长期供应协议。

（七）产品或服务购买方

在包含运营内容的 PPP 项目中，项目公司通常会通过项目建成后的运营收入来回收成本并获取利润。为了降低市场风险，在项目谈判阶段，项目公司以及融资方通常都会要求确定项目产品或服务的购买方，并由购买方与项目公司签订长期购销合同以保证项目未来的稳定收益。

（八）其他参与方

除上述参与方之外，开展PPP 项目还必须充分借助投资、法律、技术、财务、保险代理等方面的专业技术力量，因此 PPP 项目的参与方通常还可能会包括上述领域的专业机构。

三、PPP 的特征

虽然目前对 PPP 并没有一个统一的定义，但各个国家、各类组织机构对 PPP 的定义存在诸多共同点，首先，都强调公共部门与私营机构之间的合作伙伴关系；其次，公共部门和私营机构合作的目的是提供基础设施和公共服务；最后，合作的模式是公共部门和私营机构整合资源、共享收益，同时也共担风险。由此得出 PPP 的重要特征：伙伴关系、利益共享、风险分担。

（一）伙伴关系

伙伴关系是 PPP 首要的特点，是指在 PPP 合作中，政府和私营机构的目标一致，二者相互合作，实现优势互补，使用比任何单独一方实施项目时更丰富的资源，提供性价比更佳的公共产品和服务。

政府和私营机构的伙伴关系是以在平等协商的基础上签署合同的方式建立的，这种平等合作的伙伴关系的显著特征就是政府和私营机构有着的共同合作目标，即在合作的过程中，私营机构获得与其承担的责任和风险相匹配的利益，公共部门实现公共福利和公众利益的诉求。

（二）利益共享

利益共享是维护伙伴关系的重要基础，如果没有利益共享，就不会有可持续的 PPP 项目的伙伴关系。共享的利益不仅包括共享 PPP 的社会成果，对于经营性 PPP 项目来说，项目自身能够产生稳定的现金流，由此产生的利益也属于共享的范畴。

但需要明确的是，在 PPP 模式中，政府方和私营部门并不是简单地分享利润，还需要对私营机构可能获取的高额利润进行控制，不允许私营机构在项目执行过程中形成超额利润，这主要是因为任何 PPP 项目都具有公益性，不以利润最大化为目的。

（三）风险共担

伙伴关系作为与市场经济规则兼容的 PPP 机制，利益与风险是同时存在的，因此，风险共担是维护伙伴关系的另一个重要基础，且风险共担是 PPP 模式区别于公共部门与私营机构其他交易形式的显著标志。

比如，政府采购过程不能被称为公私合作伙伴关系，因为双方在交易的过程中都是尽可能地让自己较少地承担风险。而在 PPP 模式中，公共部门是尽可能大地承担自己有优势方面的伴生风险，而让对方承担尽可能小的风险。例如，在城市轨道交通项目中，政府一般会保障最低的客流量，在客流量达不到事先约定的数量时，公共部门将提出适当的补贴，由此控制私营机构因车流量不足而引起的经营风险。与此同时，私营机构承担项目施工建设、运行管理等风险，使政府管理层避免"官僚主义低效风险"的发生。

四、PPP 的优缺点

PPP 模式以其独有的功能，使政府和社会资本达成合意，构建伙伴关系，充分发挥各自优势，完成公共项目的供应、运营、管理。

（一）PPP 模式的优点

PPP 模式使政府部门和民营企业能够充分利用各自的优势，即把政府部门的社会责任、远景规划、协调能力与民营企业的创业精神、民间资金和管理效率结合到一起。PPP 模式的优点主要表现在以下几点。

1. 降低项目的整体成本，避免费用超支

在项目初始阶段，私人企业与政府共同参与项目的识别、可行性研究、设施和融资等项目建设过程，保证了项目在技术和经济上的可行性，缩短前期工作周期，使项目费用降低。PPP 模式只有当项目已经完成并得到政府批准使用后，私营部门才能开始获得收益，因此 PPP 模式有利于提高效率和降

低工程造成价，能够消除项目完工风险和资金风险。

2. 有利于转换政府职能，减轻财政负担

政府可以从繁重的事务中脱身出来，从过去的基础设施公共服务的提供者变成一个监管的角色，从而保证质量。此外，在 PPP 模式下，多数是由私营机构来完成项目融资，因此，减轻了公共部门的预算压力和债务压力。

尤其是对于地方政府来说，通过推广 PPP 模式引入社会资本参与项目的改造和运营，将地方政府的政府性债务转变为非政府性债务，可以有效地缓解地方政府债务压力。

3. 促进投资主体多元化

利用私营部门来提供资产和服务能为政府部门提供更多的资金和技能，促进投融资体制改革。同时，私营部门参与项目还能推动在项目设计、施工、设施管理过程等方面的革新，提高办事效率，传播最佳管理理念和经验。

4. 帮助公共部门和私营机构提升财务的稳健性

在 PPP 模式中，政府将部门项目责任和风险转移给了私营机构，因此，规避了因项目超预算、延期或运营中出现困难导致的负债风险。同时，PPP 模式下的项目融资在整个项目合同期间具有保障性，且不会受到周期性政府预算调整的影响，因此，整个项目生命周期投资计划的效率更高，公共部门财务的稳健性也更有保障。

此外，由于 PPP 项目具有利益共享、风险共担的特征，因此，相较于和政府合作的其他模式，PPP 模式中私营机构面临的风险较小，未来收入较有保障，提高了私营机构财务的稳健性。

5. 提升基础设施和公共服务的品质

参与 PPP 项目的私营机构通常是在相关领域有着丰富经验的机构，因此，它们有能力在特定的绩效考核下保证并提升基础设施和公共服务的品质。同时，在 PPP 模式下，项目的质量直接影响着私营机构的收入：在政府付费的项目中，私营机构收到的实际付款由项目的可用程度和项目达到的事先约定的绩效标准程度来决定；在使用者付费项目中，使用者对项目的需求直接影响着项目的质量，这就促使私营机构会不断提升产品或服务的质量。

（二）PPP 模式的缺点

虽然 PPP 模式有以上诸多优点，但任何事务都不可能十全十美，PPP 模式在运作过程中也存在缺点。

1. PPP 模式下的特许经营制度容易引起行业垄断

PPP 项目往往需要较高的投标成本以及交易费用，且长期合作合同较为复杂，这就会让许多规模较小的私营机构增加顾虑，望而却步，最终会导致政府可选择的社会资本减少，在招标过程中容易引起不良竞争。此外，PPP 模式采取的特许经营制度，实际上已经让中标的投资运营商获得了一定程度的垄断权，其投资利润基本上能通过合作合同获得保障。

因此，PPP 模式在一定程度上也降低了社会资本的竞争力，在这种情况下，很容易降低私营机构减少成本、提高产品和服务品质的动力。

2. PPP 模式审批、决策周期长，且交易结构复杂，容易降低效率

政府决策程序不规范、官僚作风等因素，造成 PPP 项目审批程序过于复杂，决策周期长，成本高。项目批准后，难以根据市场的变化对项目的性质和规模进行调整。

PPP 模式通常需要多个独立参与者协调合作，而参与者的数量太多往往会增加整个项目的约束性。每个参与者都会在项目的咨询、会计、法律等方面产生一定的支出，而这部分支出会包括在投标价格中，进而传导至公共部门，也就在一定程度上增加了公共部门的支出。

此外，PPP 模式复杂的交易结构增加了众多参与者之间沟通的障碍，尤其是遇到合同条款存在争议的情况，在解决争议的时候往往会耗费过多的时间。在项目启动进行的过程中，各个部门之间也会出现分歧的情况，最终会在一定程度上降低项目执行的效率。

3. PPP 模式下的合作合同缺少灵活度

为保障项目长期稳定运营，PPP 项目的合同往往比较严格，缺乏灵活度。公共部门和私营机构在起草合同的时候，很难全面地考虑到未来项目可能会

发生情况，通常合同条款涉及的都是当前所面临的状况，一旦出现合同条款与当前问题不适应的情况，不能做出因时制宜的决策，只能遵照原来的合同解决问题。

4. 政治影响因素大

PPP 项目通常与群众生活密切相关，关系到公众利益。在项目运营过程中，可能会因各种因素导致价格变动，遭到公众的反对。

五、PPP 的分类

PPP 模式是一个极其广泛的概念，其包含的实现形式有数十种之多，世界银行、欧盟等多个国际机构均对 PPP 模式有具体的分类和研究。本书依据投资关系、市场准入和融资模式、项目资产权属等因素对 PPP 进行分类。

（一）按照投资关系分类

按照投资关系不同，欧盟委员会将 PPP 划分为传统承包类、一体化开发类和合伙开发类三大类，各个类别的特点详见表 1-5。

表 1-5　PPP 按照投资关系不同划分的类型

类别	释义
传统承包类	由政府投资，私人部门只承担项目中的某一个板块，例如项目建设或项目经营
一体化开发类	由私人部门负责公共项目的设计、建设、经营和维护等一系列环节，有时私人部门还需要参与一定程度的投资
合伙开发类	项目的大部分甚至全部投资通常需要由私人部门来负责，且在项目合同期间，项目资产归私人拥有

（二）按照市场准入和融资模式分类

按照市场准入和融资模式不同，世界银行将 PPP 分为四大类，详见表 1-6。

表 1-6　PPP 按照市场准入和融资模式不同划分的类型

类别	释义	运作形式
管理与租赁类	某个私人组织机构获得一定期限的管理权，项目决策权、资产所有权由国家保留	管理合同、租赁合同
特许经营类	由私人机构获得一定期限的经营管理权，主要针对的是已经存在或部分存在的项目	修复—运营—移交（ROT）、修复—租赁—移交（RLT）、建设—修复—运营—移交（BROT）
未开发项目类	由私营机构在合同约定的期限内建设、运营一个新的设施，合同期满后该设施的所有权移交给公共部门	建设—租赁—移交（BLT）、建设—运营—移交（BOT）、建设—所有—运营（BOO）、市场化、租用等
资产剥离类	私营机构通过参与资产拍卖、公开发行或规模私有化项目等方式，获得项目的资产	全部资产剥离、部分资产剥离

（三）按照社会资本、特许经营者和项目公司获得收入的方式分类

按照社会资本、特许经营者和项目公司获得收入的方式，PPP 项目可分为使用者付费方式、政府付费方式和可行性缺口补助方式，三种方式可分别适用于不同的领域，具体详见表 1-7。

表 1-7　使用者付费方式、政府付费方式和可行性缺口补助方式的适用领域

类别	适用领域
使用者付费方式	通常用于可经营性系数较高、财务效益良好、直接向终端用户提供服务的基础设施项目，如市政供水、城市管道燃气和收费公路等
政府付费方式	通常用于不直接向终端用户提供服务的终端型基础设施项目，如市政污水处理厂、垃圾焚烧发电厂等，或者不具备收益性的基础设施项目，如市政道路、河道治理等
可行性缺口补助方式	指用户付费不足部分由政府以财政补贴、股本投入、优惠贷款、融资担保和其他优惠政策，给予社会资本经济补助。通常用于可经营性系数较低、财务效益欠佳、直接向终端用户提供服务但收费无法覆盖投资和运营回报的基础设施项目，如医院、学校、文化及体育场馆、保障房、价格调整之后或需求不足的网络型市政公用项目、交通流量不足的收费公路等

（四）按照公私合作形式分类

按照公私合作模式的不同，PPP 主要分为外包类、特许经营类和私有化

类三类。在每一个大类下面，又可以有多种不同的项目实现形式。

1. 外包类

外包类一般是由政府投资，私人部门只承担整个项目中的一项或几项职能，如项目建设、维护等，并通过政府付费实现收益。在外包类 PPP 项目中，私人部门对政府提供的服务是比较单纯的商业价值交换性质，不涉及项目运营和对项目收益的分享，项目投资和经营的风险完全由公共部门承担，私人部门承担的风险相对较小。

外包类 PPP 项目分为模块式外包和整体式外包两种类型，模块式外包和整体式外包又可以划分为多种类型，具体详见表 1-8。

表 1-8　外包类 PPP 项目的类型及其特征

类型		主要特征	合同期限
模块式外包	服务外包	政府以一定的费用委托私人部门代为提供某项公共服务，例如设备维修、卫生打扫	1～3 年
	管理外包	政府以一定的费用委托私人部门代为管理某个公共设施或服务，例如轨道交通运营	3～5 年
整体式外包	设计—建设（DB）	私人部门按照公共部门规定的性能指标，以事先约定好的固定价格设计并建造基础设施，并承担工程延期和费用超支的风险，因此私人部门必须通过提高自身专业技能和管理水平来满足规定的性能指标要求	不确定
	设计—建设—主要维护（DBMM）	由公共部门承担 DB 模式中提供的基础设施的经营责任，但主要的维修功能由私人部门负责	不确定
	经营与维护（O&M）	公共部门和私人部门签订协议，由私人部门代为经营和维护公共部门拥有的基础设施，政府向私人部门支付一定的费用，例如城市自来水供应、垃圾处理等	5～8 年
	设计—建设—经营（DBO）	私人部门除了要承担 DB 和 DBMM 中所有的职能以外，还需要负责该基础设施的经营，但整个过程中资产的所有权仍由公共部门持有	8～15 年

2. 特许经营类

特许经营类项目以授予特许经营权为特征，私人部门参与的项目环节要多于外包类项目，一般涉及项目的投资或运营。在此过程中，公共部门和私人部门之间通过一定的合作机制分担项目风险、共享项目收益。参与项目的公共部门需要协调私人部门的收益性和项目整体的公益性之间的关系，项目资产在特许经营期限之后需要移交给公共部门。

特许经营类 PPP 项目分为 BOT 和 TOT 两种类型，与 DB 模式相结合，特许经营类还包括 DBTO、DBFO 两类。根据不同的实现途径，BOT 模式和 TOT 模式还可进行进一步划分。具体详见表 1-9。

表 1-9 特许经营类 PPP 项目的类型及其特征

类型		主要特征	合同期限
BOT	建设—租赁—经营—转让（BLOT）	私人部门与公共部门签订长期租赁合同，由私人部门在公共土地上投资、建设基础设施，并在租赁期内享有设施的经营权，私人部门通过向用户收费获得投资回报和利润，合同到期后私人部门将该设施交还给公共部门	25 ～ 30 年
	建设—拥有—经营—转让（BOOT）	公共部门授予私人部门特许经营权，由私人部门承担基础设施的投资、建设，并通过向用户收费获得投资回报和利润。在特许期内，私人部门享有该设施的所有权，特许期结束后交还给公共部门	25 ～ 30 年
TOT	租赁—更新—经营—转让（LUOT）	私人部门租赁已有的公共基础设施，并对其进行一定程度的更新、扩建，随后对其进行经营，租赁期结束后移交给公共部门	8 ～ 15 年
	购买—更新—经营—转让（PUOT）	私人部门购买已有的公共基础设施，并对其进行一定程度的更新、扩建，随后对其进行经营。在经营期间私人部门拥有该设施的所有权，合同到期后，该设施的使用权和所有权移交给公共部门	8 ～ 15 年
DBTO	设计—建造—转让—经营	由私人部门垫资建设基础设施，完工后以约定好的价格移交给公共部门，公共部门再以一定的费用将该设施回租给私人部门，由私人部门进行经营。这样做能够帮助私人部门规避因拥有资产所有权而产生的各种责任和其他复杂问题	20 ～ 25 年
DBFO	设计—建造—投资—经营	由私人部门投资建设公共基础设施，通常也拥有该设施的所有权。公共部门与私人部门签订合同，根据约定向私人部门支付一定的费用使用该设施，同时提供与该设施相关的核心服务，而私人部门只提供该设施的辅助性服务。例如，由私人部门投资建设轨道交通设施，公共部门向私人部门支付一定的费用获得交通设施的使用权，并提供运营等主要公共服务，私人部门负责提供维修、清洁等辅助性服务，以保证该设施的正常运转	20 ～ 25 年

从上表介绍可以看出，特许经营类 PPP 模式可以借助多种形式来实现，根据实现形式的不同，政府及私人部门承担的责任与义务有所区别，因此，特许经营类的不同模式也就存在不同的优点及缺点。

例如，BOT 模式可以让私人部门获得长时间的经营收益，因此，对私人部门有非常强的吸引力，而且项目的成本相对稳定，更多的风险转移大大刺激了私人部门采用全项目生命周期的成本计算方法，因此对于轨道交通建设有诸多优势。

但该模式也存在显而易见的劣势。例如 BOT 模式有可能与规划及环境的要求产生冲突；设施可能在经营和管理的成本上涨时，转让给政府；政府可能丧失对资本建设和运营的控制权；与其他模式相比，BOT 的结构更为复杂，合同的达成需要更多时间；BOT 模式要求建立合同管理及项目运营监管体系；一旦运营者运营不利，公共部门需重新介入项目运营，会增加公共部门的成本等。

再比如在 TOT 模式中，由于该模式是针对老旧公共设施，因此对将来的城市轨道交通升级改造过程中具有很重要的参考价值。在 TOT 模式下，政府不用为公共设施的扩建和更新提供资金上的投入，节省了政府的开支并使得公共项目的建设速度和效益得到提升。但该模式的劣势也不容忽视。首先是由于再次更新的设施不包括在契约中，这便为新添加设施的建设和运营带来困难；其次是变更契约可能增进成本和费用；最后是政府需要比较复杂的契约管理程序。

3. 私有化类

私有化类 PPP 是公共部门与私人部门通过一定的契约关系，使公共项目按照一定的方式最终转化为私人部门的一种 PPP 模式。私有化类 PPP 项目由私人部门负责项目的全部投资，也承担全部的风险，项目所有权永归私人所有，不需交回。在政府的监管下，私有部门通过向用户收费收回投资，实现利润。由于私有化类 PPP 项目的所有权永久归私人拥有，并且不具备有限追索的特性，因此私人部门在这类 PPP 项目中承担的风险最大。

在私有化类 PPP 模式中，根据私有化程度的不同可以分为完全私有化和部分私有化两种。根据实现途径的不同，完全私有化可以通过 PUO 和 BOO 两种实现途径；而部分私有化则可通过股权转让等方式显示私有化程序。私有化的具体类别详见表 1-10。

表 1-10　私有化类 PPP 项目的类型及其特征

类型		主要特征	合同期限
完全私有化	购买—更新—经营（PUO）	由私人部门购买现有的基础设施，并对其进行更新扩建，随后经营，并永久拥有该设施的产权。在与公共部门签订的购买合同中注明保证公益性的约束条款，受政府管理和监督	永久
	建设—拥有—经营（BOO）	私人部门投资、建设并永久拥有和经营某基础设施，在于公共部门签订的原始合同中注明保证公益性的约束条款，受政府的管理和监督	永久
部分私有化	股权转让	公共部门将现有设施的一部分所有权转让给私人部门，但仍由公共部门控股，公共部门与私人部门共同承担各种风险	永久
	合资兴建	公共部门和私人部门共同出资建设公共设施，私人部门通过持股方式拥有设施，并通过选举董事会成员对参与设施管理，一般由公共部门控股，与私人部门一起承担风险	永久

在私有化类型 PPP 模式中，私人部门无法拥有对公共基础设施的控制权，因此，在轨道交通中进行完全私有化，目前在国内尚需要时间，但在城市轨道交通中实现部分私有化，不仅可以降低政府的财政压力，还可以发挥私人部门的技术及资金优势，在轨道交通的建设中有着很大的操作空间。

如通过与私人部门合资兴建城市轨道交通线路，公共部门可以利用私人部门的技术、资金优势，而且还可以从私人部门获得建设和经营的先进经验，对于公共部门来说，无疑具有很大的诱惑力。但因为部门私有化一般要求政府处于控股地位，难免在实际的运营过程中影响城市轨道交通中的决策效率，进而影响其服务水平和经营效率。

六、PPP 模式在国内的应用

我国对 PPP 模式的应用，在财政部和发改委的文件中有相关说明。根据财政部的《政府与社会资本合作模式操作指南》，PPP 模式可按"收入来源"和"公共职责和项目转移程度"进行分类。按照"收入来源"，PPP 模式可分为使用者付费模式、政府付费模式、可行性缺口补贴模式（混

合模式）。按照"公共职责和项目转移程度"，PPP 模式可分为委托运营
（Operations & Maintenance/O&M）、管理合同（Managing Contract/
MC）、租赁－运营－移交（Lease-Operate-Transfer/LOT）、转让－
运营－移交（Transfer-Operate-Transfer/TOT）、改建－运营－移交
（Rehabilitate-Operate-Transfer/ROT）、建设－运营－移交（Build-
Operate-Transfer/BOT）、建设－拥有－运营（Build-Own-Operate/
BOO）。

　　根据发改委的《关于开展政府和社会资本合作的指导意见》，PPP 模式
按照"操作模式选择"可分为经营性项目、非经营性项目和准经营性项目，
与财政部"收入来源"分类基本对应。

　　若按照是否为存量项目来分类，对财政部和发改委提及的 PPP 操作方式
可以进一步划分，如图 1-6 所示，即存量项目可采用 O&M、MC、LOT、
TOT、ROT 等方式建设运营，而新建项目可以采用 BOT、BOO 等方式建设
运营。

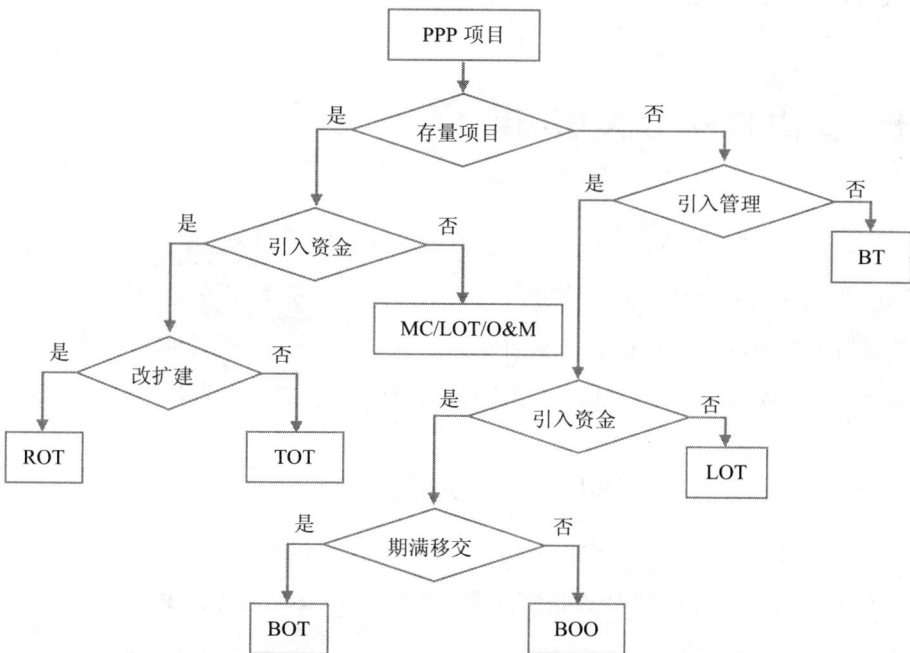

●图 1-6　PPP 模式的分类

　　根据财政部颁布的《关于推广运用政府和社会资本合作模式有关问题的通知》和《政府与社会资本合作模式操作指南》，PPP 模式适用于投资规模较大、需求长期稳定、价格调整机制灵活、市场化程度较高的基础设施及公共服务类项目，各级相关部门应优先选择收费定价机制透明、有稳定现金流的项目。财政部目前主推的 PPP 项目更倾向于经营性项目。

　　根据发改委颁布的《关于开展政府和社会资本合作的指导意见》，PPP 模式主要适用于政府负有提供责任又适合市场化运作的公共服务、基础设施类项目。燃气、供电、供水、供热、污水及垃圾处理等市政设施，公路、铁路、机场、城市轨道交通等交通设施，医疗、旅游、教育培训、健康养老等公共服务项目以及水利、资源环境和生态保护等项目均可推行 PPP 模式。各地的新建市政工程以及新型城镇化试点项目，应优先考虑采用 PPP 模式建设。与财政部 PPP 项目适用范围相比，发改委目前主推的 PPP 项目适用范围更广，除了经营性项目外，还包括准经营性和公益性项目。同时发改委还重点提出优先考虑新型城镇化试点项目，这需要 PPP 操作模式有进一步创新，比如汕头滨海新城连片开发模式。

七、国内 PPP 的发展历程

　　对于我国来讲，PPP 属于舶来品，但它并不是近期才出现的新鲜事物，早在 20 世纪 80 年代，我国已经开始了政府和社会资本在基础设施建设和公共服务领域方面合作的探索。从时间上划分，PPP 模式在我国的发展经历了探索、小规模试点、推进试点、短暂滞留、新一轮推广五个发展阶段。

（一）探索阶段（1984 ～ 1993 年）

　　从 20 世纪八十年代中期到 1993 年是我国对 PPP 模式的探索阶段。在这个阶段内我国还没有 PPP 的概念，主要模式是后来归结为 PPP 的 BOT，参与的社会资本多为外资。

1. 发展背景

探索阶段所处的时代背景有两个特点：一是从 1978 年开始的改革开放吸引了很多境外资金进入我国经济建设的各个领域，随着改革开放的推进，有一部分资金尝试性地进入了基础设施领域。二是国际上由于拉美等国家的债务危机问题，导致一些欧洲国家为了维持国家的经济稳定，开始了一些 BOT 模式的探索。其中最为典型的就是土耳其将 BOT 模式应用到阿科伊核电厂项目的建设。这一模式的成功，被其他国家纷纷效仿，中国也是其中之一。

2. 发展状况

在探索阶段，我国没有与 BOT 直接相关的法规，当时对这种方式是否合法地方政府心里也没底，审批时地方领导往往直接向中央主要领导汇报，中央首肯后地方政府才批准项目。

探索阶段的项目都是投资人发起的，通过谈判方式和政府达成一致，没有招标的过程。这些项目也是地方政府自发进行的，没有中央政府的关注、总结和大规模推广。

3. 代表性案例

探索阶段的代表项目有深圳沙角 B 电厂 BOT 项目、广州白天鹅饭店和北京国际饭店等项目，具体情况详见表 1-11。

表 1-11　探索阶段 PPP 项目代表性案例

项目名称	时间	投资者	项目简介
深圳沙角 B 电厂 BOT 项目	1984 年	国有资本、香港民营资本	国内第一个 BOT 项目，已经成功移交
广州白天鹅饭店	1981 年	广东省旅游局、香港民营资本	由于所处行业的原因，对于其是否属于 BOT 存在争议
北京国际饭店	1983 年	国家旅游局、外国资本	由于所处行业的原因，对于其是否属于 BOT 存在争议

沙角 B 电厂项目是国有资本和香港民营资本于 1984 年合作兴建的，并于 1988 年 4 月正式投入商业运行。香港合和电力有限公司拥有上述电厂 10 年的特许经营权，该电厂已于 1999 年 8 月移交给深圳市广深沙角 B 电力有限公司。由于项目较早，项目文件较简单，项目协议只有几页纸。

沙角 B 电厂项目也留下了一些教训，比如，由于特许经营期限较短，很多设施的设计寿命在移交给政府机构后需要重新建设，这个经验在 1994 年北京做 BOT 研究时被写进了报告，在后期做 BOT 项目时对移交时项目设施的状态都做出了明确且严格的规定。

（二）小规模试点阶段（1994 ～ 2002 年）

1994 年之后，我国 PPP 模式正式开始进入试点阶段。同时，国内各专家学者也开始专注于 PPP 模式的相关研究。此阶段，PPP 项目中的社会资本仍以外资为主。

1. 发展背景

党的十四大确立了"社会主义市场经济体制"的改革目标，为公共基础设施市场化投融资提供了理论依据。1993 年国家计划委员会（简称"国家计委"，现更名为"国家发展和改革委员会"）开始开展投融资体制改革问题的研究，包括 BOT 模式的可行性问题研究。

2. 发展状况

在此阶段，PPP 项目的工作是由国家计委有组织地推动的，同时各地政府也推出了一些 BOT 项目。1994 年被认为是 BOT 试点项目的起点，可以被称为"中国 PPP 元年"。

国家计委和地方政府的 BOT 试点项目涉及的行业比较广泛，包括电力、自来水、污水、燃气、大桥、区域开发等。这些试点项目有的成功了，不仅签订了合同，而且合同得到了执行。有的失败了，部分没有签约就夭折了，部分签了合同但在执行期间终止了。无论是成功的还是失败的项目，都为后来的 BOT 项目运作积累了重要的经验。

3. 代表性案例

1994 年，一大批 BOT 试点项目开始被国家计委核准，其中代表性的项目包括：广西来宾 B 电厂项目、成都自来水六厂 B 厂项目、广东电白高速公路项目、武汉军山长江大桥项目和长沙望城电厂项目。各地政府推出了一些 BOT 项目，如沈阳水厂 TOT 项目、上海黄浦江大桥 BOT 项目、北京第十水厂 BOT 项目、北京西红门经济适用房 PPP 项目、新疆托克逊电厂项目、北京肖家河污水项目、北京房山大学城项目等。此阶段比较有代表性的案例简介详见表 1-12。

表 1-12　小规模试点阶段 PPP 项目的代表性案例

项目名称	时间	投资者	项目简介
广西来宾 B 电厂项目	1995 年	外国资本	国家层面批准的首个 BOT 试点项目，由法国电力公司和阿尔斯通公司联合中标，以 18 年的特许经营为施工条件。电厂已于 2015 年 9 月移交给广西壮族自治区政府
福建泉州刺桐大桥	1994 年	内地民营资本、国有资本	国内首个采用 BOT 模式建设的路桥项目，首个以内地民营资本投资为主的基础设施 BOT 项目；因出现竞争性项目导致最终失败
成都自来水第六水厂 B 厂项目	1999 年	外国资本	国内首个采用 BOT 模式建设的城市供水基础设施，当时规定于 2017 年 8 月移交成都市人民政府，现已移交
武汉汤逊湖污水处理厂	2001 年	内地上市公司	武汉市首个非国有资本参与城市污水处理的项目，因配套设置和排污费收取等方面出现问题最终失败

（三）推进试点阶段（2003 ～ 2008 年）

经过几年的试点，中国的 PPP 模式正式进入推进阶段。

1. 发展背景

2002 年"十六大"提出我国社会主义市场经济体制已经初步建立，市场在资源配置中发挥基础性作用，以公有制为主体多种所有制共同发展，为 PPP 的推广提供了理论基础。在党的十六大召开后，2002 年底建设部（现更名为"住房和城乡建设部"）出台《关于加快市政公用行业市场化进程的意见》，"鼓励社会资金、外国资本采取独资、合资、合作等多种形式，参与市政公用设施的建设。"随着 PPP 项目的推进，建设部又陆续出台了一些文件，包括 2004 年出台的 126 号文《市政公用事业特许经营管理办法》，该办法及各地出台的特许经营条例是这一时期开展 PPP 项目的基本法律依据。

2. 发展状况

在推进试点阶段中，各类项目在招投标过程中的市场化表现非常明显：一是无论是外企还是民营，甚至是国企都处于共同的市场环境中。二是各类市政公用项目无论有没有盈利的空间，在招投标过程中受到人为因素的影响并不是太大。三是竞标过程公开透明，国外公司、民营企业、国有企业、上市公司竞争激烈，项目溢价频出。四是传统企业受到前所未有的压力，更加积极地进行改革。

在推进阶段，PPP 项目数量呈几何倍数增长，其中多数项目已经圆满落地，但是由于政策和经济等方面的因素，少数项目也出现了失败情况。

3. 代表性案例

PPP 项目所属行业以污水项目为最多，当时正赶上全国各地建设污水处理厂的高峰，自来水、地铁、新城、开发区、燃气、路桥项目也都有。比较著名的 PPP 项目有合肥王小郢污水处理 TOT 项目、兰州自来水股权转让项目、北京地铁四号线项目、北京亦庄燃气 BOT 项目、淮南新城项目、北京房山长阳新城项目等。用目前 PPP 的概念考察，当时的 PPP 项目很多，但第一个 PPP 的项目是北京地铁四号线项目。具有代表性的案例介绍详见表 1-13。

表 1-13　推进试点阶段 PPP 项目代表性案例

项目名称	时间	投资者	项目简介
北京地铁四号线项目	2003 年	国有资本、香港上市公司	国内第一个城市轨道交通行业采用 PPP（BOT）的项目，将于 2039 年移交给北京市政府
合肥王小郢污水项目	2004 年	国有资本、外国资本	国内最大的公开规范招标的以 TOT 方式转让资产和权益的污水处理项目
杭州湾跨海大桥项目	2003 年	国有资本（后期参与投资）、民营资本（前期参与投资，后期部分退出）	国内首个投资超过百亿的民营化基础设施项目
北京国家体育场项目	2006 年	国有资本、外国资本	国内首个大型体育场馆的 PPP 项目

（四）短暂滞留阶段（2009 ~ 2012 年）

2009 年至 2012 年，PPP 模式在我国处于反复阶段。在此过程中，由于我国城镇化进程加快，导致生态环境恶化、资源短缺、市政基础设施不配套等问题也逐步显现。

1. 发展背景

2008 年美国次级贷款危机突然爆发，为避免我国经济形势受到影响，我国政府推出了积极的财政政策和货币政策。在该计划中，政府作为主导者，利用各地国有企业开展投融资工作。在此阶段中，国企和央企获得了银行大量的授信，在产品和服务领域发挥了重要作用。由于国有企业在资源和人际关系方面有着独特的优势，使得社会资本很难参与竞争。

政府为了应对这一情况，国务院发布了《关于鼓励和引导民间投资健康发展的若干意见》（即新"非公经济 36 条"），2012 年国务院各部委出台了一系列落实新"非公经济 36 条"的细则，但是 PPP 市场格局基本上未发生变化。

2. 发展状况

在此阶段，各地公共基础设施项目主要由地方政府投融资平台负责投融资，投资类型以准经营性和公益性项目为主，项目运作方式以委托代建、BT回购为主。

受到经济危机以及中央政府积极的财政计划和四万亿经济刺激计划的影响，PPP 生态遭到破坏，有些执行中的 PPP 项目被政府提前终止。2009 年成为 PPP 遭受冲击最为严重的一年，PPP 的发展处于调整停滞状态。

在此阶段的后期，民营资本开始参与 PPP 项目，但是参与的领域存在局限性。

3. 代表性案例

在此阶段的 PPP 项目较少，代表性案例如北京地铁 14 号线项目。有些地区还是比较规范的，继续推出了一些有竞争性的 PPP 项目，私人资本、外资和国有资本在这些项目里进行了同台竞争，如大连垃圾处理 PPP 项目，经过充分竞争处理费用只有 50 多元每吨。

（五）新一轮推广阶段（2013 年至今）

2013 年以来，在国务院、财政部、发改委的联合推动下，一系列 PPP 政策不断被推出，规范 PPP 项目的执行。至此，国内 PPP 的发展开启了新的篇章，PPP 进入新一轮推广阶段。

1. 发展背景

中国城市化经过十年高速发展，在取得成就的同时出现了大量问题：房价不断攀升，土地财政难以为继；地方债务高筑并且还在快速增长，有些地区甚至对债务形成了依赖；环境问题日益突出，治理环境需要大量资金；国有体制可以调动大量资源但浪费惊人，投资效率越来越低；参与城市建设的央企负债率快速攀升并超过了 80%，如果有些新城或房地产项目出现问题，融资和抗风险能力会快速减弱等。

中国需要转变发展方式，提高效率、减少浪费、少走弯路是转变发展方式的基本内容。深化改革经济体制和控制地方政府债务迫在眉睫。

为贯彻党的十八届三中全会关于"允许社会资本通过特许经营等方式参与城市基础设施投资和运营"精神，财政部于 2013 年底全面部署 PPP 项目的推广工作。2014 年 5 月，财政部专门成立政府和社会资本合作（PPP）工作领导小组。为保证 PPP 项目的顺利实施，六部委起动特许立法工作，在征得社会意见和建议后，联合制定了《基础设施和公用事业特许经营管理办法》于 2015 年 6 月 1 日正式施行。

2. 发展状况

2014 年以来，从中央到地方大量推出 PPP 试点项目，国内掀起第三波 PPP 热潮。根据国家财政部的相关统计，截至 2016 年 12 月末，全国入库项目 11260 个，投资额 13.5 万亿元。其中，已签约落地的 1351 个，投资额 2.2 万亿元；国家示范项目 743 个，投资额 1.86 万亿元。

3. 代表性案例

以下简单列举几个具有代表性的案例，详见表 1-14。

表 1-14 新一轮推广阶段 PPP 项目代表性案例

项目名称	时间	投资者	项目简介
北京地铁十六号线项目	2015 年	国有资本、香港地区上市公司、外国资本	以北京地铁四号线、大兴线 BOT 模式为参考，项目公司有 30 年的特许经营权
广东省汕头市海湾隧道项目	2015 年	国有资本	采用 BOT 模式，创新了 PPP 模式下城市基础设施建设和运营的投融资机制
广西南宁那考河流域综合治理项目	2015 年	国有资本	广西首个 PPP 项目，国内首个内河流域治理 PPP 项目

八、当前国内 PPP 发展现状

全国 PPP 综合信息平台项目库第 6 期季报（2017 年第一季度）。

自 2013 年以来，随着我国对 PPP 实践的不断深入，社会各界对 PPP 模式逐渐形成共识。推广 PPP 模式已经成为一项国家战略。2015 年 5 月 19 日，国务院办公厅发布的《国务院办公厅转发财政部 发展改革委 人民银行关于在公共服务领域推广政府和社会资本合作模式指导意见的通知》作为指导规范系统推进改革的纲领性文件，标志着我国 PPP 推广工作的制度、体系、框架初步形成，为 PPP 项目的发展扩大提供了制度保障。

（一）发展规模

2017 年的两会上 PPP 被再次提及，政府报告中指出深化政府和社会资本合作，完善相关价格、税费等优惠政策，政府要带头讲诚信，绝不能随意改变约定，绝不能"新官不理旧账"。这也是在政府报告中，连续第三年出现 PPP。经过三年的发展，我国在 PPP 项目的投资规模、入库数量、覆盖范围等方面取得了巨大成就。

1. 国家示范项目发展规模

根据财政部 PPP 中心披露的数据，截至 2017 年 3 月末，国家示范项目总数 700 个，总投资约 1.7 万亿元。其中，2014 年第一批示范项目 22 个（最初为 30 个，陆续调出 8 个），总投资 714 亿元；2015 年第二批示范项目 162 个（最初为 206 个，陆续调出 44 个），总投资 4871 亿元；2016 年第三批示范项目 516 个，总投资 11616 亿元。

（1）项目落地总数及投资总额持续增加

PPP 项目按全生命周期分为识别、准备、采购、执行和移交 5 个阶段。执行和移交两个阶段项目数之和与准备、采购、执行、移交 4 个阶段项目数总和的比值为项目落地率。

2017 年一季度各阶段项目数情况变动如图 1-7 所示。季度内，项目总体推进良好，识别、准备、采购阶段示范项目数和投资额均逐月减少，执行阶段项目数、投资额逐月递增。

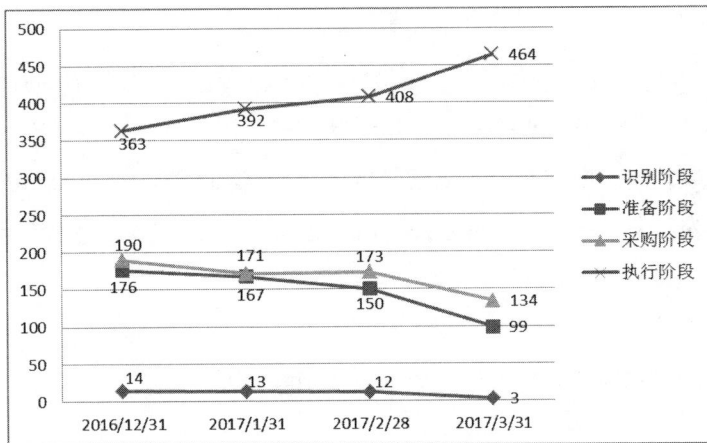

● 图 1-7　2017 年一季度各阶段国家示范项目数对比（个）

截至 2017 年 3 月末，已签订 PPP 项目合同进入执行阶段的示范项目 464 个、投资额 11900 亿元、落地率 66.6%；比 2 月新增 56 个项目、1739 亿元、提高 10.8 个百分点；比 2016 年末新增 101 个项目、2519 亿元、提高 16.8 个百分点；比 2016 年同期新增 391 个项目、新增 9633 亿元、提高 31.5 个百分点。

自 2016 年同期以来的总体落地率季度变化情况如图 1-8 所示，落地率呈稳步提高趋势。

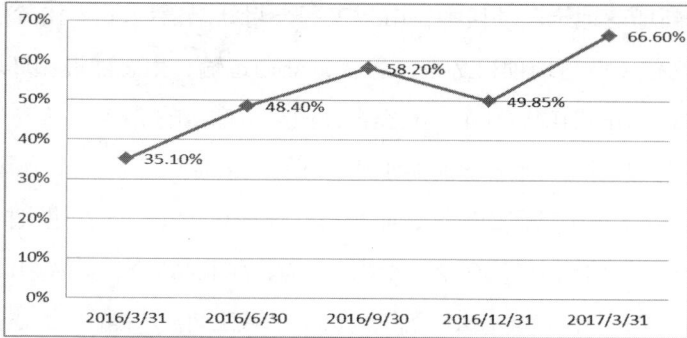

● 图 1-8　示范项目总体落地变化率

（2）市政工程类落地项目占比最多

项目库共包括能源、交通运输、水利建设、生态建设和环境保护、市政工程、城镇综合开发、农业、林业、科技、保障性安居工程、旅游、医疗卫生、养老、教育、文化、体育、社会保障、政府基础设施和其他 19 个一级行业。

464 个落地示范项目中，前三名为市政工程、交通运输、生态建设和环境保护类。其中，市政工程类 216 个，占 46.6%，比 2 月新增 18 个，比 2016 年末新增 36 个，比 2016 年同期新增 192 个；交通运输类 45 个，占 9.7%，比 2 月新增 5 个，比 2016 年末新增 8 个，比 2016 年同期新增 40 个；生态建设和环境保护类 39 个，占 8.4%，比 2 月新增 5 个，比 2016 年末新增 9 个，比 2016 年同期新增 15 个；其他各类 164 个，占 35.3%，如图 1-9 所示。

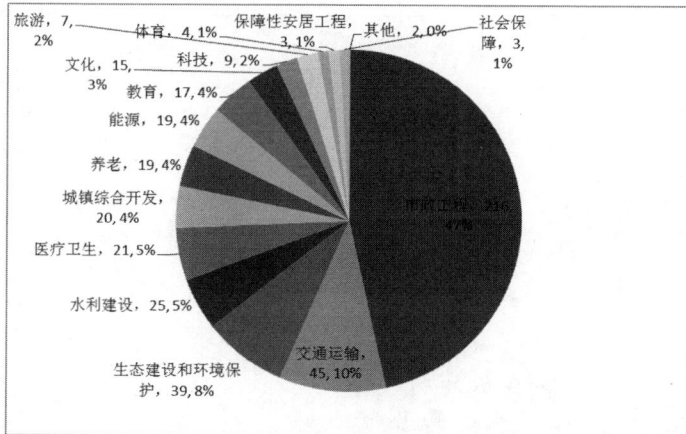

● 图 1-9　2017 年 3 月末落地示范项目行业分布（个）

56 个新增落地示范项目中，市政工程当月新增落地项目 18 个，位居增量榜首，文化新增落地项目 7 个，居次，交通运输、生态建设和环境保护、医疗卫生各新增落地项目 5 个，五类合计占当月增量的 71.4%。

（3）落地项目数前三分别为河南、山东、云南

按各省落地示范项目数统计，河南 52 个国家示范项目签约进入执行阶段，居全国第一。其后是山东 40 个、云南 29 个、河北 28 个、安徽 28 个、福建 23 个、浙江 21 个、内蒙古 21 个，其他地方均在 20 个以下。上述 8 个省合计占落地示范项目总数的 52.2%。

与 2016 年末相比，2017 年 1 季度新增的 101 个落地示范项目中增幅前三分别为河南 21 个、福建 10 个、云南 9 个；与 2016 年同期相比，新增的 391 个落地示范项目中增幅前三分别为河南 40 个、山东 36 个、云南 25 个。

（4）民营企业参与行业领域增多

从社会资本合作方类型角度分析。截至 2017 年 3 月末，455 个落地示范项目的签约社会资本信息已入库，包括 261 个单家社会资本项目和 194 个联合体项目。签约社会资本共 716 家，包括民营独资 144 家、民营控股 118 家、港澳台 20 家、外商 15 家、国有独资 221 家、国有控股 174 家，另外还有类型不易辨别的其他 24 家。民营企业（含民营独资和民营控股）262 家，占比 36.6%，如图 1-10 所示。比 2 月末统计结果低 1.3 个百分点，比 2016 年末统计结果低 2.3 个百分点。

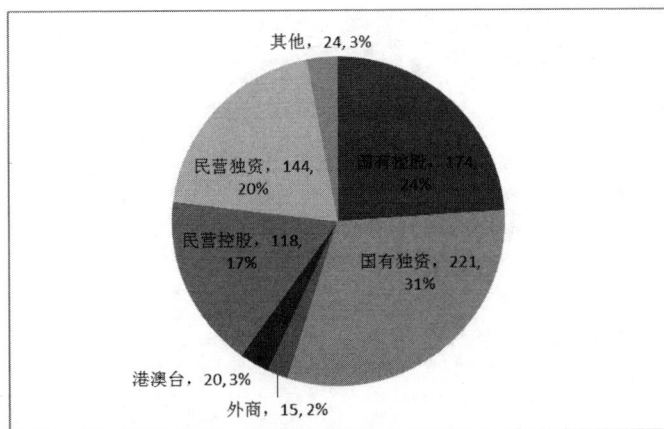

• 图 1-10　716 家社会资本的分类占比

从民营企业参与领域角度分析。民营、含民营及外资的联合体两类项目数合计 215 个，占落地项目数的 47.3%。其中，民营企业参与的行业领域达 15 个，如图 1-11 所示。3 月新增体育行业。其中，市政工程 86 个、生态建设和环境保护 23 个、水利建设 15 个、养老 14 个、交通运输 13 个、医疗卫生 11 个、城镇综合开发 10 个，其余皆为 10 个以下。

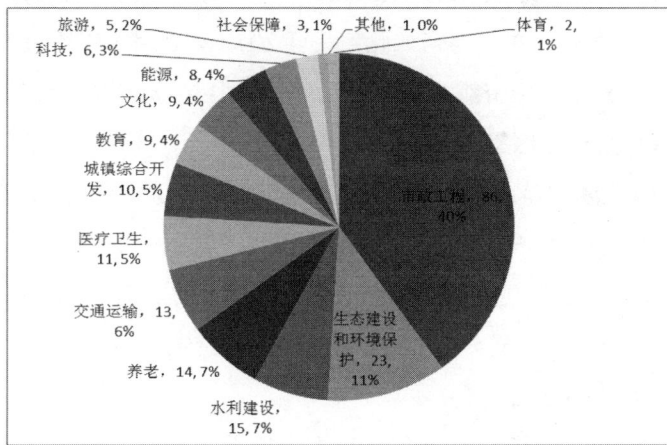

● 图 1-11 含民营和外资的落地示范项目领域分布

2. 全国入库项目

截至 2017 年 3 月末，全国入库项目合计 12287 个，投资额 14.6 万亿元，比 2 月末净增项目 503 个、投资额 6114 亿元；比 2016 年末净增项目 1027 个、投资额 10686 亿元；比 2016 年同期净增项目 4566 个、投资额 57880 亿元。其中，已签约落地项目 1729 个，总投资 2.9 万亿元，与 2 月末相比净增落地项目 207 个、投资额 4367 亿元；与 2016 年末相比净增落地项目 378 个、投资额 6369 亿元；与 2016 年同期相比净增落地项目 1360 个、投资额 23567 亿元。

3 月经审核后新入库项目 543 个，同时经省级财政部门申请，对截至 2 月末已入库项目进行退库的有 40 个（投资额 488 亿元），因此比 1 月末净增 503 个项目。与 2016 年末相比，本季度内经审核后新入库项目合计 1161 个，退库 134 个，因此本季度净增 1027 个。

（1）PPP 项目需求持续加大

入库项目呈增长趋势，自 2016 年 1 月末至 2017 年 3 月末，月均增长项目 378 个、投资额 4597 亿元，PPP 项目需求持续加大。需要说明，截至 2017 年 3 月末，库内 59.2% 的项目仍处于识别阶段，属于 PPP 备选项目。一是规划实施时间分布在未来若干年，二是尚未完成物有所值评价和财政承受能力论证，只表明地方政府部门有意愿采用 PPP 模式，要真正成为 PPP 项目，还必须经过严格论证把关。尽管如此，截至 2017 年 3 月末签约进入执行阶段的项目仍有 1729 个、投资额 2.9 万亿元，落地项目投资额依然可观。

（2）项目分布地区集中度高

按入库项目数排序，贵州、山东（含青岛）、新疆位居前三名，分别为 1805 个、1132 个、1050 个，合计占入库项目总数的 32.4%。按入库项目投资额排序，贵州、山东（含青岛）、云南位居前三名，分别为 16195 亿元、12468 亿元、11037 亿元，合计占入库项目总投资的 27.3%。

（3）行业集中度高

项目库内各行业截至 2017 年 3 月末，其中，市政工程、交通运输、旅游三个行业项目数居前 3 名，分别为 4333 个、1511 个和 748 个，合计占入库项目总数的 53.7%；交通运输、市政工程、城镇综合开发三个行业项目总投资位居前 3 名，分别为 43573 亿元、40347 亿元和 14421 亿元，合计占入库项目总投资的 67.1%。

与 2016 年末相比，市政工程、交通运输、生态建设和环境保护三个行业的净增项目数较多，分别为 335 个、136 个、110 个，合计占本季度净增总数的 56.6%。交通运输、市政工程、旅游三个行业的季度净增投资额较大，分别为 4000 亿元、2546 亿元、1764 亿元，合计占本季度净增总额的 77.8%。

（4）项目落地速度加快

2017 年 3 月末落地率为 34.5%，比 2017 年 2 月末增加 1.4 个百分点，比 2016 年末增加 2.9 个百分点，比 2016 年同期增加 12.8 个百分点。

2017 年 3 月末执行阶段项目 1729 个，比 2017 年 2 月末增加 207 个落地，增长 13.6%；比 2016 年末增加 378 个落地，增长 28.0%；比 2016 年同期增加 1360 个落地，增长 368.6%。

从落地项目投资额地域分布来看，2017 年 3 月末执行阶段项目投资额 28705 亿元，比 2 月末增加 4367 亿元，增长 17.9%；比 2016 年末增加 6369 亿元，增长 28.5%；比 2016 年同期增加 23567 亿元，增长 458.7%。从落地项目投资额地域分布来看，山东（含青岛）、贵州、河北位居前三名，分别为 3458 亿元、2691 亿元、2204 亿元，合计占落地项目投资额总数的 29.1%。从落地项目落地投资额地域分布月度增量来看，山东（含青岛）、河南、陕西当月净增落地投资额位居前三位，分别为 1296 亿元、508 亿元和 368 亿元，合计占当月净增落地项目总数的 49.7%。从落地项目投资额地域分布季度增量来看，当季净增前三名和月度增幅前三相同，依然为山东（含青岛）、河南、陕西，增幅金额分别为 1531 亿元，610 亿元和 488 亿元，合计占当季净增落地项目总数的 41.3%。与 2016 年同期相比，落地项目投资额增幅最大的三个省份是贵州、山东（含青岛）、河北，分别为 2593 个、2386 个和 1851 个，合计占增量的 29.0%。

（5）政府付费和可行性缺口补助类项目投资额占比较多

按照三种回报机制统计，截至 2017 年 3 月末，使用者付费项目 4833 个，投资 4.8 万亿元，分别占入库项目总数和总投资额的 39.3% 和 33.1%；政府付费项目 4053 个，投资 3.7 万亿元，分别占入库项目总数和总投资额的 33.0% 和 25.8%；可行性缺口补助（即政府市场混合付费）项目 3401 个，投资 6.0 万亿元，分别占入库项目总数和总投资额的 27.7% 和 41.1%。

（6）绿色低碳项目受重视

公共交通、供排水、生态建设和环境保护、水利建设、可再生能源、教育、科技、文化、养老、医疗、林业、旅游等多个领域 PPP 项目都具有推动经济结构绿色低碳化的作用。按该口径，截至 3 月末，全国入库项目中绿色低碳项目 7220 个、投资额 5.9 万亿元，分别占全国入库项目的 58.8%、40.7%。与 2 月末相比净增入库 274 个，净增投资额 2153 亿元，在全国入库项目中占比稳定。与 2016 年末相比净增入库 608 个，净增投资额 4,642 亿元，在全国入库项目中占比稳定。

（二）当前 PPP 发展特点

在各个部门的大力配合下，我国 PPP 模式发展的制度环境不断完善，为 PPP 的规范、快速发展提供了外部保障。

1. 信息披露更加全面

《国务院办公厅转发财政部 发展改革委 人民银行关于在公共服务领域推广政府和社会资本合作模式指导意见的通知》中提出了要做好 PPP 信息披露的要求。PPP 信息披露并非只是简单的信息分享和管理，它更是规范 PPP 工作的基础支撑，能够为 PPP 项目的实施质量提供保障，有效提高政府治理能力，帮助提升政府信用，增加政府和社会资本双方合作的互信程度。

财政部自 2016 年 1 月启动全国 PPP 综合信息平台项目库，利用"互联网+"和大数据手段，收集和发布全国 PPP 项目信息，从入库项目数量、项目投资额、行业分布、实施进展、地区分布、回报机制分类等多个角度分析 PPP 的发展情况。

2. 积极开展国际合作

在 PPP 的推广过程中，积极学习国际先进经验，吸收失败教训，从我国实际出发，创造出适合我国发展的良好实践。

一方面，通过借鉴国际机构在推广和运营 PPP 上的成功经验，总结出一套比较系统的行动指南，为我国 PPP 推广提供了有效指导。另一方面，通过开展双边合作与其他国家建立合作关系。2015 年 9 月，中英双方签订 PPP 合作备忘录，此后，又联合主办 PPP 法制建设研讨会，深入探讨了我国 PPP 立法路径和立法过程中应该考虑的问题，对我国进一步完善 PPP 制度框架和立法工作具有非常重要的指导意义。

3. 制度建设不断完善

近三年来，我国政府在推广 PPP 工作中推出了一系列标准、要求和流程，不仅包括整个操作流程的设计，特别包括物有所值论证指南、财政承受能力论证指南、政府采购方式管理办法等，同时财政部还与有关行业部门，包括住建部、交通部等，就行业推广 PPP 应用制定指导意见。这些要求和标准为新一轮 PPP 的推广工作的规范进行提供了制度保障。

4. 示范项目推进，并逐步发挥示范作用

在短期内示范项目和非示范项目的区别并不会明显地显示出来，但随着项目的推进，项目进入运营阶段以后，示范项目规范性的优势就会慢慢显示出来。

示范项目由专业机构精心设计实施方案，能够按照规范流程进行操作，项目在未来的执行过程中出现问题的概率比较小，更加保障了项目的顺利执行。目前，财政部已经组织了三批示范项目，不断探索科学的、规范的 PPP 项目样板，逐渐形成了一批可借鉴、可复制、可推广的 PPP 项目标杆。

5. 运营资源将会得到社会青睐

目前，人们看重的依然是 PPP 项目工程的建设利润，而项目本身运营效率所带来的收益则往往被忽视。随着项目的运行，人们会逐步认识到，对于社会资本来说，在 PPP 模式中项目运营的收益比施工利润更加重要。

由于运营收益的产生依靠的是社会资本方凭借经验对项目自身的运营，因此，运营资源的重要性将逐渐为人们所认同。不管是对政府来说，还是对社会资本来说，项目运营经验都非常重要，如果 PPP 项目缺少有运营经验的机构的参与，就很难获得理想的回报。

第二章

PPP 项目识别

项目识别是 PPP 项目实施的第一个环节，开展项目识别的目的是为科学地筛选出适合采用 PPP 模式的项目。根据《政府和社会资本合作模式操作指南（试行）》，PPP 项目识别包括项目发起、项目筛选、物有所值评价和财政承受能力论证等环节。

本章主要内容包括：

➤ 项目发起

➤ 项目筛选

➤ 物有所值评价

➤ 财政承受能力论证

一、项目发起

PPP 项目由政府或社会资本发起，一般来说，大多是由政府发起，社会资本发起的较少。通过 PPP 模式可以将政府和社会资本较好地结合起来，但是政府和社会资本发起或参与 PPP 项目的目的有所不同，具体详见表 2-1。

表 2-1　政府和社会资本发起或参与 PPP 项目的目的

发起主体	发起或参与目的
政府	缓解融资难的问题，解决项目建设资金缺口，防范地方政府债务风险。《国务院关于加强地方政府性债务管理的意见》中提出要全面规范地方政府性债务，要求剥离融资平台公司政府融资职能。因此，地方政府推广 PPP 模式，首先是希望解决融资难问题
	政府向社会提供优质公共服务和公共产品（新建项目），进一步提高公共服务和公共产品的质量（存量项目）
	转变政府职能，提高政府行政能力。原来由政府自己花钱做的事情，改由社会资本实施，放手把投资权和运营权都交给社会资本，政府作为监管机构
社会资本	利用资金、技术、人才、运营等资源，获施工合同、设备销售合同、运营维护合同等项目，以获得合理的投资回报
	在一定年限内获得项目特许经营所带来的垄断利益
	占领行业市场份额，提高企业行业影响力

根据 PPP 项目发起主体的不同，其发起方式也有所区别，政府和社会资本发起方式详见表 2-2。

表 2-2　PPP 项目发起方式

发起主体		发起方式
政府	财政部门（政府和社会资本合作中心）	负责向交通、住建、环保、能源、教育、医疗、体育健身和文化设施等行业主管部门征集潜在政府和社会资本合作项目
	行业主管部门	可从国民经济和社会发展规划及行业专项规划中的新建、改建项目或存量公共资产中遴选潜在项目
社会资本		以项目建议书的方式向财政部门（政府和社会资本合作中心）推荐潜在政府和社会资本合作项目

二、项目筛选

政府或社会资本发起并上报 PPP 项目后，由政府和社会资本合作中心会同行业主管部门对上报的项目进行筛选，并确定最终可实施的项目。

（一）筛选流程

政府和社会资本合作中心会同行业主管部门，对潜在 PPP 项目进行评估筛选，确定备选项目。财政部门根据筛选结果确定年度和中长期计划。对于列入年度计划的项目，项目发起方应该按照财政部门（政府和社会资本合作）的要求提交相关资料。新建、改建项目应提交可行性研究报告、项目产出说明和初步实施方案；存量项目应提交存量公共资产的历史资料、项目产出说明和初步实施方案。

PPP 项目筛选环节的流程如图 2-1 所示。

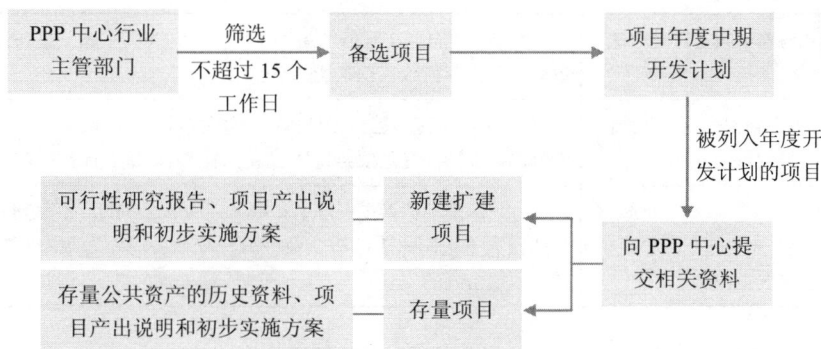

● 图 2-1　筛选 PPP 项目的流程

（二）筛选标准

PPP 项目筛选涉及的领域主要是基础设施及公共服务类项目，如市政供水、市政供暖、市政供气、医疗设施、养老设施、地下综合管廊、污水处理、环境保护等项目，筛选的基本原则是投资规模较大、需求长期稳定、价格调整机制灵活、市场化程度较高。

2016 年 6 月 8 日，财政部等二十部委联合下发了《关于组织开展第三批政府和社会资本合作示范项目申报筛选工作的通知》。通过分析该通知，得出十项评定第三批示范 PPP 项目的客观标准，当然，这些标准只是符合 PPP 政策文件的最低标准，PPP 模式也在不断规范中。

1. 实施机构：只能是政府或其他部门或事业单位

实施机构是指和社会资本签订 PPP 项目合同的政府方，一般来说，PPP 项目中的政府方包括三个方面：授权机构、实施机构以及出资代表。此外，行业运营公司也可以作为 PPP 项目中政府方的出资代表。

在特许经营中，授权机构必须是县级以上人民政府，而在政府购买服务中不做强制要求，但从融资的方面来说，购买主体为县级以上人民政府也是必要的。

涉及 PPP 项目实施机构的法律条款详见表 2-3。

表 2-3　涉及 PPP 项目实施机构的相关规定

法规名称	相关条款
《政府购买服务管理办法（暂行）》	第四条　政府购买服务的主体（以下简称购买主体）是各级行政机关和具有行政管理职能的事业单位
《基础设施和公用事业特许经营管理办法》	第十四条　县级以上人民政府应当授权有关部门或单位作为实施机构负责特许经营项目有关实施工作，并明确具体授权范围
《关于组织开展第三批政府和社会资本合作示范项目申报筛选工作的通知》	《PPP 示范项目评审标准》：有下列情形之一的，不再列为备选项目：【政府方】国有企业或融资平台公司作为政府方签署 PPP 项目合同的

2. 项目性质：只能是公益项目，不包括商业项目

PPP 项目不包括商业性质的项目，只能是公益性质的项目，且经营性用地不宜用作 PPP 项目用地。虽然商业项目不宜直接参与 PPP 项目，但是可以通过合理的结构安排实现商业项目补贴 PPP 项目的问题。

涉及 PPP 项目性质的法律条款详见表 2-4。

表 2-4　涉及 PPP 项目性质的相关规定

法规名称	相关条款
《关于组织开展第三批政府和社会资本合作示范项目申报筛选工作的通知》	《PPP 示范项目评审标准》：有下列情形之一的，不再列为备选项目：适用领域不属于公共产品或公共服务领域的
《政府和社会资本合作模式操作指南（试行）》	第六条 投资规模较大、需求长期稳定、价格调整机制灵活、市场化程度较高的基础设施及公共服务类项目，适宜采用政府和社会资本合作模式
《关于进一步做好政府和社会资本合作项目示范工作的通知》	（五）在公共服务领域广泛征集适宜采用 PPP 模式的项目。……地方各级财政部门要在能源、交通运输、水利、环境保护、农业、林业、科技、保障性安居工程、医疗、卫生、养老、教育、文化等公共服务领域，筛选征集适宜采用 PPP 模式的项目，加快建立项目库

3. 项目期限：10 年以上，必须带运营，BT 不属于 PPP 项目

PPP 项目注重项目的生命周期。通常来说，一个基建或公共服务项目设计的生命周期为 50 ～ 100 年，但是考虑到金融机构融资期限的可行性，10 年的最低期限是比较合理的。目前，除了政策性银行，很少有银行可以将贷款维持 10 年的期限。

BT 所涉及的仅包括投资和建设两个环节，且期限只有 2 年左右，并未包括 PPP 项目的全部生命周期。运营是 PPP 项目全生命周期的表现，只有项目运营，才能提高项目使用率，才能实现物有所值。从目前现有 PPP 文件中规定的 PPP 项目运作模式如 BOT、BOO、TOT、ROT 等来看，PPP 项目中都带有"O"（即"Operate"，运营）。此外，可以将带有 L（租赁）、M（管理）看作是一种变相的运营，所以，不带有运营的 BT 不属于 PPP。

涉及 PPP 项目期限的法律条款详见表 2-5。

表 2-5　涉及 PPP 项目期限的相关规定

法规名称	相关条款
《关于进一步做好政府和社会资本合作项目示范工作的通知》	（六）确保上报备选示范项目具备相应基本条件……对采用建设—移交（BT）方式的项目，通过保底承诺、回购安排等方式进行变相融资的项目，财政部将不予受理
《关于组织开展第三批政府和社会资本合作示范项目申报筛选工作的通知》	《PPP 示范项目评审标准》：有下列情形之一的，不再列为备选项目：……2.【运作方式】采用建设—移交（BT）方式实施的；3.【合作期限】合作期限（含建设期在内）低于 10 年的

4. 融资方式：不能是固定汇报、保底承诺、回购安排等方式

采取固定回报、保底承诺、回购安排的融资方式实质上是地方政府借债融资，最终扩大了地方政府的债务，不符合 PPP 项目强调的风险共担、绩效评价原则，因此，采取这三种方式进行融资的项目不属于 PPP 项目。

涉及 PPP 项目融资方式的法律条款详见表 2-6。

表 2-6　涉及 PPP 项目融资方式的相关规定

法规名称	相关条款
《基础设施和公用事业特许经营管理办法》	第二十一条　政府可在特许经营协议中就防止不必要的同类竞争性项目建设、必要合理的财政补贴、有关配套公共服务和基础设施的提供等内容做出承诺，但不得承诺固定投资回报和其他法律、行政法规禁止的事项
《关于进一步做好政府和社会资本合作项目示范工作的通知》	（二）确保示范项目实施质量。……严禁通过保底承诺、回购安排、明股实债等方式进行变相融资，将项目包装成 PPP 项目
《关于组织开展第三批政府和社会资本合作示范项目申报筛选工作的通知》	《PPP 示范项目评审标准》：有下列情形之一的，不再列为备选项目：……4.【变相融资】采用固定回报、回购安排、明股实债等方式进行变相融资的

5. 采购方式：以竞争性采购的方式选择社会资本

对于 PPP 项目来说，无论是特许经营还是政府购买服务，在选择社会资本的时候都应该使用竞争性的方式。从司法实践上来看，未采用竞争性方式选择投资人的特许经营项目，其签订的合同往往是不被认同的。

涉及 PPP 项目采购方式的法律条款详见表 2-7。

表 2-7　涉及 PPP 项目采购方式的相关规定

法规名称	相关条款
《政府与社会资本合作操作指南（试行）》	第十一条　项目采购应根据《中华人民共和国政府采购法》及相关规章制度执行，采购方式包括公开招标、竞争性谈判、邀请招标、竞争性磋商和单一来源采购。项目实施机构应根据项目采购需求特点，依法选择适当采购方式
《关于组织开展第三批政府和社会资本合作示范项目申报筛选工作的通知》	《PPP 示范项目评审标准》：有下列情形之一的，不再列为备选项目：……3.【政府采购】已进入采购阶段或执行阶段的项目，未按政府采购相关规定选择社会资本合作方的

6. 补贴条件：绩效评价合格

绩效评价合格是政府补贴 PPP 项目的条件。第三批申报项目筛选《评审

标准》中将产出范围及绩效标准是否清晰作为评审重点，从而使绩效成为社会资本获得政府补贴及其他收入的主要标准，避免出现固定回报的状况。

涉及 PPP 项目补贴条件的法律条款详见表 2-8。

表 2-8　涉及 PPP 项目补贴条件的相关规定

法规名称	相关条款
《政府与社会资本合作操作指南（试行）》	第二十六条　……政府有支付义务的，项目实施机构应根据项目合同约定的产出说明，按照实际绩效直接通知财政部门向社会资本或项目公司及时足额支付……
《基础设施和公用事业特许经营管理办法》	第四十三条　实施机构应当根据特许经营协议，定期对特许经营项目运营情况进行监测分析，会同有关部门进行绩效评价，建立根据绩效评价结果、按照特许经营协议约定对价格或财政补贴进行调整的机制，保障所提供公共产品或公共服务的质量和效率

7. 政府和社会资本的关系：风险共担、利益共享、合理回报

PPP 项目中的政府和社会资本是合作伙伴的关系，风险共担、利益共享。为避免社会资本因不可预见的原因出现明显的亏损，最低流量、最低供应等风险由政府承担；与之相对应，PPP 项目限制社会资本的高额收益作为对冲。

涉及政府和社会资本关系的法律条款详见表 2-9。

表 2-9　涉及 PPP 项目政府和社会资本关系的相关规定

法规名称	相关条款
《政府与社会资本合作操作指南（试行）》	第十一条　……（二）风险分配基本框架。按照风险分配优化、风险收益对等和风险可控等原则，综合考虑政府风险管理能力、项目回报机制和市场风险管理能力等要素，在政府和社会资本间合理分配项目风险
《关于组织开展第三批政府和社会资本合作示范项目申报筛选工作的通知》	《PPP 示范项目评审标准》：二、定量评审标准……风险识别和分配是否充分、合理，利益共享机制能否实现激励相容……

8. 基本目的：同时进行定性、定量评价，实现物有所值

实现物有所值是政府推行 PPP 项目的基本目的，换句话说，PPP 项目要让政府觉得合算。但是由于缺乏基础数据以及其他一些客观原因，实现物有所值定量分析尚存在一定的困难，但从长远来看，物有所值评价是 PPP 项目必备的条件。

涉及 PPP 项目物有所值目的的法律条款详见表 2-10。

表 2-10　涉及 PPP 项目物有所值目的的相关规定

法规名称	相关条款
《政府与社会资本合作操作指南（试行）》	第九条 ……通过物有所值评价和财政承受能力论证的项目，可进行项目准备
	第十二条 财政部门（政府和社会资本合作中心）应对项目实施方案进行物有所值和财政承受能力验证，通过验证的，由项目实施机构报政府审核；未通过验证的，可在实施方案调整后重新验证；经重新验证仍不能通过的，不再采用政府和社会资本合作模式
《PPP 物有所值评价指引（试行）》	第四条　中华人民共和国境内拟采用 PPP 模式实施的项目，应在项目识别或准备阶段开展物有所值评价
	第五条　物有所值评价包括定性评价和定量评价。现阶段以定性评价为主，鼓励开展定量评价……
《关于组织开展第三批政府和社会资本合作示范项目申报筛选工作的通知》	《PPP 示范项目评审标准》：二、定量评审标准 （三）项目物有所值评价。是否按要求开展并通过物有所值评价，定性评价的方法和过程是否科学合理；是否同时开展物有所值定量评价，定量评价的方法和过程是否科学合理等（10%）

9. 财政能力论证：政府有能力支付

PPP 项目下的政府补贴已经被严格限制，为保证政府财政支付能力，确保财政支持和项目长期安全运行，《关于进一步做好政府和社会资本合作项目示范工作的通知》中就曾明确规定了政府支出责任占年度公共预算支出比例的上限。因此，只有通过财政能力论证，证明政府有支付能力的项目才可作为 PPP 项目。

涉及财政能力论证的法律条款详见表 2-11。

表 2-11　涉及 PPP 项目财政能力论证的相关规定

法规名称	相关条款
《关于进一步做好政府和社会资本合作项目示范工作的通知》	（三）切实履行财政监督管理职责。示范项目所在地财政部门要认真做好示范项目物有所值定性分析和财政承受能力论证，有效控制政府支付责任，合理确定财政补助金额，每一年度全部 PPP 项目需要从预算中安排的支出责任占一般公共预算支出比例应当不超过 10%……
《关于组织开展第三批政府和社会资本合作示范项目申报筛选工作的通知》	《PPP 示范项目评审标准》：有下列情形之一的，不再列为备选项目：2.【两个论证】未按财政部相关规定开展物有所值评价或财政承受能力论证的

10. 落实进度及可行性：纳入规划，准备工作充分，具备可实施性

准备不充分是造成 PPP 项目落地较慢的重要原因之一，第三批示范项目

筛选工作通知《评审标准》对项目的实施进度、项目示范推广价值做出了明确规定，详见表 2-12。

表 2-12　涉及 PPP 项目落实进度及可行性的相关规定

法规名称	相关条款
《关于组织开展第三批政府和社会资本合作示范项目申报筛选工作的通知》	《PPP 示范项目评审标准》：项目方案论证、组织协调等前期准备工作是否充分，立项、土地、环评等审批手续是否完备，所处阶段及社会资本响应程度如何，是否具备在入选一年内落地的可能性
《关于组织开展第三批政府和社会资本合作示范项目申报筛选工作的通知》	《PPP 示范项目评审标准》：项目是否符合行业或地区发展方向和重点，是否具备较好的探索创新价值和推广示范意义

三、物有所值评价

对 PPP 模式和采用传统政府建设管理模式的优劣进行比较，提高项目决策的科学性和合理性，减少政府采购支出成本，保证项目的价值，是筛选 PPP 项目的基本原则之一。物有所值评价是判断是否采用 PPP 模式代替政府传统投资运营方式提供公共服务项目的一种评价方法。

（一）物有所值评价的基本流程

物有所值评价（VFM）包括定性评价和定量评价。目前，相关行业的物有所值定量分析模型的建立尚存在一定的难度，定量分析处于探索阶段，因此，现阶段物有所值评价以定性分析为主，鼓励开展定量评价。定量评价可作为项目全生命周期内风险分配、成本测算和数据收集的重要手段，以及项目决策和绩效评价的参考依据。

定性评价通常在"项目识别"阶段进行，定量评价可综合运用于"项目识别"、"项目准备"和"项目采购"阶段。通常由政府与社会资本合作中心或其委托的行业主管部门或第三方专业机构来组织开展物有所值评价。

物有所值评价结论分为"通过"和"未通过"。"通过"的项目，可进行财政承受能力论证；"未通过"的项目，可在调整实施方案后重新评价，仍未通过的不宜采用 PPP 模式。

物有所值评价的流程如图 2-2 所示。

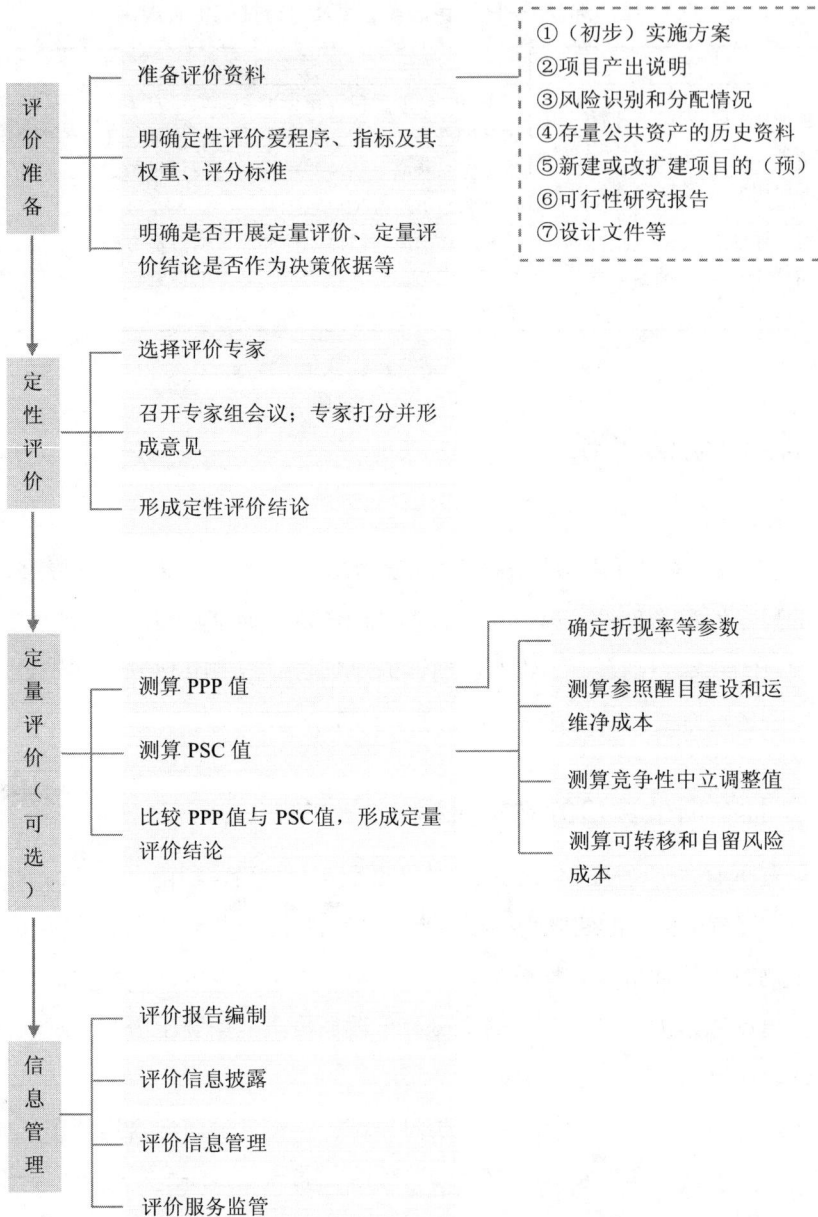

评价准备
- 准备评价资料
- 明确定性评价爱程序、指标及其权重、评分标准
- 明确是否开展定量评价、定量评价结论是否作为决策依据等

① (初步) 实施方案
② 项目产出说明
③ 风险识别和分配情况
④ 存量公共资产的历史资料
⑤ 新建或改扩建项目的 (预)
⑥ 可行性研究报告
⑦ 设计文件等

定性评价
- 选择评价专家
- 召开专家组会议；专家打分并形成意见
- 形成定性评价结论

定量评价 (可选)
- 测算 PPP 值
- 测算 PSC 值
- 比较 PPP 值与 PSC 值，形成定量评价结论

- 确定折现率等参数
- 测算参照醒目建设和运维净成本
- 测算竞争性中立调整值
- 测算可转移和自留风险成本

信息管理
- 评价报告编制
- 评价信息披露
- 评价信息管理
- 评价服务监管

• 图 2-2　物有所值评价流程

（二）定性评价

PPP 项目是为了更好地实现政府职能，满足社会公共利益，在筛选 PPP 项目时不仅要考虑项目的效率问题，还需要考虑项目的社会效益问题，定性评价即能恰当地考察项目无法具体量化的社会效益。

开展物有所值评价时，项目本级财政部门（或 PPP 中心）会同行业主管部门，明确定性评价程序、指标及其权重、评分标准等基本要求。

物有所值定性评价采用专家评分法，具体流程如图 2-3 所示。

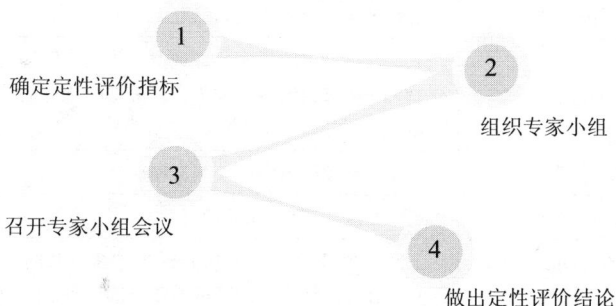

1　确定定性评价指标

2　组织专家小组

3　召开专家小组会议

4　做出定性评价结论

● 图 2-3　物有所值定性评价流程

1. 确定定性评价指标

定性评价的指标由基本评价指标及补充性指标两部分构成，补充性评价指标主要是六项基本评价指标未涵盖的其他影响因素，如项目规模大小、项目资产寿命、全生命周期成本测算准确性等。

项目本级财政部门（或 PPP 中心）会同行业主管部门根据项目具体情况，在专家打分表上已经确定的基本评价指标及其权重的基础上，再组织确定至少三项补充性指标及其权重。补充性指标可以从以下推荐的补充指标中选择，也可以另行提出，但不能与基本指标重复。

基本评价指标及推荐的补充性指标详见表 2-13。

表 2-13　基本评价指标及推荐的补充性指标

	评价指标	评价标准
基本评价指标	全生命周期整合程度	主要考核在项目全生命周期内，项目设计、投融资、建造、运营和维护等环节能否实现长期、充分整合
	风险识别与分配	主要考核在项目全生命周期内，各风险因素是否得到充分识别并在政府和社会资本之间进行合理分配
	绩效导向与鼓励创新	主要考核是否建立以基础设施及公共服务供给数量、质量和效率为导向的绩效标准和监管机制；是否落实节能环保、支持本国产业等政府采购政策，能否鼓励社会资本创新
	潜在竞争程度	主要考核项目内容对社会资本参与竞争的吸引力
	政府机构能力	主要考核政府转变职能、优化服务、依法履约、行政监管和项目执行管理等能力
	可融资性	主要考核项目的市场融资能力
补充性指标	项目规模	主要考核项目的投资额或资产价值。一般情况下，基础设施及公共服务项目的规模越大，越能够吸引社会资本参与，评分越高
	项目资产寿命	主要考核项目的资产使用寿命
	项目资产种类	主要考核项目包含的资产种类
	全生命周期成本估计准确性	主要考核项目对采用 PPP 模式的全生命周期成本的理解和认识程度以及全生命周期成本将被准确预估的可能性
	法律和政策环境	主要考察现行法律、法规、规章和政策等制度是否存在限制采用 PPP 模式实施项目的情况
	资产利用及收益	主要考核社会资本和合作方增加额外收入的可能程度

在各项评价指标中，六项基本评价指标权重为 80%，其中任意一个指标权重一般不超过 20%；补充评价指标权重为 20%，其中任意一个指标权重一般不超过 10%。专家打分表详见表 2-14。

表 2-14　物有所值定性评价专家打分表

	指标	权重	评分
基本指标	全生命周期整合程度		
	风险识别与分配		
	绩效导向与鼓励创新		
	潜在竞争程度		
	政府机构能力		
	可融资性		
	基本指标小计	80%	—

续表

指标		权重	评分
补充指标			
	补充指标小计	20%	
合计		100%	—

专家签字:

年 月 日

　　每项指标评分分为五个等级,即有利、较有利、一般、较不利、不利,对应分值分别为 100～81、80～61、60～41、40～21、20～0 分。项目本级财政部门(或 PPP 中心)会同行业主管部门,按照评分等级对每项指标制定清晰准确的评分标准。

2. 组织专家小组

　　专家小组由不少于 7 名专家组成,专家组成员包括财政、资产评估、会计、金融等经济方面专家,以及行业、工程技术、项目管理和法律方面的专家。项目所在地的省级财政部门已经公布物有所值评价专家推荐名单的,应在满足前述专业要求的前提下,从推荐名单中随机遴选专家。

　　定性评价所需材料应在会议召开之前 5 个工作日送达专家小组。

3. 召开专家小组会议

　　项目本级财政部门(或 PPP 中心)会同行业主管部门组织召开专家小组会议。专家小组会议基本程序如图 2-4 所示。

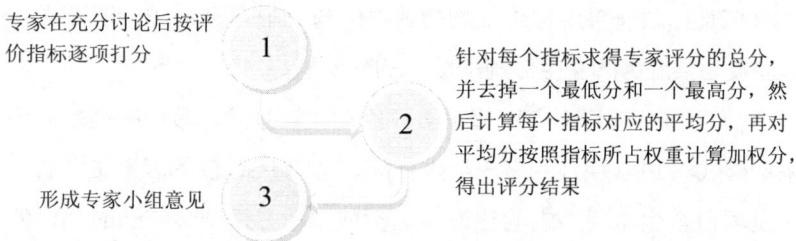

专家在充分讨论后按评价指标逐项打分　　①

② 针对每个指标求得专家评分的总分,并去掉一个最低分和一个最高分,然后计算每个指标对应的平均分,再对平均分按照指标所占权重计算加权分,得出评分结果

形成专家小组意见　　③

●图 2-4　物有所值定性评价专家组会议基本流程

4. 做出定性评价结论

项目本级财政部门（或 PPP 中心）会同行业主管部门根据专家组意见，做出定性评价结论。原则上，评分结果在 60 分（含）以上的，通过定性评价；否则算作未通过定性评价。

（三）定量评价

所谓定量评价，就是以量化的方法来评价采用 PPP 模式提供公共服务项目是否比采用政府采购模式提供公共服务项目更具优势。简单来说，物有所值定量评价就是用测算的方式来证明某个项目是否值得采用 PPP 模式。

定量评价的思路就是在假定采用 PPP 模式与政府传统投资方式产出绩效相同的前提下，通过对 PPP 项目全生命周期内政府方净成本的现值（PPP 值）与公共部门比较值（PSC 值）进行比较，判断 PPP 模式能否降低项目全生命周期成本。

物有所值定量评价的流程主要包括三个步骤，如图 2-5 所示。

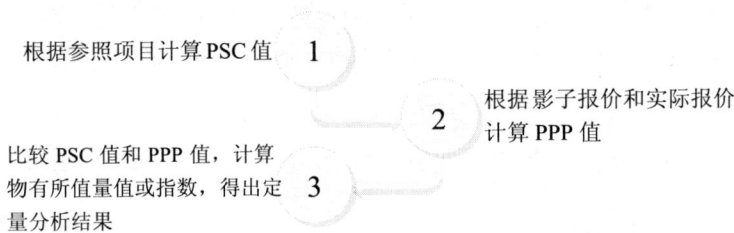

根据参照项目计算 PSC 值　1

2　根据影子报价和实际报价计算 PPP 值

比较 PSC 值和 PPP 值，计算物有所值量值或指数，得出定量分析结果　3

• 图 2-5　物有所值定量评价流程

1. 计算 PSC 值

PSC 值是指政府采用传统采购模式提供与 PPP 项目产出说明要求相同的基础设施及公共服务的全生命周期成本的净现值。

PSC 值是 PPP 项目物有所值定量评价的比较基准，假设前提是采用政府传统采购模式与 PPP 模式的产出绩效相同。影响 PSC 值的因素主要有以下几个：一是项目全生命周期内的建设、运营成本；二是现金流的时间价值；三是竞争性中立调整、风险承担成本等。PSC 值的计算公式如下：

PSC 值＝参照项目的建设和运营维护净成本＋竞争性中立调整值＋项目全部风险成本

（1）设定参照项目

参照项目是指政府传统采购模式下，由政府提供的、最有可能实现的、满足 PPP 项目产出说明要求的虚拟项目。参照项目可根据具体情况确定为两类项目，如图 2-6 所示。

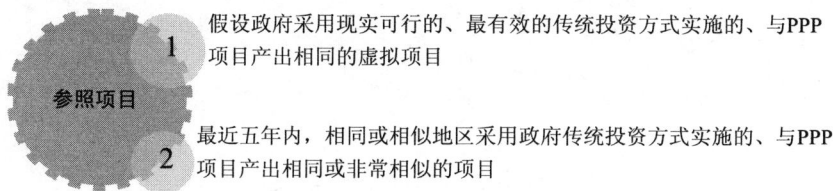

参照项目

1 假设政府采用现实可行的、最有效的传统投资方式实施的、与PPP 项目产出相同的虚拟项目

2 最近五年内，相同或相似地区采用政府传统投资方式实施的、与PPP 项目产出相同或非常相似的项目

• 图 2-6　参照项目的选择类别

参照项目建设净成本以及参照项目运营维护净成本的计算方法如下：

建设净成本＝参照项目设计、建造、升级、改造、大修等方面投入的现金以及固定资产、土地使用权等实物和无形资产的价值－参照项目全生命周期内产生的转让、租赁或处置资产所获的收益

运营维护净成本＝参照项目全生命周期内运营维护所需的原材料、设备、人工等成本，以及管理费用、销售费用和运营期财务费用等－假设参照项目与 PPP 项目付费机制相同情况下能够获得的使用者付费收入等

（2）计算竞争性中立调整值

计算竞争性中立调整值主要是为了消除政府传统采购模式下公共部门相对社会资本所具有的竞争优势，使得在进行物有所值定量评价时政府和社会资本之间能够在公平基础上进行比较。

竞争性中立调整值主要是采用政府传统投资方式比采用 PPP 模式实施项目支出的费用少，通常包括少支出的土地费用、行政审批费用、有关税费等。

（3）项目全部风险承担成本

项目全部风险承担成本包括可转移给社会资本的风险承担成本和政府自

留风险的承担成本。其中，可转移给社会资本的风险承担成本是指在风险分配框架下政府方为向社会资本方转移风险所付出的成本；政府自留风险承担成本，是指在风险分配框架下政府方为自留风险所承担的成本。项目全部风险的组成如图 2-7 所示。

由社会资本单方承担的风险以及双方共担风险中拟由社会资本方承担的部分

可转移风险

政府自留风险

由政府单方承当的风险以及双方共担风险中政府方承担的部分

项目全部风险

• 图 2-7　项目风险的组成

项目全部风险承担成本的测算方法包括比例法、情景分析法及概率法，具体的计算方式可参照下文"政府财政承受能力论证"小节中"支出测算"中风险承担支出的测算方式，在此不再赘述。

（4）折现率的确定

用于测算 PSC 值的折现率应与用于测算 PPP 值的折现率相同，年度折现率应考虑财政补贴支出发生年份，并参照同期地方政府债券收益率合理确定。

（5）PSC 值的调整

如果在项目实施方案编制和交易谈判过程中出现重大条件变化的情况（如改变项目产出范围和标准），对 PSC 值计算产生实质的影响时，应该及时对 PSC 值进行相应的调整。

2. 计算 PPP 值

PPP 值可等同于 PPP 项目全生命周期内股权投资、运营补贴、风险承担和配套投入等各项财政支出责任的现值，PPP 值的计算公式如下：

> PPP 值＝政府对 PPP 项目的股权投资＋运营补贴＋风险承担＋配套投入

其中股权投资、运营补贴、风险承担、配套投入的测算方法将在下文中（具体参见"财政承受能力论证"中的"支出测算"相关内容）详细介绍，在此不再赘述。

3. 定量评价结果及应用

定量评价的结果通常以物有所值量值或物有所值指数的形式来表示，物有所值量值和物有所值指数的计算公式如下：

$$物有所值量值（VFM）＝PSC 值－PPP 值$$

$$物有所值指数（VFM）＝（PSC 值－PPP 值）÷PSC×100\%$$

当物有所值量值或指数为正数时，说明此项目适宜采用 PPP 模式。物有所值量值或指数越大，说明此项目采用 PPP 模式代替传统采购模式可实现的价值就越大。

物有所值定量评价结果可以作为决策是否采用 PPP 模式的依据运用于多个环节，如图 2-8 所示。

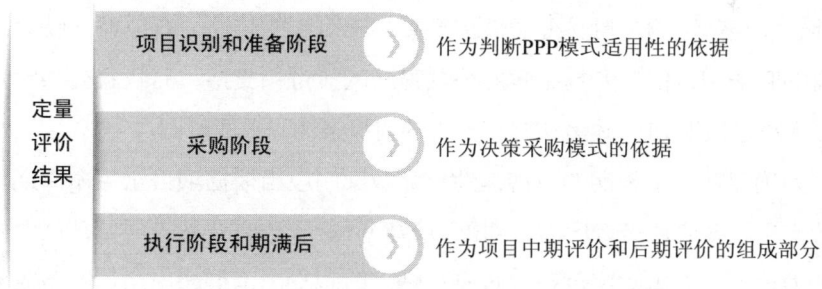

定量评价结果		
项目识别和准备阶段	＞	作为判断PPP模式适用性的依据
采购阶段	＞	作为决策采购模式的依据
执行阶段和期满后	＞	作为项目中期评价和后期评价的组成部分

●图 2-8　定量评价结果的应用场景

定量评价结果在各个阶段的应用如图 2-9 所示。

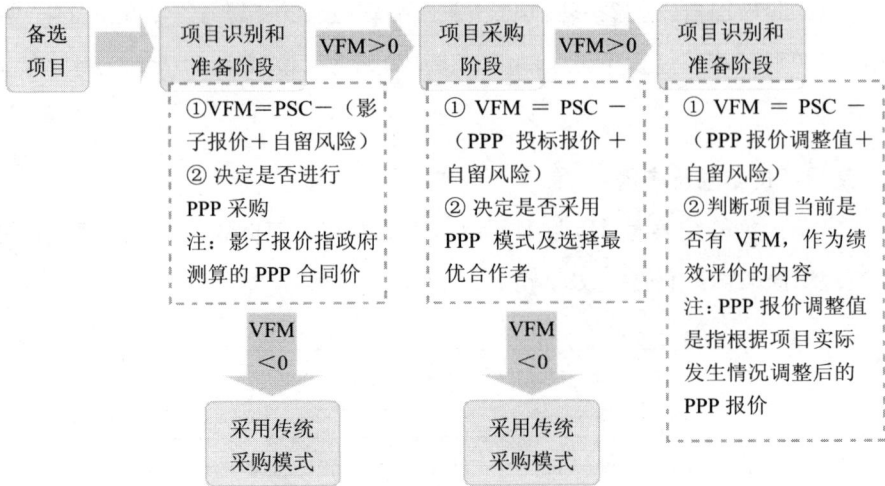

● 图 2-9　物有所值定量评价结果在各个环节的应用

四、财政承受能力论证

PPP 项目会涉及许多公共部门和领域，不管是经营性的项目，还是准经营性、非经营性的项目，公益性都是其必不可少的特性，有公益性就会涉及政府的职能和责任，尤其是政府公共财政的拨付和支持。而政府公共财政能力的大小是保证 PPP 政策实施和推进的前提条件和重要基础。

为确保财政中长期的可持续性，财政部门应当根据项目全生命周期内的财政支出、政府债务等因素，对部分政府付费或政府补贴的项目开展财政承受能力论证，每年政府付费或政府补贴等财政支出不得超出当年财政收入一定的比例。

（一）财政承受能力论证的基本流程

财政承受能力论证是指识别、测算 PPP 项目的各项财政支出责任，科学评估项目实施对当前及今后年度财政支出的影响，为 PPP 项目财政管理提供依据。财政承受能力论证的基本流程如图 2-10 所示。

责任识别
- 股权投资
- 运营补贴
- 承担风险
- 配套投入

支出测算
- 依据项目资本金要求及项目公司股权结构，测算股权投资支出责任
- 依据建设成本、运营成本和利润水平，测算运营补贴支出责任
  - 政府付费模式
  - 可行性缺口补助模式
- 依据比例法、情景分析法及概率分析法，测算承担风险支出责任
- 依据政府拟提供的其他投入总成本和社会资本方为此支付的费用，测算配套投入支出责任

能力评估
- 财政支出能力评估
- 行业和领域均衡性评估

信息披露
- 项目名录
- 项目信息
- 财政支出责任情况

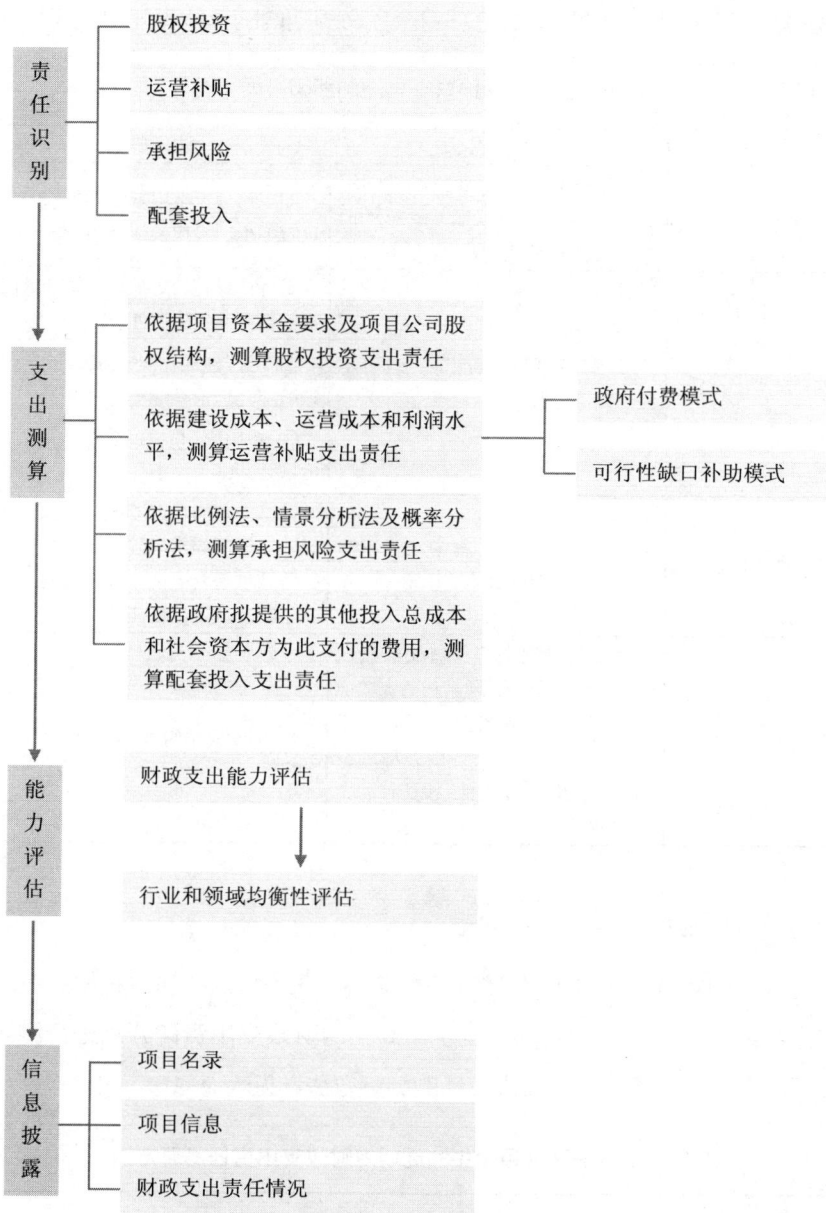

● 图 2-10　PPP 项目财政承受能力论证流程

（二）责任识别

PPP 项目全生命周期过程的财政支出责任，主要包括股权投资、运营补贴、

PPP 项目运作与资产证券化

风险承担、配套投入等，政府在 PPP 项目全生命周期内的具体责任详见表2-15。

表 2-15　PPP 项目全生命周期内政府责任

责任类别	责任定义	责任确定
股权投资支出责任	是指在政府与社会资本共同组建项目公司的情况下，政府承担的股权投资支出责任	如果社会资本单独组建项目公司，政府不承担股权投资支出责任
运营补贴支出责任	是指在项目运营期间，政府承担的直接付费责任	① 政府付费模式下，政府承担全部运营补贴支出责任；② 可行性缺口补助模式下，政府承担部分运营补贴支出责任；③ 使用者付费模式下，政府不承担运营补贴支出责任
风险承担支出责任	是指项目实施方案中政府承担风险带来的财政或有支出责任	通常由政府承担的法律风险、政策风险、最低需求风险以及因政府方原因导致项目合同终止等突发情况，会产生财政或支出责任
配套投入支出责任	是指政府提供的项目配套工程等其他投入责任，通常包括土地征收和整理、建设部分项目配套措施、完成项目与现有相关基础设施和公用事业的对接、投资补助、贷款贴息等	应依据项目实施方案合理确定

（三）支出测算

　　财政部门（或 PPP 中心）需对各类支出责任的特点、情景和发生概率等因素进行综合考虑，然后对项目全生命周期内财政支出责任分别进行测算。PPP 项目全生命周期内财政支出责任的测算方法详见表 2-16。

表 2-16　PPP 项目全生命周期内财政支出责任测算方法

全生命周期责任	测算依据	计算公式
股权投资支出	应当依据项目资本金要求以及项目公司股权结构合理确定。股权投资支出责任中的土地等实物投入或无形资产投入，应依法进行评估，合理确定价值	股权投资支出＝项目资本金 × 政府占项目公司股权比例

续表

全生命周期责任	测算依据	计算公式
运营补贴支出	根据项目建设成本、运营成本及利润水平合理确定，并按照不同付费模式分别测算	政府付费模式： $当年运营补贴支出数额 = \dfrac{项目全部假设成本 \times (1+合理利润率) \times (1+年度折现率)^n}{财政运营补贴周期(年)} + 年度运营成本 \times (1+合理利润率)$ （其中，n 表示折现年数） 可行性缺口补助模式： $当年运营补贴支出数额 = \dfrac{项目全部假设成本 \times (1+合理利润率) \times (1+年度折现率)^n}{财政运营补贴周期(年)} + 年度运营成本 \times (1+合理利润率) - 当年使用者付费数额$ （其中，n 表示折现年数）
风险承担支出	应当考虑各类风险出现的概率和带来的支出责任	比例法：在各类风险支出数额和概率难以进行准确测算的情况下，可以按照项目的全部建设成本和一定时期内的运营成本的一定比例确定风险承担支出
		情景分析法：在各类风险支出数额可以进行测算、但出现概率难以确定的情况下，可针对影响风险的各类事件和变量进行"基本"、"不利"及"最坏"等情景假设，测算各类风险发生带来的风险承担支出。计算公式为： 风险承担支出数额 = 基本情景下财政支出数额 × 基本情景出现的概率 + 不利情景下财政支出数额 × 不利情景出现的概率 + 最坏情景下财政支出数额 × 最坏情景出现的概率
		概率法：在各类风险支出数额和发生概率均可进行测算的情况下，可将所有可变风险参数作为变量，根据概率分布函数，计算各种风险发生带来的风险承担支出
配套投入支出	应综合考虑政府将提供的其他配套投入总成本和社会资本方为此支付的费用。配套投入支出责任中的土地等实物投入或无形资产投入，应依法进行评估，合理确定价值	配套投入支出数额 = 政府拟提供的其他投入总成本 - 社会资本方支付的费用

（四）能力评估

　　财政部门（或 PPP 中心）识别和测算单个项目的财政支出责任后，汇总年度全部已实施和拟实施的 PPP 项目，进行财政承受能力评估。财政承受能力评估包括财政支出能力评估以及行业和领域平衡性评估，如图 2-11 所示。

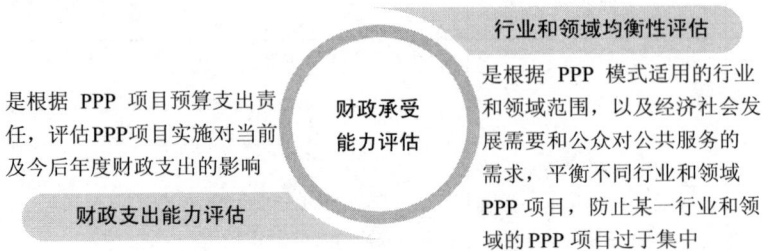

● 图 2-11　政府财政承受能力评估的内容

每一年度全部 PPP 项目需要从预算中安排的支出责任，占一般公共预算支出比例应当不超过 10%。省级财政部门可根据本地实际情况，因地制宜确定具体比例，并报财政部备案，同时对外公布。

在进行财政支出能力评估时，未来年度一般公共预算支出数额可参照前五年相关数额的平均值及平均增长率计算，并根据实际情况进行适当调整。

（五）信息披露

财政承受能力论证的结论分为"通过论证"和"未通过论证"。"通过论证"的项目，各级财政部门应当在编制年度预算和中期财政规划时，将项目财政支出责任纳入预算统筹安排。"未通过论证"的项目，则不宜采用 PPP 模式。

省级财政部门对区域内项目进行汇总，并及时向财政部报告，各级财政部门（或 PPP 中心）通过官方网站及报刊杂志每年定期披露当地 PPP 项目目录、项目信息及财政支出责任情况，其中披露的财政支出责任信息包括 PPP 项目的财政支出责任数额及年度预算安排情况、财政承受能力论证考虑的主要因素和指标等。

第三章

PPP 项目准备

○──○

　　项目准备阶段是 PPP 项目操作的第二个阶段。考虑到 PPP 投资项目具有营利性、风险性和稳定预期等因素，社会资本尤其是民营资本在参与 PPP 项目投资时往往都很谨慎。从这个角度来说，做好 PPP 项目的准备工作，对于政府和社会资本方以及保证 PPP 项目长远发展都是必不可少的。

本章主要内容包括：
➤　管理架构组建
➤　尽职调查
➤　实施方案编制
➤　实施方案审核

一、管理架构组建

管理架构的组建包括建立协调机制以及组建项目实施机构两个方面。

（一）建立协调机制

县级（含）以上地方人民政府可建立专门协调机制，主要负责项目评审、组织协调和检查督导等工作，实现简化审批流程、提高工作效率的目的。

1. 项目评审

为规范 PPP 的运作，筛选出符合要求的 PPP 项目，财政部门需要对各地上报的 PPP 备选项目进行评估审查。财政部门要对 PPP 项目资料和运作信息进行核实，着重关注项目的落地情况，并组织专家进行验收，避免出现项目难以落地的情况。根据评审要求的不同，财政部门对 PPP 项目有不同的评审重点，一般审查的重点主要有七个方面，如图 3-1 所示。

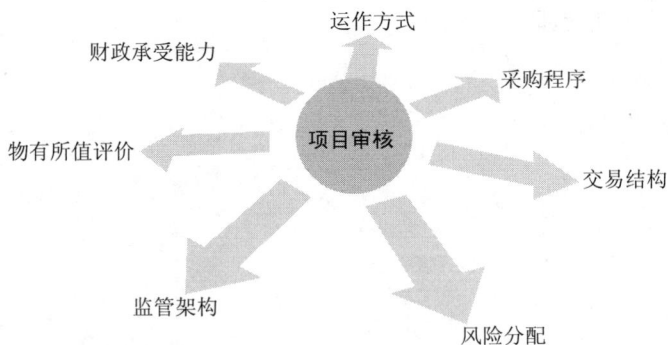

• 图 3-1　项目评审的重点内容

2. 组织协调

为保证重大项目的落地效率，国家发改委建立了重大工程进展情况按月调度的工作机制，每月对工程实施进度、吸引社会投资情况、投资完成情况进行动态跟踪分析，推动重大工程的实施效率。

3. 监督检查

PPP 项目通常都具有公益性，而政府又具有公共管理的职能，因此，PPP项目的执行情况和质量离不开政府的监督管理。由财政部门及行业主管部门对 PPP 项目实施机构、项目社会资本参与方、中介机构和融资提供方实施监督和管理，监督管理的内容主要包括项目的概况、项目实施情况、政府履约安排、监督措施、项目实施时间表、项目实施等。

（二）选定项目实施机构

PPP 项目中的实施机构是由政府或政府指定的相关机构担任的，在政府授权范围内负责 PPP 项目的准备、采购、监管和移交等工作的主体。实施机构是 PPP 项目中重要的参与主体，是政府平等参与 PPP 项目，与社会资本协商、谈判，建立合作关系的主体。

1. 实施机构的担任主体

各部委对于行业运营公司、其他机构和单位是否能够成为项目实施主体有不同的规定，在具体实践中也存在不同的情况。

（1）国家各部委对 PPP 项目实施机构的相关规定

国家各部委对 PPP 项目实施机构的相关规定详见表 3-1。

表 3-1　国家各部委对 PPP 项目实施机构的相关规定

相关文件	发文单位	相关规定	备注
《政府和社会资本合作模式操作指南（试行）》	财政部	政府或其指定的有关职能部门或事业单位可作为项目实施机构，负责项目准备、采购、监管和移交等工作	PPP 项目的实施机构可以为：政府、政府制定的有关职能部门、政府制定的事业单位

相关文件	发文单位	相关规定	备注
《国家发改委关于开展政府和社会资本合作的指导意见》	发改委	明确实施主体。按照地方政府的相关要求，明确相应的行业管理部门、事业单位、行业运营公司或其他相关机构，作为政府授权的项目实施机构，在授权范围内负责 PPP 项目的前期评估论证、实施方案编制、合作伙伴选择、项目合同签订、项目组织实施以及合作期满移交等工作	PPP 项目的实施机构可以为：行业管理部门、事业单位、行业运营公司或其他相关机构
《基础设施和公用事业特许经营管理办法》	发改委、财政部、住房和城乡建设部、交通运输部、中国人民银行	县级以上人民政府应当授权有关部门或单位作为实施机构负责特许经营项目有关实施工作，并明确具体授权范围	此处所说的"单位"不仅包括事业单位，还包括国有企业等其他相关单位

（2）实践中 PPP 项目实施机构的操作

在实践操作中，行业运营公司、其他相关机构、其他单位能否成为项目实施机构是争议的焦点。

各地方政府在授权或指定实施机构，具体操作有所不同。有的地方政府将财政部、发改委关于实施机构主体的规定的交集作为指定实施机构的依据，认定实施机构应该是政府、政府指定的有关职能部门和事业单位。PPP 模式的本质是政府和社会资本的合作，政府是 PPP 项目必要的参与主体。而政府是国家公共行政权力的象征和实施主体，项目实施机构是 PPP 项目中的政府方，按照这个逻辑，国有企业、政府平台公司就不能成为 PPP 项目中的实施机构。

有的地方政府取财政部、发改委关于实施机构主体的规定的合集，认定实施机构应该是政府、政府指定的有关职能部门和事业单位、行业运营公司或其他相关机构、有关部门或单位。在 PPP 项目中，实施机构扮演的角色与采购代理机构在政府采购中扮演的角色类似但又有所区别，实施机构开展的相应活动必须要经过政府的授权。因此，在 PPP 项目实施中，实施机构仅仅为代表政府一方，只要有政府的授权即可，不一定必须要政府本身参与。

通常国有企业、政府平台公司在很多领域都享有一定的特权，有不少基础设施建设都是由其牵头完成的，因此，由国有企业、政府平台公司担任 PPP 项目实施机构也存在可行性。而且政府部门和事业单位对于担任 PPP 项目实施机构缺乏积极性，因此，往往政府部门更愿意让国有企业、政府平台公司担任 PPP 项目的实施机构。

2. 实施机构的主要职责

根据相关规定,实施机构的职责主要是在政府授权范围内负责项目准备、项目采购、监管和移交等工作。在项目的不同阶段,实施机构需要履行不同的职责,具体详见表 3-2。

表 3-2　实施机构在 PPP 项目不同环节的主要职责

项目实施阶段	主要职责
项目准备阶段	组织编制项目实施方案,并按程度向相关部门报送审核
项目采购阶段	负责 PPP 项目的采购工作; 按照 PPP 项目采购的程序进行资格预审; 编制并发布项目采购文件; 组织评审小组对响应性文件进行评审; 与候选社会资本就项目合同进行谈判和确认; 与中选社会资本签署确认谈判备忘录和项目合同等
项目执行阶段	主要起监督和管理的作用; 督促社会资本按时足额出资设立项目公司或按约定履行出资义务; 做好项目融资监督管理工作,防止企业债务向政府转移; 项目建设和运营期间,根据合同约定对社会资本或项目公司履行合同义务进行监督,并定期监测项目产出绩效指标; 在项目合同执行和管理过程中,负责合同的修订、违约责任以及争议解决等; 每 3～5 年对项目进行中期评估,对项目的运行状况、项目合同的合规性、适应性和合理性进行分析,并及时评估以发现问题的风险,制定应对措施,并报财政部门进行备案
项目移交阶段	代表政府收回项目合同约定的项目资产,组建项目移交工作组,根据项目合同约定与社会资本或项目公司确认移交情形和补偿方式,制定资产评估和性能测试方案,采取有偿移交的,应在项目合同中明确约定补偿方案;没有约定或约定不明的,项目实施机构应按照"恢复相同经济地位"的原则拟定补偿方案,并报政府审核,经审核同意后实施

二、尽职调查

为了保证 PPP 项目的顺利实施,需要对项目进行尽职调查,尽职调查包括两个方面，一是项目内部调查，二是外部投资人调查。

（一）项目内部调查

项目实施机构从法律和政策、经济和财务、项目自身三个方面出发，拟定调研提纲，项目内部调查的主要内容如图 3-2 所示。

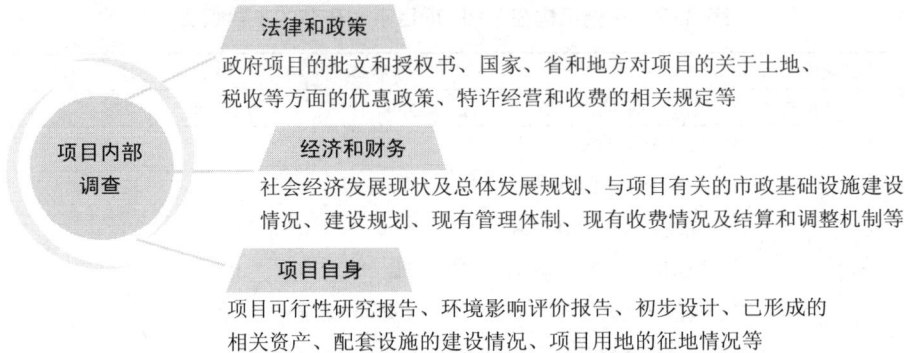

法律和政策
政府项目的批文和授权书、国家、省和地方对项目的关于土地、税收等方面的优惠政策、特许经营和收费的相关规定等

经济和财务
社会经济发展现状及总体发展规划、与项目有关的市政基础设施建设情况、建设规划、现有管理体制、现有收费情况及结算和调整机制等

项目自身
项目可行性研究报告、环境影响评价报告、初步设计、已形成的相关资产、配套设施的建设情况、项目用地的征地情况等

项目内部调查

● 图 3-2　项目内部调查的主要内容

（二）外部投资人调查

外部投资人调查是指项目实施机构根据项目基本情况、行业现状、发展规划等，与潜在投资人进行联系沟通，获得潜在投资人的投资意愿信息，并对各类投资人的投资偏好、资金实力、运营能力、项目诉求等因素进行分析研究，与潜在合适的投资人进行沟通，组织调研及考察。

三、实施方案编制

完成前期的调查研究以及分析论证后，项目实施机构应该组织编制项目实施方案。项目实施方案以项目识别阶段的项目建议书和初步实施方案为基础进行编制，其内容包括但不限于以下内容：项目概况、风险分类基本框架、项目运作方式、交易结构、合同体系、监管架构。

（一）项目概况

对项目概况进行梳理是编制项目实施方案的第一步，项目概况主要包括基本情况、经济技术指标和项目公司控股情况等，具体内容详见表 3-3。

表 3-3　项目概况的主要内容

项目概况	具体内容
基本情况	主要明确项目提供的公共产品和服务内容、项目采用政府和社会资本合作模式运作的必要性和可行性，以及项目运作的目标和意义
经济技术指标	主要明确项目区位、占地面积、建设内容或资产范围、投资规模或资产价值、主要产出说明和资金来源等
项目公司股权情况	主要明确是否要设立项目公司以及公司股权结构

（二）风险分配基本框架

PPP 项目涉及公共部门和私人部门的利益，要想充分发挥 PPP 项目的应用价值，必须要协调好政府和社会资本双方的关系，尤其是要协调好双方的风险分配。

1. 影响风险分配的因素

影响 PPP 项目风险分配的因素是多方面的，概括来说，可以归纳四个方面：

（1）PPP 项目自身的特点

PPP 项目具有投资规模大、建设时间长、合同关系复杂等特点，这就让公共部门和私人部门对自身所面临的风险持谨慎态度。

（2）公共部门和私人部门对 PPP 的认识存在误区

在项目建设中，私人部门往往具有资金、管理和技术的优势，公共部门采取 PPP 的模式可以充分利用私人部门的优势解决政府财政预算不足、基础设施短缺的问题，通过私人部门的介入提高项目的效率并为社会带来更多的经济效益。但是，公共部门往往会存在一种错误的认知，采用 PPP 模式就是将项目存在的风险完全转移给私人部门。

同时，私人部门也存在一种错误的认知，PPP 项目的合同期限较长，其中必定存在着非常大的风险。因此，私人部门往往不愿意经营基础设施，而更加愿意获得施工合同或销售设备合同。

由于公共部门和私人部门对 PPP 模式均存在一定错误的认知，这就导致双方在分配项目风险时不能以公平合理的心态展开谈判，进而对项目的展开造成不利影响。

（3）公共部门与私人部门承担风险的意愿

公共部门与私人部门承担风险的意愿将会对项目谈判的进程造成直接影响，这主要是由三个原因造成。其一，公共部门和私人部门对项目风险认识的深度不同，则承担风险的意愿就不同。如果其中一方对风险的诱因、发生概率、发生后产生的后果以及应对措施有足够的认识，则可能愿意承担较多的风险。其二，各方的经济实力影响着其承担风险后果的能力。其三，各方管理风险的经验、技术、人才和资源等影响着其风险管理能力。

2. 风险分配的原则

有效分配是风险分配的核心原则，也就是说，要将风险分配到最能提高整个项目效率、最能达到项目合同目标的一方。风险分配要达到以下几个要求：承担风险的一方应该对风险具有足够的管理和控制能力，有转移风险的渠道；在风险发生时，不能将风险转移给合同的另外一方。因此，风险分配应该遵循三个原则，如图 3-3 所示。

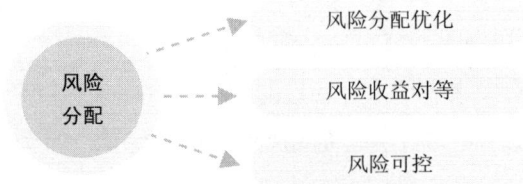

风险分配 → 风险分配优化

风险分配 → 风险收益对等

风险分配 → 风险可控

● 图 3-3　风险分配的原则

（1）风险分配优化

在受制于法律约束和公共利益考虑的前提下，风险应分配给能够以最小成本（对政府而言）、最有效管理它的一方承担，并且给予风险承担方选择如何处理和最小化该风险的权利。无论风险分配给哪一方，都应拥有选择如何处理和最小化该风险的能力。

PPP 模式致力于在政府和社会资本间实现最优风险分配，而非是让政府风险转移的最大化。如果政府将风险不恰当地转移给社会资本，政府可能会由于转移自身可以更有效管理的风险而向社会资本支付更多的费用，或由于留存了社会资本可以更有效管理风险而承担更高的成本。因此，不恰当的风险转移会对政府和社会资本合作关系的长期稳定性造成危害。

（2）风险收益对等

承担的风险程度与所得的回报大小相匹配，要综合考虑政府风险转移意向、支付方式和市场风险管理能力等要素，量力而行，减少政府不必要的财政负担。同时，既要关注社会资本对于风险管理成本和风险损失的承担，又尊重其获得与承担风险相匹配的收益水平的权利。

PPP 项目的风险分配主要在平衡双方合同谈判地位的基础上，通过合理约定的方式进行，在风险分配时应遵循风险与收益对等的原则合同条款中既关注合同主体对于风险管理成本和风险损失的承担，又尊重其获得与风险相匹配的收益水平，收益机会的权利。例如，某一方承担了项目需求不足的风险，则其应该有在项目需求激增时获得高额收益的权利；社会资本承担了项目超概算的风险，相应地，成本节支的收益也应由其获得。

（3）风险可控

风险分配应该按照项目参与方的财务、技术能力、管理能力等因素设定风险损失承担上限，不宜由任何一方承担超过其承受能力的风险，以保证双方合作关系的长期持续稳定。

在 PPP 项目长达数十年的运行过程中，一些风险可能会出现，政府和社会资本都无法预料，导致风险发生概率上升或风险发生时损失增加，为保证双方合作关系的长期稳定，在项目协议中，应按项目参与方的财务实力、技术能力、管理能力等因素设定风险损失承担上限，不能由某一方单独承担超过其承受能力的风险，否则社会资本可能无法保证项目合同义务的履行，公共产品、公共服务的提供效率不会降低，甚至直接导致合同不能履行，最终导致项目失败。

3. 风险分配

风险分配是风险管理的核心，它贯穿 PPP 项目的整个合同期。基于上述

PPP 项目风险分配过程中应该遵循的一些基本原则来说，需要明确风险分配框架，以提升 PPP 项目风险分配的合理性。PPP 项目风险分配应该分三个阶段展开。

（1）风险的初步分配阶段（可行性分析阶段）

风险的初步分配阶段发生在项目在可行性研究阶段，就是按照上述原则对一些比较直观的可预测的风险进行有效划分，也就是说，要将那些能够直接评价应该由谁负主要责任的风险进行有效分配。

通常这一阶段的风险分配由公共部门主导，因为公共部门对当地的经济情况了解得比较清楚，能够决定是否需要开展一个项目。公共部门对风险进行识别并分析，计算风险发生的概率和风险发生所造成的损害以及风险价值。并将这些作为参考，判断该项目是否适合采用 PPP 模式，确定采用 PPP 模式后选择最佳的运作的方式。

完成风险分析后，公共部门以风险分析结果为依据判断出公共部门和私人部门可控的风险分别有哪些，对于不在双方可控范围内的风险留到下一阶段分配。公共部门承担对于自己来说最有控制力的风险（如税收、汇率等法规变化风险），其他风险（如设计、建设等技术风险和通货膨胀、利率等商业风险）则转移给私营部门。

在 PPP 项目中，由于私人部门在资金、技术和管理上具有优势，同时还有在传统模式下所没有的承担风险的积极性，因此可向私人部门转移的风险不仅包括传统模式下由私人部门承担的风险，还包括在 PPP 模式下特有的应该有私人部门承担的风险。当然，项目的具体情况不同，应该转移给私人部门的风险也会有所区别，在具体的操作中应该具体问题具体分析。

（2）风险的全面分配阶段（投标与谈判阶段）

该阶段主要是在 PPP 项目招标阶段和具体的谈判过程中展开，主要是对整个 PPP 项目中涉及的所有风险进行合理地分配和规划，尤其是要对初次分配中不涉及的一些风险内容进行探讨分析，以落实责任方。具体到这一阶段风险分配的操作来说，主要包括以下几个环节：

首先，私人部门就第一阶段划分给自己的风险分配结果进行自我评估，主要评估自身拥有的资源和能力（包括技术、经验、人才等），由此判断自身对这些风险是否具有足够的掌控力。如果私人部门确定自身可以承担这些风险，则应对这些风险进行相应的管理；反之，则应返回风险分析阶段以对风险进行重新分配。

其次，对不在双方控制范围内的风险（如自然灾害等）来说，通过谈判确定风险分配机制。在谈判的过程中，需要对相应的风险内容进行全面的分析和评价，对于控制力不明确的风险来说，要根据回报获益状况进行分析，进而确定最终的风险承担方。

公共部门和私人部门分别就双方控制力之内和控制力之外的风险分配达成一致之后，双方将签订合同，风险全面分配阶段至此结束。

双方签订合同时要以风险分配中的"风险可控原则"为依据设置调整条款。其中，调整条款是指因情况发生变化而对协议双方的权利和义务平衡造成影响时，允许协议双方对部分条款进行重新审定协议并调整，以求达到双方的权利和义务的平衡。在 PPP 项目的建设和运营阶段，项目可能会发生意料之外的对双方有利或不利的变化，通过设置调整条款可以增强双方的信心。

（3）风险的跟踪和再分配阶段（建设和运营阶段）

完成了全部风险的有效分配之后，还应该对 PPP 项目的具体实施进行跟踪分析，了解其中存在的风险变动的状况，以及是否发生意料之外的风险变化，进而更好地保证风险分配的合理性，最大限度地保障双方的利益。

对于一些超出可承受能力上限的风险要进行重新评估和分配，避免给参与 PPP 项目的任何一方造成损害。也就是说，当某类风险所带来的损害超出了最初的设定和合同的规定时，就需要对风险进行重新分配，尽量确保双方能够协调工作。如果出现了不能识别的风险，则需要按照风险初步分配阶段的方法对风险进行初步分析和分配。

表 3-4 为某 PPP 项目风险的分配。

表 3-4　某 PPP 项目风险分配表

风险因素	风险分配
政府审批延误风险	政府承担
政府政策风险	政府承担
政府信用风险	政府承担
政府干预风险	政府承担

续表

风险因素	风险分配
收回／国有化风险	政府承担
公众反对风险	双方共担
法律体系不完善风险	双方共担
特许经营协议不完善风险	双方共担
利率风险	双方共担
通货膨胀风险	双方共担
土地风险	政府承担
融资风险	社会资本承担
设计风险	社会资本承担
工程完工风险	社会资本承担
配套基础设施缺陷风险	政府承担
投资人能力不足风险	社会资本承担
投资热股权变动风险	社会资本承担

（三）PPP 项目运作方式

不同的 PPP 项目，需要选择不同的运作方式，《国家发展改革委关于开展政府和社会资本合作的指导意见》对经营性项目、准经营性项目、非经营性项目使用的运作模式做出规范，详见表 3-5。

表 3-5　不同 PPP 项目的运作模式选择

项目性质	适用模式	备注
经营性项目	对于具有明确的收费基础，并且经营收费能够完全覆盖投资成本的项目，可通过政府授予特许经营权，采用建设—运营—移交（BOT）、建设—拥有—运营—移交（BOOT）等模式推进	要依法放开相关项目的建设、运营市场，积极推动自然垄断行业逐步实行特许经营
准经营性项目	对于经营收费不足以覆盖投资成本、需政府补贴部分资金或资源的项目，可通过政府授予特许经营权附加部分补贴或直接投资参股等措施，采用建设—运营—移交（BOT）、建设—拥有—运营（BOO）等模式推进	要建立投资、补贴与价格的协同机制，为投资者获得合理回报积极创造条件
非经营性项目	对于缺乏"使用者付费"基础、主要依靠"政府付费"回收投资成本的项目，可通过政府购买服务，采用建设—拥有—运营（BOO）、委托运营等市场化模式推进	要合理确定购买内容，把有限的资金用在刀刃上，切实提高资金使用效益

1. 经营性项目

经营性项目是指具有明确收费基础，并且经营收费能够完全覆盖投资成本的项目，项目本身能够通过运营带来稳定的现金流。这类项目的投资可以通过市场进行有效配置，投资主体是社会资本。例如桥梁、收费高速公路、城市供水、城市电力、燃气、供热生产与供应等设施系统。

在经营性项目中，从项目治理层面来说，政府或政府授权机构通过特许经营方式授权给社会资本经营的项目。因此，此类项目可以采用政府授予特许经营权的 PPP 运作方式。在经营期间，通过使用者付费方式收回投资回报。

《基础设施和公用设施特许经营管理办法》中规定，基础设施和公用事业特许经营可以采取以下方式：

• 在一定期限内，政府授予特许经营者投资新建或改扩建、运营基础设施和公用事业，期限届满移交政府；

• 在一定期限内，政府授予特许经营者投资新建或改扩建、拥有并运营基础设施和公用事业，期限届满移交政府；

• 特许经营者投资新建或改扩建基础设施和公用事业并移交政府后，由政府授予其在一定期限内运营；

• 国家规定的其他方式。

特许经营期限需综合考虑行业特点、项目生命周期、投资回报等因素，期限一般不超过三十年。对于投资规模大、回报周期长的特许经营项目，特许经营期可适当长于三十年。经营性项目的运作流程如图 3-4 所示。

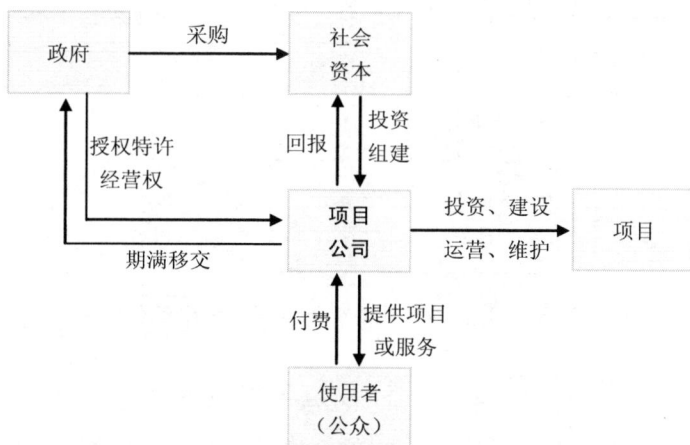

• 图 3-4　经营性项目的运作流程

2. 准经营性项目

准经营性项目是指经营收费不足以覆盖投资成本、需要政府补贴部分资金或资源的项目。准经营性项目具有潜在的利润，但由于其建设和运营会对公众的切身利益造成直接影响，由政府确定其产品或服务的价格，因此，准经营性项目的经济效益不明显，市场运行的结果将不可避免地形成资金的缺口，导致投资成本无法收回。这类项目的投资可以由政府或提供补贴的社会资本承担。例如航空、城市轨道交通、铁路、交通管理等设施系统。

准经营性项目采用 PPP 模式需要考虑到社会资本对投资回报的要求，要完善解决社会资本投资回报的来源和途径。

准经营性项目采用 PPP 模式通常有以下几种运作方式：

（1）部分环节市场化

为了缩小投资规模或平衡运行成本，可以将准经营性项目的投资建设或运行环节进行分割，采用设计—建设—运营（DBO）、租赁—运营—移交（LOT）等方式。其运作结构如图 3-5 所示。

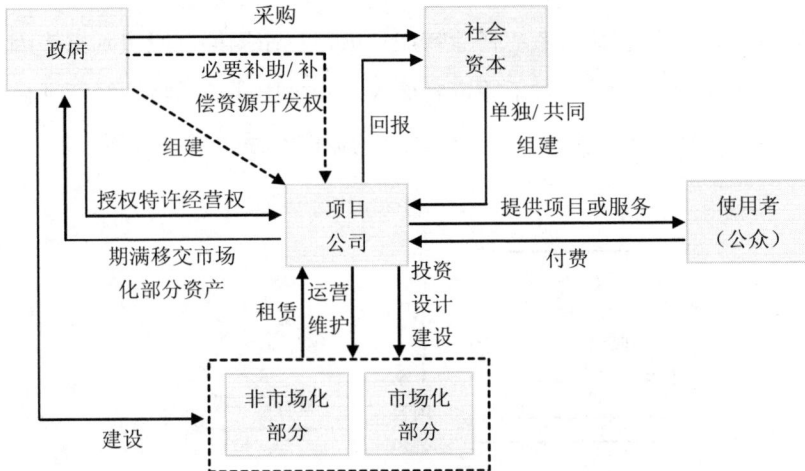

● 图 3-5　准经营性项目部分环节市场化运作结构

（2）特许经营 + 可行性缺口补助 / 组合资源开发

为了增加项目的收益来源，可以通过政府授予特许经营权，提供可行性缺口补助或组合资源开发，采用建设—运营—移交（BOT）、建设—拥有—

运营（BOO）等方式开展项目。其中，政府可行性缺口补助的方式以及组合资源开发的方式详见表 3-6。

表 3-6　增加收益来源的具体方式

增加收益来源的方式	具体方式
政府可行性缺口补助	投资补助、价格补贴、无偿划拨土地、提供优惠贷款、贷款贴息、投资入股、放弃投资分红权、授予项目周边商业开发收益权等
组合资源开发方式	将准经营性项目与经营性项目捆绑开发、将准经营性项目与其他资源组合开发、按流域统一规划项目实施等

准经营性项目特许经营 + 可行性缺口补助／组合资源开发运作结构如图 3-6 所示。

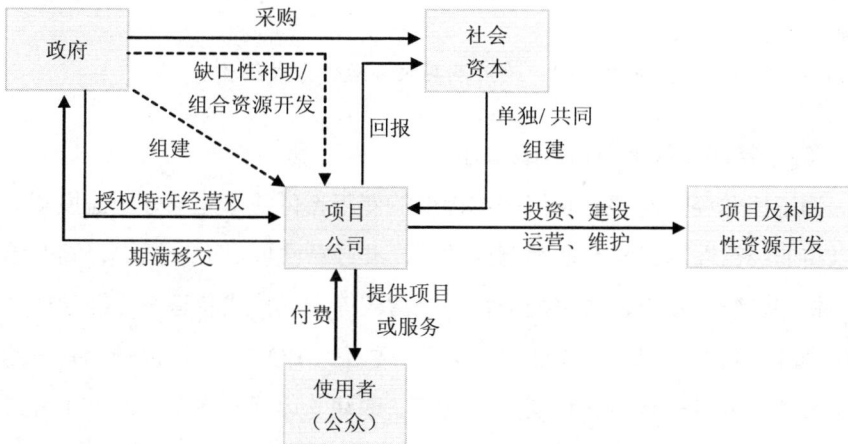

●图 3-6　特许经营 + 可行性缺口补助／组合资源开发运作结构

3. 非经营性项目

非经营性项目是指缺乏使用者付费基础，主要依靠政府付费收回投资成本的项目，其投资主体是政府。由于这类项目一般没有收费机制，没有资金流入，政府往往需要面临巨大的财政支出压力。非经营性项目采用 PPP 模式的运作方式主要有以下几种：

（1）政府购买服务

对于已经存在的非经营性项目、政府有义务提供服务的项目，可以通过政府购买服务的形式，采取委托运营、管理合同等方式运作。其运作方式结构如图 3-7 所示。

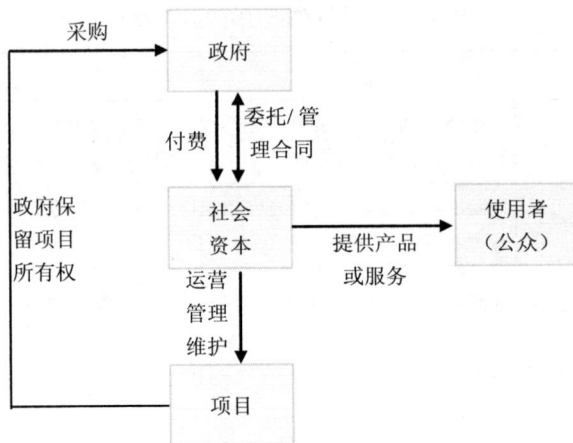

● 图 3-7　政府购买服务运作方式结构

（2）特许经营 + 可行性缺口补助

为了让非经营性项目获得一定程度的使用者付费（能部分覆盖投资），可以将非经营性项目与其他经营性项目、准经营性项目进行捆绑，同时结合增补相关资源开发权、政府授予特许经营权等方式，或者是将非经营性项目转化为准经营性项目，采用建设—运营—移交（BOT）、建设—拥有—运营（BOO）、转让—运营—移交（TOT）、改建—运营—移交（ROT）等方式运作推进。

将非经营性项目转化为准经营性项目，特许经营 + 可行性缺口补助运作方式的结构可参照准经营项目中"特许经营 + 可行性缺口补助 / 组合资源开发"的运作方式结构。

（3）政府付费

对收益来源完全依靠政府付费的非经营性项目，可通过增加运营、维护、租赁等市场运营环节的方式来创新政府付费方式，可以采用建设—移交—运营（BTO）、建设—租赁—移交（BLT）等方式运作。完全依靠政府付费的非经营性项目运作结构如图 3-8 所示。

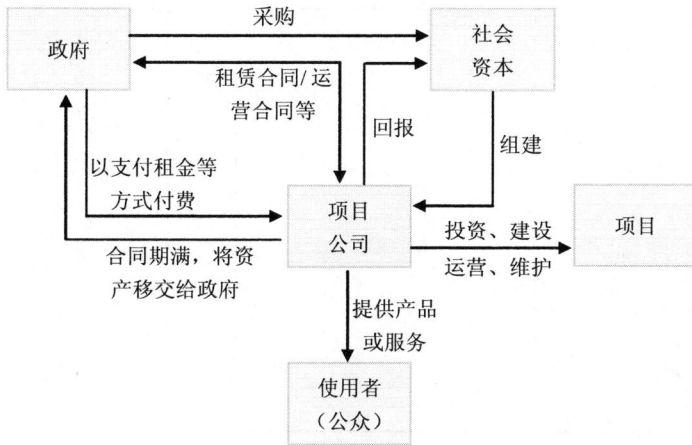

● 图 3-8 政府付费的非经营性项目运作方式结构

（四）PPP 交易结构

PPP 项目的交易结构主要包括项目投融资结构、项目回报机制和相关配套安排三个部分。

1. 项目投融资结构

项目投融资结构主要说明项目资本性支出的资金来源、性质和用途，项目资产的形成和转移等。涉及国有资产的，需要注意国有资产的交易、审批程序。

对于政府为项目提供的投资补助、基金注资、担保补贴、贷款贴息等支出，要明确具体方式和必要的条件，如果需要设定对投融资的特别监管措施，应对监管主体、内容、方法和程序以及监管费用等事项做出明确的安排。同时，要对各个参与方投融资违约行为的认定和违约责任做出明确规定，可以根据违约行为造成的影响将其分为重大违约和一般违约，并分别约定违约责任。

2. 项目回报机制

项目回报机制主要是指社会资本取得投资回报的资金来源，包括使用者付费、政府付费和可行性缺口补助等支付方式。三种支付方式的结构如图 3-9 所示。项目回报机制决定了社会投资者的回报方式及稳定性，是 PPP 项目运作成功的关键。

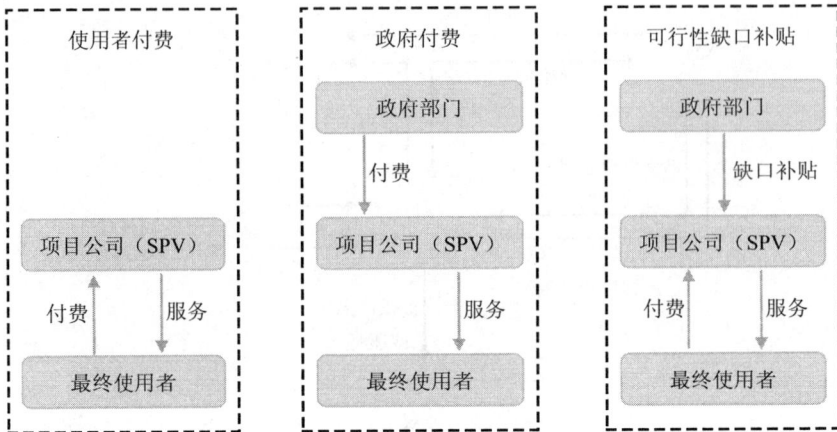

• 图 3-9　PPP 项目三种支付方式结构

（1）使用者付费

使用者付费是指由最终消费用户直接付费购买公共产品和服务。项目公司直接从最终用户处收取费用，以收回项目的建设和运营成本并获得合理收益。通常用于可经营系数较高、财务效益良好、直接向最终用户提供服务的基础设施和公用事业项目，如市政供水、城市管道燃气、高速公路等。

在实践中，使用者付费的定价方式主要包括三种，如图 3-10 所示。

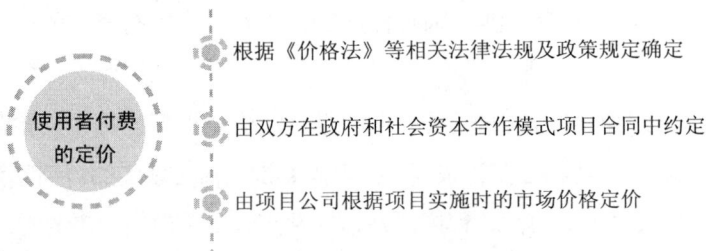

使用者付费的定价

根据《价格法》等相关法律法规及政策规定确定

由双方在政府和社会资本合作模式项目合同中约定

由项目公司根据项目实施时的市场价格定价

• 图 3-10　使用者付费的定价方式

其中，除了最后一种方式是以市场价为基础外，对于前两种方式，均需要政府参与或直接决定有关政府和社会资本合作模式项目的收费定价。

在合同约定付费标准时，还需考虑项目的实施成本、合作期限预期使用量等，收费定价必须使项目公司获得合理的收益，同时还需要考虑使用者可承受的物价水平。具体而言，根据当地经济发展情况、社会经济效益、项目成本、利润率等在合同中约定的最高价和可调公式，实行一定范围内的稳定和可调节。

（2）政府付费

政府付费是指政府直接付费购买公共产品和服务。其与使用者付费最大的区别在于，政府付费的主体是政府，而非项目的最终使用者。

在政府付费机制下，政府可以依据项目设施的可用性、产品或服务的使用量以及质量向项目公司付费。政府付费是公用设施类和公共服务类项目中较为常用的付费机制，在一些公共交通项目中也会采用这种机制。

在政府付费机制中，政府会根据项目类型和风险分配方案的不同，依据项目的可用性、使用量和绩效中的一个或多个因素的组合向项目公司付费，各种付费方式和适用的项目详见表 3-7。

表 3-7　政府付费的方式类型

付费方式	释义	付费原则	适用的项目
可用性付费	指政府依据项目公司所提供的项目设施或服务是否符合合同约定的标准和要求来付费	通常来说，影响可用性付费的主要因素是项目的设施容量或服务能力，因此，项目公司一般不需要承担需求风险，只要其提供的设施或服务符合合同约定的条件即可获得付费。但是如果项目公司提供的设施或服务的质量不符合合同约定，将会扣减一定比例的付费	学校、医院等社会公共服务类项目
使用量付费	指政府主要依据项目公司所提供的项目设施或服务的实际使用量来付费	通常来说，由项目公司承担项目的需求风险。因此，在按使用量付费的项目中，项目公司通常需要对项目需求有较为乐观的预期或者有一定的影响能力	污水处理、垃圾处理等部分公用设施项目
绩效付费	指政府根据项目公司所提供的公共产品或服务的质量付费，通常会与可用性付费或者使用量付费搭配使用	在按绩效付费的项目中，政府与项目公司通常会明确约定项目的绩效标准，并将政府付费与项目公司的绩效表现挂钩，如果项目公司未能达到约定的绩效标准，则会扣减相应的绩效付费	适用于各类 PPP 项目

（3）可行性缺口补助

可行性缺口补助是指使用者付费不足以满足项目公司成本回收和合理回报时，由政府给予项目公司一定的经济补助，以弥补使用者付费之外的缺口部分。

可行性缺口补助是在政府付费机制与使用者付费机制之外的一种折中选择。在我国的实践中，可行性缺口补助的形式多种多样，具体详见表 3-8。

表 3-8   可行性补助的方式

补贴方式	具体方式
投资补助	当遇到项目建设投资较大，使用者付费的方式无法完全覆盖的情况时，为了缓解项目公司前期的资金压力，政府可无偿提供部分项目建设资金，帮助项目公司降低整体融资成本。通常来说，政府的投资额需在制订项目融资计划时或签订 PPP 合作项目合同之前明确，并作为政府的一项义务在合同中予以明确。投资补助的拨付通常与项目公司的绩效无关
价格补助	在涉及民生的公共产品或公共服务领域，对于特定的产品或服务，政府通常会实行政府定价或政府指导价，以平抑公共产品或公共服务的价格水平，保证民众的基本社会福利。如果出现由于该定价或指导价较低而导致使用者付费无法覆盖项目的成本和合理收益的情况，政府通常会对项目公司给予一定的价格补贴，例如地铁票价补贴
其他补助	政府还可通过无偿划拨土地，提供优惠贷款、贷款贴息、投资入股、放弃项目公司中政府占股的分红权，以及授予项目周边的土地、商业等开发收益权等方式，有效降低项目的建设、运营成本，提高项目公司的整体收益水平，确保项目的商业可行性

（4）设置付费机制应参考的因素

付费机制影响着 PPP 项目的风险分配和收益回报，是 PPP 项目合同中的核心条款。在实践中，需要根据各方的合作预期和承受能力，并结合项目所涉及的行业、运作方式等实际情况，因地制宜地设置合理的付费机制。在设置付费机制时，通常需要考虑五个方面的因素，详见表 3-9。

表 3-9   设置付费机制需考虑的因素

需要考虑的因素	释义
项目产出是否可计量	PPP 项目所提供的公共产品或服务的数量和质量是否可以准确计量，决定了其是否可以采用使用量付费和绩效付费的方式。因此，在一些公用设施类和公共服务类 PPP 项目中，如供热、污水处理等项目，需要事先明确这类项目产出的数量和质量是否可以计量以及计量的方法和标准，并将上述方法和标准在 PPP 项目合同中加以明确
适当的激励	付费机制应当能够保证项目公司获得合理的回报，以对项目公司形成适当、有效的激励，确保项目实施的效率和质量
灵活性	鉴于 PPP 项目的期限通常很长，为了更好地应对项目实施过程中可能发生的各种情势变化，付费机制项下一般也需要设置一定的变更或调整机制
可融资性	对于需要由项目公司进行融资的 PPP 项目，在设置付费机制时还需考虑该付费机制在融资上的可行性以及对融资方的吸引力
财政承受能力	在多数 PPP 项目尤其是采用政府付费和可行性缺口补助机制的项目中，财政承受能力关系到项目公司能否按时足额地获得付费，因此需要事先对政府的财政承受能力进行评估

3. 相关配套安排

相关配套安排主要说明由项目以外相关机构提供的土地、水、电、燃气和道路等配套设施和项目所需的上下游服务。

（五）PPP 合同编制

PPP 合同体系主要包括项目合同、股东合同、融资合同、工程承包合同、运营服务合同、原料供应合同、产品采购合同和保险合同等，项目合同是其中最核心的法律文件。

项目边界条件是项目合同的核心内容，主要包括权利义务、交易条件、履约保障和调整衔接等边界。

权利义务边界主要明确项目资产权属、社会资本承担的公共责任、政府支付方式和风险分配结果等。

交易条件边界主要明确项目合同期限、项目回报机制、收费定价调整机制和产出说明等。

履约保障边界主要明确强制保险方案以及由投资竞争保函、建设履约保函、运营维护保函和移交维修保函组成的履约保函体系。

调整衔接边界主要明确应急处置、临时接管和提前终止、合同变更、合同展期、项目新增改扩建需求等应对措施。

关于 PPP 项目合同的具体介绍将在后续章节进行详细介绍，在此不再赘述。

（六）PPP 监管架构

监管架构主要包括授权关系和监管方式。授权关系主要是政府对项目实施机构的授权，以及政府直接或通过项目实施机构对社会资本的授权；监管方式主要包括履约管理、行政监管和公众监督等。

监管的主要内容包括项目的立项和特许经营者选择时期的准入监管，目的在于剔除不能实现物有所值的 PPP 项目方案和特许经营者，以提高效率；项目建设运营时期的绩效监管（包括质量、价格、服务水平和财务等方面的监管），目的在于解决市场失灵、普遍服务和绩效不符合要求等重要问题，以保护公众利益。

1. 行政监管

为了能够及时了解项目的建设情况，确保项目能够按时开始运营并满足合同约定的全部要求，政府方往往希望对项目建设进行必要的监督和介入，但是政府方的参与必须有一定的限度，过度的干预不仅会影响项目公司正常的经营管理以及项目的建设和投运，而且还可能将本已交由项目公司承担的风险和管理角色又揽回到政府的身上，从而违背 PPP 项目的初衷。

政府对 PPP 项目的监督和介入机制主要包括两个方面：政府在项目实施过程中的监督权利、政府在特定情形下直接介入项目的权利。其中，政府对项目实施过程中的监督包括对项目建设、项目运营、项目维护的监督和介入，具体详见表 3-10。

表 3-10　政府方对项目实施过程中的监督和介入权利

政府对项目实施过程中的监督和介入	具体权利
政府方对项目建设的监督和介入权利	① 定期获取有关项目计划和进度报告及其他相关资料； ② 在不影响项目正常施工的前提条件下进场检查和测试； ③ 对建设承包商的选择进行有限的监控； ④ 在特定的情形下，介入项目的建设工作
政府方对项目运营的监督和介入权利	① 在不影响项目正常运营的情况下入场检查； ② 定期获得有关项目运营情况的报告及其他相关资料； ③ 审阅项目公司拟定的运营方案并提出意见； ④ 委托第三方机构开展项目中期评估和后评价； ⑤ 在特定情形下，介入项目的运营工作
政府方对项目维护的监督和介入权利	① 在不影响项目正常运营和维护的情况下入场检查； ② 定期获得有关项目维护情况的报告及其他相关资料； ③ 审阅项目公司拟定的维护方案并提出意见； ④ 在特定情形下，介入项目的维护工作

2. 公众监督

为保障公众的知情权，接受社会监督，PPP 项目合同中通常还会明确约定项目公司依法公开披露相关信息的义务。关于信息披露和公开的范围，一般的原则是，除法律明文规定可以不予公开的信息外，其他的信息均可依据项目公司和政府方的合同约定予以公开披露。在实践中，项目公司在运营期间需要公开披露的信息主要包括项目产出标准、收费价格、运营绩效等。

（七）PPP 采购方式

项目采购应根据《中华人民共和国政府采购法》及相关规章制度执行，采购方式包括公开招标、竞争性谈判、邀请招标、竞争性磋商和单一来源采购。项目实施机构应根据项目采购需求特点，依法选择适当采购方式。关于 PPP 项目采购将在后续章节进行详细介绍，在此不再赘述。

四、实施方案审核

为了提高工作效率，财政部门应会同相关部门及外部专家建立 PPP 项目的评审机制，从项目建设的必要性及合规性、PPP 模式的适用性、财政承受能力以及价格的合理性等方面，对项目实施方案进行评估，确保"物有所值"。评估通过的由项目实施机构报政府审核，审核通过的按照实施方案推进。实施方案审核的基本流程如图 3-11 所示。

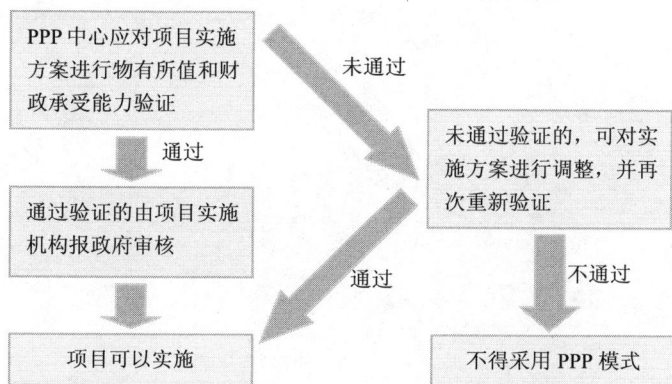

• 图 3-11　PPP 项目实施方案审核流程

第四章

PPP 项目采购

完成项目识别和项目准备的环节之后，接下来的采购是保证PPP 项目顺利实施的关键环节。相较于一般的政府采购项目来说，PPP 项目的采购环节要更加复杂，周期也更加漫长。同时，PPP 项目的采购往往金额较大，交易风险和采购成本更高。因此，在办理PPP 项目采购时，应该严格按照相关规定和程序来组织实施。

本章主要内容包括：
➤ 选择采购方式
➤ 开展资格预审
➤ 编制项目采购文件
➤ 现场考察或召开采购答疑会
➤ 响应文件评审
➤ 采购结果确认谈判
➤ 签署确认谈判备忘录

一、选择采购方式

根据《政府与社会资本合作模式操作指南（试行）》和《政府和社会资本合作项目政府采购管理办法》的相关规定，PPP 项目采购方式包括公开招标、邀请招标、竞争性谈判、竞争性磋商和单一来源采购。项目实施机构应当根据 PPP 项目的采购需求特点，依法选择适当的采购方式。五种采购方式适用条件详见表 4-1。

表 4-1　PPP 项目采购方式及适用条件

采购方式	释义	适用条件
公开招标	属于无限制性竞争招标，是招标人通过依法指定的媒介发布招标公告的方式邀请所有不特定的潜在投标人参加投标，并按照法律规定程序和招标文件规定的评标标准和方法确定中标人的一种竞争交易方式	适用于采购需求中核心边界条件和技术经济参数明确、完整、符合国家法律法规及政府采购政策，且采购过程中不做更改的项目
邀请招标	属于有限竞争性招标，也称选择性招标，是指招标人以投标邀请书的方式直接邀请特定的潜在投标人参加投标，并按照法律程序和招标文件规定的评标标准和方法确定中标人的一种竞争交易方式。与之相对应的方式是公开招标	① 具有特殊性，只能从有效范围的供应商处采购的； ② 采用公开招标方式的费用占政府采购项目总价的比例过大的
竞争性谈判	指谈判小组与符合资格条件的供应商就采购货物、工程和服务事宜进行谈判，供应商按照谈判文件的要求提交响应文件和最后报价，采购人从谈判小组提出的成交候选人中确定成交供应商的采购方式	① 招标后没有供应商投标或者没有合格标的或者重新招标未能成立的； ② 技术复杂或性质特殊，不能确定详细规格或具体要求的； ③ 采用招标所需时间不能满足用户紧急需要的； ④ 不能事先计算出价格总额的

采购方式	释义	适用条件
竞争性磋商	指采购人、政府采购代理机构通过组建竞争性磋商小组与符合条件的供应商就采购货物、工程和服务事宜进行磋商,供应商按照磋商文件的要求提交响应文件和报价,采购人从磋商小组评审后提出的候选供应商名单中确定成交供应商的采购方式	① 政府购买服务项目; ② 技术复杂或者性质特殊,不能确定详细规格或者具体要求的; ③ 因艺术品采购、专利、专有技术或者服务的时间、数量事先不能确定等原因不能事先计算出价格总额的; ④ 市场竞争不充分的科研项目,以及需要扶持的科技成果转化项目; ⑤ 按照招标投标法及其实施条例必须进行招标的工程建设项目以外的工程建设项目
单一来源采购	指采购人从某一特定供应商处采购货物、工程和服务的采购方式	① 只能从唯一供应商采购的; ② 发生了不可预见的紧急情况不能从其他供应商处采购的; ③ 必须保证原有采购项目一致性或服务配套要求,需要继续从原供应商处添购,且添购资金总额不超过原合同采购金额百分之十的

(一)公开招标与邀请招标

与邀请招标相比,公开招标参与招标的供应商的数量较多,更能体现公开、公平、公正的原则,适用的范围也更加广泛。公开招标和邀请招标有各自的优缺点,详见表 4-2。

表 4-2 公开招标和邀请招标的优缺点

对比项目	公开招标	邀请招标
优点	为供应商提供公平竞争的平台,同时招标单位选择余地也更大,有利于降低工程造价、缩短工期和保证工程质量	所需时间较短,工作量小、目标集中,且招标花费较少;被邀请的投标单位中标率高
缺点	投标单位良莠不齐、招标工作量大、时间较长,容易被不负责任的单位抢标	不利于招标单位获得最优报价,取得最佳投资效益;投标单位的数量少,竞争性较差;投标单位在选择邀请人前所掌握的信息不可避免地存在一定的局限性,招标单位很难了解所有承包商的情况,常会忽略一些在技术、报价方面更具有竞争力的企业,使招标单位不易获取最合理的报价,有可能找不到最合适的承包商

具体来说,公开招标和邀请招标在发布信息的方式、供应商选择的范围、供应商竞争的范围、公开的程度、花费的时间和费用等方面存在区别,详见表4-3。

表 4-3　公开招标与邀请招标的区别

对比项目	公开招标	邀请招标
发布信息的方式	采用公告的形式发布	采用投标邀请书的形式发布
供应商选择的范围	针对的是一切潜在的对招标项目感兴趣的法人或其他组织，招标人事先不知道投标人的数量	针对已经了解的法人或其他组织，而且事先已经知道投标者的数量
供应商竞争的范围	竞争范围较广，竞争性体现得也比较充分，容易获得最佳招标效果	投标人的数量有限，竞争的范围有限，有可能将某些在技术上或报价上更有竞争力的承包商漏掉
公开的程度	所有的活动都必须严格按照预先指定并为大家所知的程序和标准公开进行，大大减少了作弊的可能	在一定范围内公开，产生不法行为的机会也就多一些
花费的时间和费用	程序复杂，耗时较长，费用也比较高	由于不需要发公告，招标文件只送几家，缩短了整个招投标时间，其费用相对较少

（二）竞争性谈判与竞争性磋商

竞争性谈判与竞争性磋商都是 PPP 项目的采购方式，"谈判"与"磋商"看似相近，但是在政府采购的实际操作中，二者是不容混淆的。

1. 竞争性谈判与竞争性磋商的相同之处

竞争性谈判与竞争性磋商两种采购方式在适用情形上存在交叉，在下列两种情形中，竞争性谈判与竞争性磋商均可使用：

- 技术复杂或者性质特殊。
- 事先不能计算出价格总额。

竞争性谈判和竞争性磋商的程序比较相似：

《中华人民共和国政府采购法》对竞争性谈判的基础程序做出了规定：成立谈判小组—制定谈判文件—确定邀请参加谈判的供应商名单—谈判—确定成交供应商，《政府采购非招标采购方式管理办法》据此对竞争性谈判的流程又做了进一步具体的规定。《政府采购竞争性磋商采购方式管理暂行办法》对竞争性磋商的基本程序做出了规定：成立磋商小组—制定磋商文件—磋商—确定成交供应商。由此来看，竞争性谈判与竞争性磋商的程序基本相同。

2. 竞争性谈判与竞争性磋商的区别

概括来说，竞争性谈判和竞争性磋商的区别主要表现在五个方面，详见表 4-4。

表 4-4　竞争性谈判和竞争性磋商的区别

对比项目	竞争性谈判	竞争性磋商
社会资本方的确定、候选资本方的推荐以及评审标准	主要看价格，即价格低的社会资本方可优先成为供应商	采用综合评分法对供应商的响应文件和最后报价进行综合评分，综合情况最优者可成为供应商
程序和时限	时限相对紧张： 从谈判文件发出之日起至供应商提交首次相应文件截止之日止不得少于 3 个工作日；澄清或修改的内容可能影响相应文件编制的，采购人、采购代理机构或者谈判小组应当在提交首次相应文件截止之日 3 个工作日前，以书面形式通知所有接收谈判文件的供应商，不足 3 个工作日的，应当顺延提交首次相应文件截止之日	时限相对宽松： 从磋商文件发出之日起至供应商提交首次相应文件截止之日止不得少于 10 日；澄清或修改的内容可能影响相应文件编制的，采购人、采购代理机构应当在提交首次响应文件截止时间至少 5 个工作日前，以书面形式通知所有获取磋商文件的供应商；磋商文件的发售期限自开始之日起不得少于 5 个工作日
保证金	可采用网上银行的方式支付保证金	明确规定"供应商未按照磋商文件要求提交磋商保证金的，响应无效"
重新评审标准	除资格性审查认定错误和价格计算错误外，采购人或者采购代理机构不得以任何理由重新评审	增加了重新评审的情形，赋予政府更多的权利： 除资格性检查认定错误、分值汇总计算错误、分项评分超出评分标准范围、客观分评分不一致、经磋商小组一致认定评分畸高、畸低的情形外，采购人或者采购代理机构不得以任何理由组织重新评审；采购人或者采购代理机构不得通过对样品进行检测、对供应商进行考察等方式改变评审结果
终止采购活动的条件	因情况变化，不再符合规定的竞争性谈判采购方式适用情形的，采购人或者采购代理机构应当终止竞争性谈判采购活动，发布项目终止公告并说明原因，重新开展采购活动； 公开招标的货物、服务采购项目，招标过程中提交投标文件或者经评审实质性响应招标文件要求的供应商只有两家时，采购人、采购代理机构报经本级财政部门批准后可以与该两家供应商进行竞争性谈判采购而不需要终止采购活动	因情况变化，不再符合规定的竞争性磋商采购方式适用情形的，采购人或者采购代理机构应当终止竞争性磋商采购活动，发布项目终止公告并说明原因，重新开展采购活动； 市场竞争不充分的科研项目，以及需要扶持的科技成果转化项目，在采购过程中符合要求的供应商或者报价未超过采购预算的供应商可以为两家而不需要终止采购活动

二、开展资格预审

为了保证社会资本的质量，保障后期项目的安全运营，根据《政府和社会资本合作模式操作指南（试行）》《政府和社会资本合作政府采购管理办法》的相关规定，PPP 项目不管采用何种采购方式，项目实施机构都要对社会资本进行资格预审。具体来说，PPP 项目采购资格预审包括编制资格预审文件、发布资格预审公告、成立资格预审评审小组、提交资格预审申请文件、进行资格预审、编写资格预审结果报告等步骤，基本流程如图 4-1 所示。

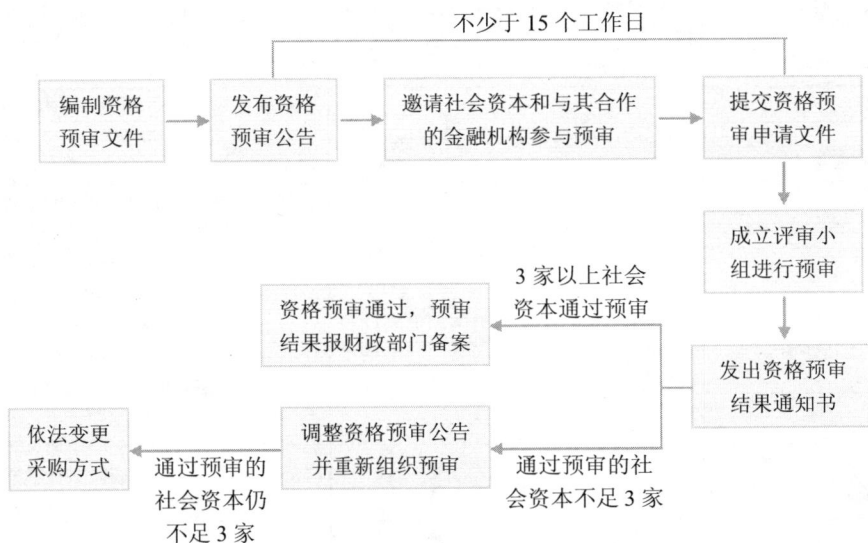

•图 4-1　PPP 项目资格预审的基本流程

（一）编制资格预审文件

项目实施机构应根据项目需要准备资格预审文件，对资格预审的程序和办法做出明确规定。资格预审文件需对 PPP 项目的相关事项进行说明，主要内容如图 4-2 所示。

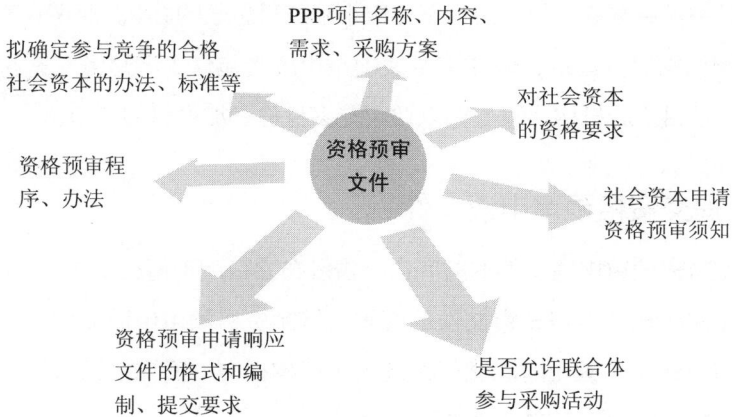

● 图 4-2　资格预审文件的主要内容

资格预审文件编制完成后，须经项目实施机构审核同意。

（二）发布资格预审公告

社会资本的资格预审文件经审核同意后，由项目实施机构在省级以上人民政府财政部门制定的政府采购信息发布媒体上发布资格预审公告，资格预审公告的主要内容如图 4-3 所示。

● 图 4-3　资格预审公告的主要内容

（三）成立资格预审评审小组

项目实施机构、采购代理机构成立评审小组，负责 PPP 项目采购的资格预审和评审工作。评审小组由项目实施机构代表和评审专家共 5 人以上单数组成，其中评审专家人数不得少于评审小组成员总数的 2/3。评审专家可以由项目实施机构自行选定，但评审专家中至少应当包含 1 名财务专家和 1 名法律专家。项目实施机构代表不得以评审专家身份参加项目的评审。

（四）提交资格预审申请文件

提交资格预审申请文件的时间自公告发布之日起不得少于 15 个工作日。社会资本应当按照资格预审文件的要求，编制资格预审申请文件，并在提交资格预审申请文件截止时间之前，向采集机构提交书面资格预审申请文件以及能证明其资格、资质的文件资料。

（五）进行资格预审

按照资格预审文件规定的评审办法，资格预审评审小组对社会资本提交的资格申请文件及证明文件进行审查，判定其是否具备资格。资格预审分为基本资格审查和专业资格审查，两种审查方式各有侧重，如图 4-4 所示。

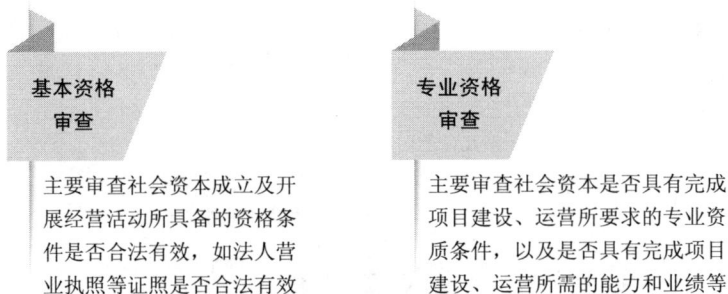

基本资格审查	专业资格审查
主要审查社会资本成立及开展经营活动所具备的资格条件是否合法有效，如法人营业执照等证照是否合法有效	主要审查社会资本是否具有完成项目建设、运营所要求的专业资质条件，以及是否具有完成项目建设、运营所需的能力和业绩等

• 图 4-4　资格预审的内容

经过资格预审，有 3 家以上社会资本通过资格预审的，项目实施机构可以继续开展采购活动。通过资格预审的社会资本不足 3 家的，项目实施机构在实施方案调整后重新组织资格预审。项目经重新资格预审合格社会资本仍不够 3 家的，可依法调整实施方案选择的采购方式。经批准采用竞争性磋商方式的，通过资格预审的社会资本只有两家的，可继续开展采购；只有 1 家的，则采购应予以终止。经批准采用单一来源方式的，参与竞争的社会资本可以是 1 家。

（六）编写资格预审结果报告

资格预审评审小组对资格预审评审情况进行汇总，并编写资格预审结果报告，向财政部门提交备案。资格预审结果报告应说明资格预审的程序、方法、参与申请的社会资本数量、通过资格预审合格的社会资本名单、不合格的社会资本名单及不合格的原因等。

资格预审结果报告上应有评审小组成员签字，若小组成员对预审结果存在异议应该在报告上注明；小组成员未签字又未注明异议的，视为同意资格预审结果。

三、编制项目采购文件

资格预审结束后，若通过预审的社会资本超过 3 家，则需要编制项目采购文件。项目采购文件涉及的内容非常广泛，因此，要求编制人员要熟悉相关法律法规和政策、招投标知识和程序以及相关的经济和技术知识。

（一）项目采购文件的内容

项目采购文件应当包括采购邀请、竞争者须知（包括密封、签署、盖章要求等）、竞争者应当提供的资格、资信及业绩证明文件、采购方式、政府对项目实施机构的授权、实施方案的批复和项目相关审批文件、采购程序、响应文件编制要求、提交响应文件截止时间、开启时间及地点、保证金交纳数额和形式、评审方法、评审标准、政府采购政策要求、PPP 项目合同草案及其他法律文本、采购结果确认谈判中项目合同可变的细节以及是否允许未参加资格预审的供应商参与竞争并进行资格后审等内容。项目采购文件中还应当明确项目合同必须报请本级人民政府审核同意，在获得同意前项目合同不得生效。

采用竞争性谈判或者竞争性磋商采购方式的，项目采购文件除上款规定的内容外，还应当明确评审小组根据与社会资本谈判情况可能实质性变动的内容，包括采购需求中的技术、服务要求以及项目合同草案条款。

（二）PPP 项目采购文件与一般政府采购文件的区别

与一般政府采购项目相比，PPP 项目最大的不同就是它的实施需要取得政府对项目实施机构的授权。因此，PPP 项目的采购文件要明确说明政府对实施方案的批复和项目立项的相关审批文件，还应明确项目合同必须报请本级人民政府审核同意，若未获得政府同意则合同无法生效。

PPP 项目评审结束后，在最终确定中标、成交社会资本之前，还需要进行采购结果确认谈判、签署采购结果确认谈判备忘录并对谈判结果进行公示等环节。因此，需要在采购文件中对采购结果确认谈判、签署谈判结果备忘录及采购结果公示做出规定。

在 PPP 项目合同上，如果项目实施机构需要成立项目公司，则需在签订合同后，就项目公司与社会资本签订补充合同的内容和程序做出相应规定。此外，由于 PPP 项目采购必须进行资格预审，采购文件中还应明确是否允许未参加资格预审的社会资本参与竞争并进行资格后审等内容。

与一般的政府采购项目相同，PPP 项目采购文件编制完成后，须经项目实施机构审核、确认同意。

此外，PPP 项目采购招标文件与建设工程招投标文件、一般政府采购招投标文件也存在不同之处。

建设工程招投标文件和政府采购招投标文件的内容，除终身质量追责的特殊工程或货物外，一般随中标单位的确定、工程建设及采购任务的完成、付款与保质条款期的结束而自动失去效力。但 PPP 项目采购招标不同，根据《财政部关于印发政府和社会资本合作模式操作指南（试行）的通知》，适应大型 PPP 项目的运作方式主要是建设—运营—移交（BOT）、转让—运营—移交（TOT）、改建—运营—移交（ROT）和建设—拥有—运营（BOO）四种。前三种运作方式的合同期限一般为 20 ~ 30 年，后一种运作方式不涉及项目期满移交，即意味着该模式下的 PPP 项目为建设者长期拥有与运营。因此，PPP 项目采购招投标文件具有很长的时效性，招投标文件的编制也有着更严格的要求。

（三）招标文件编写注意事项

编制招标文件必须做到"五清楚"：招标范围要清楚，招标条件及条件边界要清楚，评分标准要清楚、加分、扣分及废标条件要清楚，采购结果确认谈判的底线要清楚。

1．招标范围要清楚

在招标文件中，关于 PPP 项目的建设内容、建设规模，不仅要对每项分项工程进行准确的表述，还要有明确的数量及规模。

2．招标条件及条件的边界要清楚

招标条件包括招投标人为承接本项目所必备的资格资质等，以及其他有针对性的特殊要求。其中有些条件是招标文件发出后不可修改、不可谈判的核心条件，招标人应认真研究确定。如条件是什么，边界在哪里，技术经济参数是多少，均应有定性与定量的界定。例如某大型高速公路工程，设置的资质条件为"有公路工程施工总承包一级或以上资质"，设置的业绩条件为"有2 个（含）以上总投资不低于 5 亿元的类似工程业绩"等。

3．评分标准要清楚

中标候选人及排序是评审专家通过对投标文件响应招标条件程度并加以量化，再依据评分标准由高分至低分确定。响应招标条件程度至哪一个量化分值可得 10 分，至哪一个量化分值可得 8 分，应界线分明。其中，有选择余地且主观意识强的内容分值可设区间值，如某方案的分值设为 15 ～ 20 分，以便评审专家发挥独立评审能力，依据专业经验做出判断。

4．加分、扣分及废标条件要清楚

加分、扣分及废标的条件要素如果设置得不合理，容易导致评审专家判断不准，将原本较为理想的投标人拒之门外，或招致质疑投诉。

5．采购结果确认谈判的底线要清楚

谈判底线包括不可谈判的核心条件，以及项目合同中可变细节的内容与区间值。这两条底线有的已明确在招标文件中，有的则需谈判小组临场研究决定。

四、现场考察或召开采购答疑会

社会资本获得采购文件后，可能会对采购文件中项目方案、采购程度等一些事宜存在疑问，因此，项目实施机构需要对这些事项做出解释和澄清。

为了让社会资本对项目方案的内容及要求有清楚充分地了解，项目实施机构需组织社会资本进行现场考察或召开采购前答疑会，并邀请取得了采购文件的社会资本参加。但是，项目实施机构不得单独或者分别组织只有一家社会资本参加的现场考察或答疑会。

现场考察或答疑会结束后，应根据现场考察及答疑情况，可对项目方案和内容做出适当调整。若调整的内容涉及项目核心内容，会对社会资本编制响应文件造成影响，则需要向社会资本发出对采购文件的书面澄清说明或变更通知。书面澄清说明或变更通知是采购文件的有效组成部分，若书面澄清说明或变更通知发出后距提交响应文件截止时间不足法定时间的，应顺延提交响应文件截止时间。

五、响应文件评审

通过资格预审的社会资本需要按照采购文件规定的格式和要求编制响应文件。依据不同的采购方式，社会资本需对应地编制投标文件、谈判响应文件、磋商响应文件、单一来源采购响应文件，并在规定的期限内提交给项目实施机构。提交响应文件的截止日期根据采购方式的不同而有所不同，采用招标方式进行采购的项目，自招标公告发布之日起到招标文件截止之日不少于 20日；采用竞争性谈判方式的，自发布谈判文件到报价文件截止之日不少于 3 日；采用竞争性磋商方式的，自公告发布之日起不少于 10 日。对于超过规定期限提交的响应文件，项目实施机构不予接受。项目实施机构应在采购公告、采购文件规定的时间和地点，安排专人负责社会资本相应文件的接收工作。

社会资本提交响应文件时，应该同时向项目实施机构提交资格证明文件以及其他要求提交的文件，凡是未与响应文件一并提交的文件资料，将不被作为评审依据。

（一）成立评审小组

在接受社会资本提交的响应文件后，由项目实施机构、采购代理机构成立评审小组，负责 PPP 项目采购的评审工作。

评审小组由项目实施机构代表和评审专家共 5 人以上单数组成，其中评审专家人数不得少于评审小组成员总数的 2/3。评审专家可以由项目实施机构自行选定，但评审专家中应至少包含 1 名财务专家和 1 名法律专家。项目实施机构代表不得以评审专家身份参加项目的评审。

其中，根据《政府采购竞争性磋商采购方式管理暂行办法》的规定，竞争性磋商小组由采购人代表和评审专家共 3 人以上单数组成，其中评审专家人数不得少于磋商小组成员总数的 2/3。采购人代表不得以评审专家身份参加本部门或本单位采购项目的评审。采购代理机构人员不得参加本机构代理的采购项目的评审。

采用竞争性磋商方式的政府采购项目，评审专家应当从政府采购评审专家库内相关专业的专家名单中随机抽取。市场竞争不充分的科研项目，以及需要扶持的科技成果转化项目，以及情况特殊、通过随机方式难以确定合适的评审专家的项目，经主管预算单位同意，可以自行选定评审专家。技术复杂、专业性强的采购项目，评审专家中应当包含 1 名法律专家。

（二）采购评价方法

根据《政府采购货物和服务招标投标管理办法》中的相关规定，货物服务招标采购的评标方法分为最低评标价法、综合评分法和性价比法。

1. 最低评标价法

最低评标价法，是指以价格为主要因素确定中标候选供应商的评标方法，即在全部满足招标文件实质性要求的前提下，依据统一的价格要素评定最低报价，以提出最低报价的投标人作为中标候选供应商或者中标供应商的评标方法。

最低评标价法适用于标准定制商品及通用服务项目。

2. 综合评分法

综合评分法，是指在最大限度地满足招标文件实质性要求的前提下，按照招标文件中规定的各项因素进行综合评审后，以评标总得分最高的投标人作为中标候选供应商或者中标供应商的评标方法。

综合评分法的主要参考因素如图 4-5 所示，招标文件中应当对这些因素做出规定。

评标时，评标委员会各成员会独立对每个有效投标人的标书进行评价、打分，然后对每个投标人的每项评分因素的得分进行汇总。

● 图 4-5　影响综合评分法的主要因素

采用综合评分法的，货物项目的价格分值占总分值的比重（即权值）为百分之三十至百分之六十；服务项目的价格分值占总分值的比重（即权值）为百分之十至百分之三十。执行统一价格标准的服务项目，其价格不列为评分因素。有特殊情况需要调整的，应当经同级人民政府财政部门批准。综合评分法的计算公示如下：

$$评标总得分 = F_1 \times A_1 + F_2 \times A_2 + \cdots\cdots + F_n \times A_n$$

其中，F_1、F_2……F_n 分别为各项评分因素的汇总得分；A_1、A_2、……A_n 分别为各项评分因素所占的权重（$A_1 + A_2 + \cdots\cdots + A_n = 1$）。

3. 性价比法

性价比法是指按照要求对投标文件进行评审后，计算出每个有效投标人除价格因素以外的其他各项评分因素（包括技术、财务状况、信誉、业绩、服务、对招标文件的响应程度等）的汇总得分，并除以该投标人的投标报价，以商数（评标总得分）最高的投标人为中标候选供应商或者中标供应商的评标方法，评标公式为：

$$评标总得分 = B/N$$

其中，B 为投标人的综合得分，$B = F_1 \times A_1 + F_2 \times A_2 + \cdots\cdots + F_n \times A_n$，其中：$F_1$、$F_2\cdots\cdots F_n$ 分别为除价格因素以外的其他各项评分因素的汇总得分；A_1、$A_2\cdots\cdots A_n$ 分别为除价格因素以外的其他各项评分因素所占的权重（$A_1 + A_2 + \cdots\cdots + A_n = 1$）。$N$ 为投标人的投标报价。

（三）进行评审

在评审环节，由项目实施机构负责召集、组织评审小组按照采购文件的规定进行项目评审。项目评审的基本流程包括以下几个环节：

1. 召开评审预备会议

在开始项目评审前，项目实施机构召集评审小组召开评审预备会议，对项目的基本情况，评审工作的纪律进行说明，并安排其他相应评审工作。

在评审预备会上，评审小组成员应该认真阅读、确认采购文件，并签订评审承诺书，推选出评审小组负责人，由小组负责人对成员的工作以及评审程序、步骤和办法做出安排。

预备评审会议结束后，由评审小组对项目进行独立评审，若采购文件中存在不符合国家有关强制性规定的内容，评审小组应停止评审，并将情况向项目实施机构进行说明。

2. 进行符合性审查

符合性审查的主要内容有两项，一是审查社会资本的资格、资质以及提交的响应文件是否符合相关要求。进行过资格预审的社会资本在采购评审阶段可以不再进行资格审查。前期已经进行过资格预审但是采购文件中规定需在采购评审环节进行资格预审的，或者是前期未经过资格预审，允许进行资格后审的社会资本，需要由评审小组对其进行资格审查。

二是对社会资本提交的响应文件进行审查，包括响应文件是否完整，是否符合采购文件的要求，技术响应文件、商务响应文件是否对项目方案做出了实质性的响应。

经过符合性审查后，如果通过审查的社会资本的数量不符合法定要求，应停止评审。

3. 进行询问和澄清

在评审过程中，评审小组可以向社会资本询问关于响应文件的内容及技术、商务方案对采购文件的响应等情况，可以要求社会资本对询问事项进行说明。

对投标文件中含义不明确、同类问题表述不一致或者有明显文字和计算错误的内容，评标委员会可以书面形式（应当由评标委员会专家签字）要求投标人做出必要的澄清、说明或者纠正。投标人的澄清、说明或者纠正应当采用书面形式，由其授权的代表签字，并不得超出投标文件的范围或者改变投标文件的实质性内容。

4. 进行综合评审

完成符合性审查、询问以及澄清环节之后，开始对通过符合性审查的社会资本进行综合评审。根据采购方式不同，综合评审的程序有所不同：

（1）采用招标方式

采用招标方式的，评委会根据招标文件中规定的评标方法、评标标准对社会资本进行评分，并根据评分情况对社会资本做出综合评审结论。

（2）竞争性谈判

采用竞争性谈判方式的，符合性审查结束后，由谈判小组分别与各社会资本进行谈判，并对社会资本的谈判方案做出综合评审，调整和完善项目采购方案。随后社会资本根据完善后的采购方案重新提交响应文件，做出最终承诺报价。最后，谈判小组对各社会资本提交的响应文件和最终承诺的报价做出综合评审结论。

（3）竞争性磋商

最终采购需求方案确定后，由评审小组对社会资本提交的最终响应文件进行综合评分，编写评审报告并向项目实施机构提交候选社会资本的排序名单。根据评标方式的不同，社会资本排序方式有所区别，具体的排序方式详见表4-5。

表 4-5　竞争性磋商评标排序方式

评标方法	排序方式
最低评标价法	按投标报价由低到高顺序排列。投标报价相同的，按技术指标优劣顺序排列。评标委员会认为，排在前面的中标候选供应商的最低投标价或者某些分项报价明显不合理或者低于成本，有可能影响商品质量和不能诚信履约的，应当要求其在规定的期限内提供书面文件予以解释说明，并提交相关证明材料；否则，评标委员会可以取消该投标人的中标候选资格，按顺序由排在后面的中标候选供应商递补，以此类推
综合评分法	按评审后得分由高到低顺序排列。得分相同的，按投标报价由低到高顺序排列。得分且投标报价相同的，按技术指标优劣顺序排列
性价比法	按商数得分由高到低顺序排列。商数得分相同的，按投标报价由低到高顺序排列。商数得分且投标报价相同的，按技术指标优劣顺序排列

5. 编写评审结果报告

综合评审结束后，由评审小组根据综合评审情况编写评审结果报告。在评审结果报告中应该推荐 1 ～ 3 名中标、成交候选人。采用招标、竞争性磋商方式的，候选人的顺序按照综合评分得分从高到低依次排列，也可以书面授权磋商小组直接确定成交供应商。采购人逾期未确定成交供应商且不提出异议的，视为确定评审报告提出的排序第一的供应商为成交供应商；采用竞争性谈判方式的，按照符合最低要求的社会资本的最终承诺报价，从低到高依次排列。允许进行资格后审的，评审结果报告还应包含资格评审结果。

评审小组成员应当在评审报告上签字，对自己的评审意见承担法律责任。对资格预审报告或者评审报告有异议的，应当在报告上签署不同意见，并说明理由，否则视为同意资格预审报告和评审报告。

评审小组发现采购文件内容违反国家有关强制性规定的，应当停止评审并向项目实施机构说明情况。

六、采购结果确认谈判

PPP 项目采购评审结束后，项目实施机构应当成立专门的采购结果确认谈判工作组，负责采购结果确认前的谈判和最终的采购结果确认工作。

采购结果确认谈判的基本程序如下：

（一）成立采购结果确认谈判工作组

采购结果确认谈判工作组成员及数量由项目实施机构确定，但应当至少包括财政预算管理部门、行业主管部门代表，以及财务、法律等方面的专家。涉及价格管理、环境保护的 PPP 项目，谈判工作组还应当包括价格管理、环境保护行政执法机关代表。评审小组成员可以作为采购结果确认谈判工作组成员参与采购结果确认谈判。

（二）进行采购结果确认谈判

采购结果确认谈判工作组应当按照评审报告推荐的候选社会资本排名，依次与候选社会资本及与其合作的金融机构就项目合同中可变的细节问题进行项目合同签署前的确认谈判，率先达成一致的候选社会资本即为预中标、成交社会资本。

确认谈判不得涉及项目合同中不可谈判的核心条款，不得与排序在前但已终止谈判的社会资本进行重复谈判。

（三）编写谈判结果报告

采购结果确认谈判结束后，谈判工作组应根据谈判情况以及与中标、成交社会资本达成一致的事项，编写谈判结果报告，确定最先达成一致的候选社会资本为预中标、成交社会资本。谈判工作组成员应在谈判结果报告上签字确认，对谈判结果有异议的应在报告上签字并注明；既不注明也不签字确认的，视为同意谈判结果。

七、签署确认谈判备忘录

项目实施机构应当在预中标、成交社会资本确定后 10 个工作日内，与预中标、成交社会资本签署确认谈判备忘录，并将预中标、成交结果和根据采购文件、响应文件及有关补遗文件和确认谈判备忘录拟定的项目合同文本在省级以上人民政府财政部门指定的政府采购信息发布媒体上进行公示，公示期不得少于 5 个工作日。项目合同文本应当将预中标、成交社会资本响应文件中的重要承诺和技术文件等作为附件。项目合同文本涉及国家秘密、商业秘密的内容可以不公示。

项目实施机构应当在公示期满无异议后 2 个工作日内，将中标、成交结果在省级以上人民政府财政部门指定的政府采购信息发布媒体上进行公告，同时发出中标、成交通知书。

中标、成交结果公告内容应当包括：项目实施机构和采购代理机构的名称、地址和联系方式；项目名称和项目编号；中标或者成交社会资本的名称、地址、法人代表；中标或者成交标的名称、主要中标或者成交条件（包括但不限于合作期限、服务要求、项目概算、回报机制）等；评审小组和采购结果确认谈判工作组成员名单。

项目实施机构应当在中标、成交通知书发出后 30 日内，与中标、成交社会资本签订经本级人民政府审核同意的 PPP 项目合同。

需要为 PPP 项目设立专门项目公司的，待项目公司成立后，由项目公司与项目实施机构重新签署 PPP 项目合同，或者签署关于继承 PPP 项目合同的补充合同。

项目实施机构应当在 PPP 项目合同签订之日起 2 个工作日内，将 PPP 项目合同在省级以上人民政府财政部门指定的政府采购信息发布媒体上公告，但 PPP 项目合同中涉及国家秘密、商业秘密的内容除外。

第五章

PPP 项目执行

PPP 项目执行是指完成采购阶段选定社会资本，正式签署 PPP 项目协议后，PPP 项目进入实质性运行的阶段。做好项目实施管理是项目执行阶段的核心内容，项目执行阶段实施管理是保障项目后期稳定运营必不可少的条件，而稳定运营才是判断 PPP 项目是否成功的关键因素。

本章主要内容包括：

➤ 设立项目公司

➤ 开展融资管理

➤ 项目建设期监管

➤ 运营期监管

➤ 绩效监测与支付

➤ 中期评估

一、设立项目公司

社会资本可依法设立项目公司。政府可指定相关机构依法参股项目公司。项目实施机构和财政部门（政府和社会资本合作中心）应监督社会资本按照采购文件和项目合同约定，按时足额出资设立项目公司。

（一）项目公司的职责

PPP 项目公司是依法设立的自主运营、自负盈亏的具有独立法人资格的运营实体，作为 PPP 项目合同及项目其他相关合同的签约主体，负责项目的具体实施。

PPP 项目公司常常被称作"特殊目的载体"（Special Purpose Vehicle，简称 SPV），它所扮演的角色就是项目建设的实施者和运营者，项目投资人通过股东协议明确项目公司的设立和融资、经营范围、股东权利、股东承诺、股东的商业计划、股权转让等事宜。

（二）是否必须要设立项目公司

在实践中，虽然许多 PPP 项目要求设立项目公司，负责项目的实施，但是，从现行相关的法律政策来看，并无强制设立项目公司的要求，参与 PPP 项目的政府和社会资本可以自行协商是否成立项目公司。涉及项目公司的相关规定如下：

1. 《政府和社会资本合作模式操作指南（试行）》："社会资本可依法设立项目公司"

《政府和社会资本合作模式操作指南（试行）》第十一条规定："项目实施机构应组织编制项目实施方案，依次对以下内容进行介绍"。其中实施方案中："项目公司股权情况主要明确是否要设立项目公司以及公司股权结构。"

第二十三条规定："社会资本可依法设立项目公司。政府可指定相关机构依法参股项目公司。项目实施机构和财政部门（政府和社会资本合作中心）

应监督社会资本按照采购文件和项目合同约定,按时足额出资设立项目公司。"

由此可见,项目公司并不是强制要设立的,社会资本认为有需要即可设立,但要依法合规,若社会资本认为没有必要,则可不设立。政府既可以入股项目公司,也可以不入股,但当政府选择入股项目公司时,应该选择参股的形式,通常政府不能作为项目公司的实际控股人。

2. 《基础设施和公用事业特许经营管理办法》:"根据实施机构在招标谈判文件中的要求成立项目公司"

六部委联合发布的《基础设施和公用事业特许经营管理办法》第十六条明确要求:"实施机构应当在招标或谈判文件中载明是否要求成立特许经营项目公司"。这表明特许经营可根据项目的实际情况选择是否设立项目公司,但并未对政府方是否可以作为项目公司的股东做出具体规定。

3. 《PPP 项目合同指南(试行)》:"通常成立项目公司"

《PPP 项目合同指南(试行)》中指出:"社会资本方是指与政府方签署 PPP 项目合同的社会资本或项目公司。""社会资本是 PPP 项目的实际投资人。但在 PPP 实践中,社会资本通常不会直接作为 PPP 项目的实施主体,而会专门针对该项目成立项目公司,作为 PPP 项目合同及项目其他相关合同的签约主体,负责项目具体实施。"

由此可见,项目公司不是社会资本方的唯一选择,也就说明项目公司并非必须要成立不可。

此外,《PPP 项目合同指南(试行)》对项目公司的定义为:"项目公司是依法设立的自主运营、自负盈亏的具有独立法人资格的经营实体。项目公司可以由社会资本(可以是一家企业,也可以是多家企业组成的联合体)出资设立,也可以由政府和社会资本共同出资设立。但政府在项目公司中的持股比例应当低于 50% 且不具有实际控制力及管理权。"

(三)设立项目公司的目的

虽然并没有硬性规定必须要成立 PPP 项目公司,但是在实际操作中,为了保证 PPP 项目的正常运行,绝大多数 PPP 项目都会设立项目。希望通过设立项目公司实现以下目的:

1. 明确相关权利、责任

当参与 PPP 项目的社会资本是以联合体的形式存在时，应该联合出资设立项目公司，以明确各个成员之间的出资责任，以及相关权益。

2. 隔离项目风险

设立项目公司能在一定程度上隔离项目风险。项目公司通常是依据《公司法》成立的具有独立法人资格的经营实体，社会资本对项目公司承担的是有限责任，一旦产生风险，债权人向 PPP 项目公司进行有限追索，不会对投资人的资产造成影响，保障社会资本母体投资风险的可控性。

3. 增加项目融资的可实现性

为了提高 PPP 项目对社会资本的吸引力，降低项目融资的难度，在很多 PPP 项目中，政府选择承担项目的部分资金，而参股项目公司成为不错的选择。

4. 利于属地化管理分享税收

如果被选中的社会资本不在项目所在地，其产生的与项目相关的部分税收也不在项目所在地缴纳，项目所在地政府就无法享受该部分收益，但是如果在项目所在地成立项目公司，即使是项目所在地以外的社会资本被选中，项目所在地政府也可以分享与项目相关的税收。

（四）项目公司的设立主体

从现行法律法规分析来看，关于项目公司的设立主体并没有明确的规定，从目前现有的项目公司来说，主要包括两种情况，如图 5-1 所示。

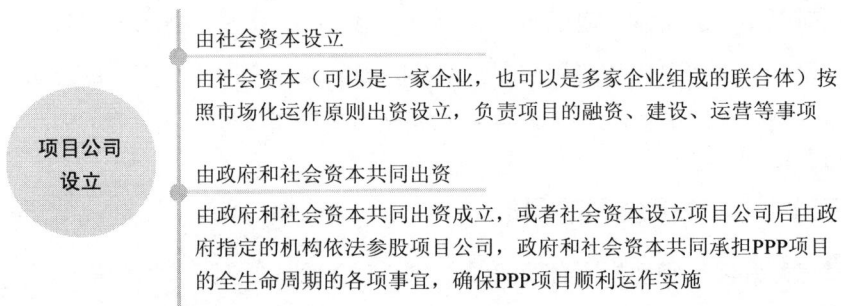

项目公司设立

由社会资本设立

由社会资本（可以是一家企业，也可以是多家企业组成的联合体）按照市场化运作原则出资设立，负责项目的融资、建设、运营等事项

由政府和社会资本共同出资

由政府和社会资本共同出资成立，或者社会资本设立项目公司后由政府指定的机构依法参股项目公司，政府和社会资本共同承担PPP项目的全生命周期的各项事宜，确保PPP项目顺利运作实施

●图 5-1　项目公司设立方式

（五）设立项目公司的流程

设立项目公司的流程一般包括以下几项：

1. 名称预先审核

一般来说，公司名称由行政区划、字号、行业特点以及组织形式四部分组成，确定项目公司名称后要到当地工商局领取《企业（字号）名称预先核准申请表》，查询公司名称是否存在重名的情况，经查询无重名领取工商局发放的《企业（字号）名称预先核准通知书》。通知书有效期 6 个月，如遇特殊情况，可在通知书到期前 1 个月内向工商局申请延期，延期 6 个月有效。

2. 确定公司地址

项目公司办公地址可以选择自建房或租用房。选择自建房作为办公地址的，如果自建房尚未获得《房屋所有权证》，可将建设单位出具的施工许可证、建设许可证复印件作为住所使用证明。选择租用房作为办公地址的，则需要提供房屋租赁合同和房屋产权证明复印件。

3. 编制公司章程及必要文件

《公司章程》是规定公司组织及活动基本规则的书面文件，主要包括公司名称、住所、经营范围、经营管理制度等重大事项。除了《公司章程》，全体股东还可能签订《公司设立协议》。

4. 办理营业执照

根据《国务院办公厅关于加快推进三证合一登记制度改革的意见》的要求，营业执照、组织机构代码证和税务登记证实行"三证合一"登记制度，即一次申请、合并核发一个营业执照的登记制度，相关流程和手续都可在各市公共服务中心开设的各委办局服务窗口，一并申请办理。

5. 开立银行账户

根据《公司法》的规定，公司的注册资本须由法定的验资机构进行验资并出具验资证明。项目公司在办理工商注册审批前需到当地工商部门认可的银行机构办理临时验资户口开户，转入 / 存入资金后提交查询函，银行出具证明材料交给具备验资资质的会计事务所，由会计事务所出具验资报告后，到工商局登记备案，验资审核后可将临时户转为基本户。

6. 刻章

完成工商注册审批后，项目公司需到公安局指定刻章点申请刻章，公司印章主要包括公章、财务专用章、合同专用章这三个，需根据相关规定到工商、公安、开户银行备案或预留印鉴。公司也可以根据需要刻制税务章、报关章、内部使用的部门章等。

（六）项目公司的股权设置

项目公司的主要职责是负责项目的建设、运营和管理，因此项目公司的股东可能是希望参与项目建设、运营的承包商、原料供应商、运营商、融资方等主体。在某些情况下，政府为了能更加直接地参与 PPP 项目的重大决策、掌握项目实施情况，也可能通过直接参股的方式成为项目公司的股东（但政府通常并不控股和直接参与经营管理）。在这种情形下，政府与其他股东相同，享有作为股东的基本权益，同时也需履行股东的相关义务，并承担项目风险。

在股东协议中明确项目公司的股东的持股比例，但政府的持股比例应低于 50% 且不能享有实际控制力及管理权。根据法律规定，项目公司在满足分红条件的前提下，股东之间可对项目公司分红事宜做出约定。

二、开展融资管理

项目融资由社会资本或项目公司负责，社会资本或项目公司应及时开展融资方案设计、机构接洽、合同签订和融资交割等工作。财政部门（政府和社会资本合作中心）和项目实施机构应做好监督管理工作，防止企业债务向政府转移。

（一）对 PPP 项目融资的政策支持

为了提高 PPP 项目融资的可获得性，国家出台了相关政策为项目融资提供支持，具体详见表 5-1。

表 5-1　关于支持 PPP 项目融资的政策

相关政策	发文单位	政策支持
《基础设施和公用事业特许经营管理办法》	国家发改委	国家鼓励金融机构为特许经营项目提供财务顾问、融资顾问、银团贷款等金融服务。政策性、开发性金融机构可以给予特许经营项目差异化信贷支持，对符合条件的项目，贷款期限最长可达 30 年。探索利用特许经营项目预期收益质押贷款，支持利用相关收益作为还款来源
		国家鼓励通过设立产业基金等形式入股提供特许经营项目资本金。鼓励特许经营项目公司进行结构化融资，发行项目收益票据和资产支持票据等。国家鼓励特许经营项目采用成立私募基金，引入战略投资者，发行企业债券、项目收益债券、公司债券、非金融企业债务融资工具等方式拓宽投融资渠道
		县级以上人民政府有关部门可以探索与金融机构设立基础设施和公用事业特许经营引导基金，并通过投资补助、财政补贴、贷款贴息等方式，支持有关特许经营项目建设运营
《关于推进开发性金融支持政府和社会资本合作有关工作的通知》	国家发改委与国家开发银行	开发银行充分发挥开发性金融的中长期融资优势及引领导向作用，积极为各地的 PPP 项目建设提供"投资、贷款、债券、租赁、证券"等综合金融服务，并联合其他银行、保险公司等金融机构以银行贷款、委托贷款等方式，努力拓宽 PPP 项目的融资渠道
		开发银行加强信贷规模的统筹调配，优先保障 PPP 项目的融资需求。在监管政策允许范围内，给予 PPP 项目差异化信贷政策，对符合条件的项目，贷款期限最长可达 30 年，贷款利率可适当优惠。建立绿色通道，加快 PPP 项目贷款审批流程
		不断创新和完善 PPP 项目贷款风险管理体系，通过排污权、收费权、特许经营权、购买服务协议项下权益质押等方式，建立灵活有效的信用结构，切实防范贷款风险

若社会资本或项目公司未在合同约定的时间内完成融资，可有一定的宽限期，但是如果在宽限期结束后仍不能完成融资工作，政府可提取履约保函直至终止项目合同。如果由于系统性金融风险或不可抗力因素导致融资无法完成，政府和社会资本或项目公司可通过协商解决相关问题。

（二）融资管理的主要内容

为了证明项目公司为项目建设所提供的全部股本资金和债务资金已经到位或项目公司已经完成融资相关手续，社会资本或项目公司需向 PPP 项目实施机构提交实施项目所需的有关融资文件以及其他证明文件，包括项目公司验资报告，项目公司银行账户余额证明，金融机构提供的融资、贷款协议，以及与贷款协议配套的抵押、质押证明等。

此外，在融资管理的实际操作中，需要注意以下事项：

如果 PPP 项目是社会独资项目，为了避免出现相关股本资金到位完成验资工作后被挪作他用的情况，最好设立一个由社会资本与实施机构共管的项目公司账户。

如果由社会资本和政府合作成立项目公司，需在合资合营协议中明确项目公司最初股权比例及最终股权比例。为了充分发挥社会资本的资金实力和融资优势，降低融资成本，在项目建设中如果社会资本自身就可以为项目公司提供足够的资金支持（超出股本金部分）或提供股东担保进行融资，原则上在项目竣工验收后，需要对社会资本与政府资本双方在融资工作过程中所承担的责任义务情况进行核定，即在融资管理中仔细审查融资文件，若实际上是由项目公司承担了担保义务（一般情况下，出于项目融资的目的，项目公司可以抵押、质押本项目的收费权、在项目公司名下的全部资产、设施和设备），不可作为调增初始股权比例的依据。

三、项目建设期监管

所谓建设期监管，就是对新建项目、改建项目等的建设过程进行监管，通常 BOT 项目、BOO 项目、ROT 项目都会经历建设期。根据建设期的主要内容及权利义务，项目建设期监管主要包括工程设计监管及工程建设监管。

（一）工程设计监管的主要内容

针对一些需要由社会资本或项目公司负责工程设计工作的项目，社会资本或项目公司需先根据项目的可行性研究报告，明确项目的具体技术规范要求，然后遵循法律程序选择并委托符合资质要求的设计单位按照规定的技术要求以及法律设计项目工程，编制初步设计文件和施工设计文件，由项目公司承担设计费用。

在工程管理中，实施机构应要求项目公司在完成初步设计后，向省、市相关职能部门提交设计进行审批，待审批通过后，项目公司应向实施机构提交相关职能部门审批通过的地质勘查报告、初步设计文件和施工图设计文件以及省、市有关职能部门对设计文件的批复文件的复印件等文件并备案。待工程设计相关文件全部获批并进行备案后，项目即可进入施工阶段。

在施工过程中，为了合理提高工程质量、降低工程成本、缩短工期，在不违背所有适用于项目的设计标准的前提下，实施机构和项目公司可以对设计提出变更的要求（无论是否由项目公司进行工程设计）。其中，如果设计变更由实施机构提出，在变更合理的前提下，项目公司应无条件执行，如果设计变更由项目公司，则项目公司需先向实施机构提交支持该等设计变更提议及其充分理由的所有必要文件，获得实施机构书面批准后方可执行。

（二）工程建设监管的主要内容

工程建设期间，实施机构主要是对工程建设进度、工程建设承包商的选择和设备材料的采购、施工现场进行监督和检查。

1. 工程建设进度

实施机构应当在 PPP 项目协议中对项目的具体建设进度做出明确要求，对于其中关键时间节点应指出具体的日期。对于新建特许经营项目，为了确保项目公司的建设进度，最好将建设期包含在特许经营期内。

在项目建设过程中，项目公司应每周向实施机构提交《建设工程进度报告》，对已完成和进行中的建设工程情况以及实施机构的合理要求的其他相关事项进行详细地说明。

若在建设过程中，项目公司预计项目计划的某些部分不能按照进度计划完成，应及时向实施机构报告并说明详细情况，需说明的情况包括但不限于如图 5-2 所示的几点。

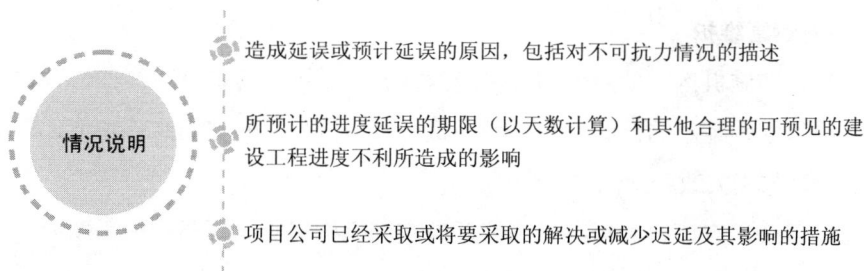

情况说明

- 造成延误或预计延误的原因，包括对不可抗力情况的描述
- 所预计的进度延误的期限（以天数计算）和其他合理的可预见的建设工程进度不利所造成的影响
- 项目公司已经采取或将要采取的解决或减少迟延及其影响的措施

● 图 5-2　项目延误需向实施机构说明的情况

项目实施机构根据实际情况决定是否要延长建设期限，并决定延长的最后期限。

2. 工程建设承包商和设备材料采购管理

根据《中华人民共和国招标投标法实施条例》第九条第三款的规定：已通过招标方式选定的特许经营项目投资人依法能够自行建设、生产或者提供的，在项目建设过程中，工程承包商和设备材料采购供应商可以不进行招标。

除此之外，应该由项目公司通过公开招标采购的方式选择工程建设承包商及设备采购供应商，实施机构和相关职能部门依法对招标过程进行监督。确定相关机构后，项目公司向实施机构提供与工程建设相关的一切机构（包括承包商、施工商、设备制造商、监理公司等）和相关人员的资质文件或资格证明材料，以及招标、采购文件及相关合同文件。

3. 施工现场监管

在不影响建设进度的情况下，项目实施机构应该对项目工程的施工情况进行检查，项目公司或承包商应当予以配合，并对实施机构的监督和检查要求予以必要协助。实施机构对项目工程的监督和检查不影响也不能替代其他政府职能部门依法对项目工程的监督和检查。

四、运营期监管

运营期的监管主要包括日常运营维护、暂停服务、争议处置、中期评估及临时接管等内容。

1. 日常运营维护

项目实施机构对项目公司日常运营维护的监管主要是指监督项目公司在特许经营期内经营的合法性，并严格履行对项目公司的其他监管职能，协助项目公司与相关政府部门进行沟通。

项目公司应该在项目建设完成后向实施机构提交《运营维护手册》，手册应包含五点内容，如图 5-3 所示。

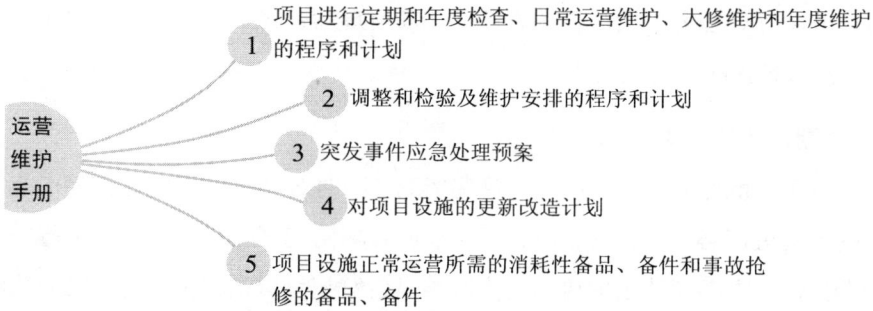

运营维护手册	1 项目进行定期和年度检查、日常运营维护、大修维护和年度维护的程序和计划
	2 调整和检验及维护安排的程序和计划
	3 突发事件应急处理预案
	4 对项目设施的更新改造计划
	5 项目设施正常运营所需的消耗性备品、备件和事故抢修的备品、备件

● 图 5-3   运营维护手册的主要内容

实施机构以运营维护手册的内容为依据，派出检查员监督项目公司是否按照手册进行必要的日常维护工作。

2. 暂停服务的监管

为了确保项目设施长期稳定运营，项目公司每年可按照事先计划，对项目设施暂停服务进行维护，暂停服务期间免除项目公司的相关责任。在每个运营年开始之前，项目公司应制作该年度内计划暂停服务的时间表并提交给项目实施机构，获得项目实施机构许可后方可实行，每一运营年计划内的暂停服务不得超过一定期限。

为了避免或减少因意外事故造成的损失，项目公司还需制定因意外事故造成的暂停服务紧急预案并报实施机构批准。如果发生计划外暂停，应向项目公司追究相关违约责任。

3. 争议处置

PPP 项目全生命周期比较漫长，在整个过程中实施机构与项目公司之间无法避免地会在监管问题上产生某些矛盾和争议，一旦产生争议，将由运营协调委员会出面进行协商解决。

当项目进入运营期后，项目公司和实施机构应分别派代表成立项目运营协调委员会，委员会的正副主席实行轮换制，由项目公司和实施机构的成员每年轮换担任，委员会做出的任何决定都应得到多数成员的同意才可施行。

项目运营协调委员会的主要职责是调解项目运营维护过程中实施机构与项目公司提出的建议以及产生的争议。项目运营协调委员会的成员应该坚持诚信的态度处理委员会涉及的事务。在项目运营、维护中，项目公司和实施机构应该积极配合委员会的决定。

4. 中期评估的实施

为更好地评估项目公司运营管理情况，同时对 PPP 项目实施初期可能忽略的问题进行必要的补充，PPP 项目根据实际情况一般每 3 ～ 5 年进行一次中期评估。中期评估由项目运营协调委员会发起，组织实施机构及其他政府相关部门及有关专家组成评估小组对项目公司的运营维护进行评估。

5. 临时接管

在项目运营期内，如果项目公司出现违反项目协议约定的行为，项目实施机构有权对项目设施进行临时接管。触发实施机构临时接管的违约行为一般包括如图 5-4 所示的几种。

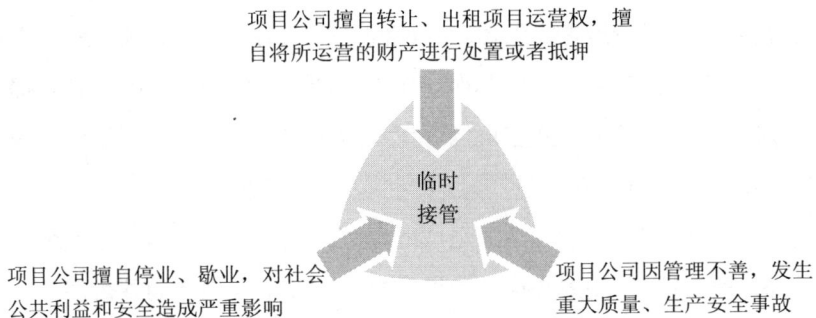

项目公司擅自转让、出租项目运营权，擅自将所运营的财产进行处置或者抵押

临时
接管

项目公司擅自停业、歇业，对社会公共利益和安全造成严重影响

项目公司因管理不善，发生重大质量、生产安全事故

● 图 5-4　触发实施机构临时接管的违约行为

实施机构决定对项目实施临时接管后，应向项目公司发出书面通知，并告知其有申请听证的权利。在临时接管期间，由项目公司承担相应的经营成本、费用等均以及支付接管费用。经项目公司纠正导致临时接管的违约行为，并提交书面申请后，实施机构应当终止临时接管，恢复项目公司的特许经营权。

五、绩效监测与支付

PPP 项目建设完成后，项目公司需按照项目合同的约定进行项目的运营和维护，为政府和社会公众提供产品或服务。在项目运营和维护阶段，需要对 PPP 项目的绩效进行监测并考虑项目的支付问题。

项目实施部门应根据项目合同约定，监督社会资本方或项目公司履行合同义务，定期监测项目产出绩效指标，编制季报和年报并向 PPP 中心备案。

项目合同中涉及的政府支付义务，财政部门应结合中长期财政规划统筹考虑，纳入同级政府预算，按照预算管理相关规定执行。项目实施机构应根据项目合同约定的产出说明，按照实际绩效直接或通知财政部门向社会资本或项目公司及时足额支付。建立政府综合财务报告制度后，应将 PPP 项目中的政府支付义务纳入综合财务报告中。

需要政府进行支付的，项目实施机构应该根据项目合同约定的产出说明，按照实际绩效直接或通知财政部门向社会资本或项目公司及时足额支付。如果项目设置有超额分享机制，社会资本或项目公司应根据项目合同中的约定向政府及时足额支付应享有的超额收益。如果项目实际绩效比事先约定的标准更加优秀，项目实施机构应执行项目合同约定的奖励条款，并可将其作为项目期满后合同能够延期的参考依据；如果项目实际绩效未达到合同约定的标准，项目实施机构应执行项目合同约定的惩处条款或救济措施。

六、中期评估

中期评估是对 PPP 项目执行情况的大检查，建立良好的中期评估机制，做好中期评估有利于避免 PPP 项目出现虎头蛇尾的情况，保证各个环节的顺利进行，让项目有始有终。

（一）实行中期评估的依据

通过中期评估能够及时发现项目运作中的相关问题，让项目实施机构积极寻求解决途径，对保障项目健康发展，降低项目风险有重要作用。国家相关法律政策中分别要求必须要积极落实项目中期评估工作，相关规定详见表 5-2。

表 5-2　关于做好中期评估的相关法律规定

政策名称	相关规定
《政府与社会资本合作操作指南（试行）》	第二十九条　项目实施机构应每 3 ~ 5 年对项目进行中期评估，重点分析项目运行状况和项目合同的合规性、适应性和合理性；及时评估已发现问题的风险，制订应对措施，并报财政部门（政府和社会资本合作中心）备案
《政府和社会资本合作项目财政管理暂行办法》	第二十五条　各级财政部门应当会同行业主管部门开展 PPP 项目绩效运行监控，对绩效目标运行情况进行跟踪管理和定期检查，确保阶段性目标与资金支付相匹配，开展中期绩效评估，最终促进实现项目绩效目标。监控中发现绩效运行与原定绩效目标偏离时，应及时采取措施予以纠正
	第二十七条　各级财政部门应当会同行业主管部门在 PPP 项目全生命周期内，按照事先约定的绩效目标，对项目产出、实际效果、成本收益、可持续性等方面进行绩效评价，也可委托第三方专业机构提出评价意见
《政府和社会资本合作项目信息公开暂行管理办法（征求意见稿）》	第十条　项目执行阶段应公开的 PPP 项目信息至少包括：（五）项目公司绩效监测报告、中期评估报告、项目重大变更或终止情况、项目定价及历次调价情况

（二）中期评估的标准

PPP 项目中期评估对项目的考察主要包括三个方面，即合规性、适应性、合理性，如图 5-5 所示。

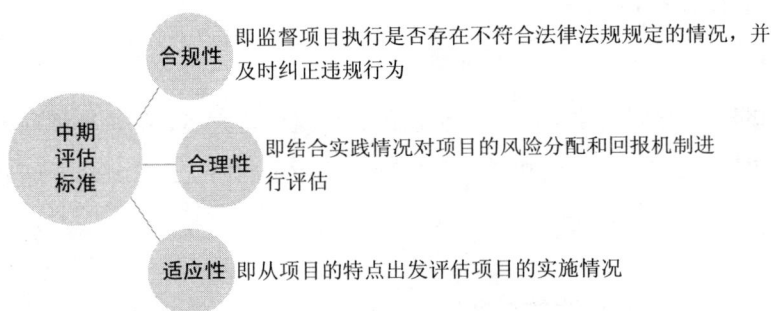

● 图 5-5　中期评估的标准

（三）中期评估的内容

由于 PPP 项目建设运营的时间跨度比较大，项目中期评估的内容也就比较广泛，可以将 PPP 项目中期评估的内容分为两大部分，一是对 PPP 项目合规性的评价，二是 PPP 项目对预期经济指标实现程度的评价。

1. 对 PPP 项目合规性的评价

为了规范 PPP 项目的执行行为，从项目识别、项目准备、项目采购到项目执行有一系列的规范要求。对 PPP 项目合规性的评价，就是评估 PPP 项目是否能够发挥最大的经济效益、社会效益和环境效益。合规性评估的内容包括如图 5-6 所示的几项。

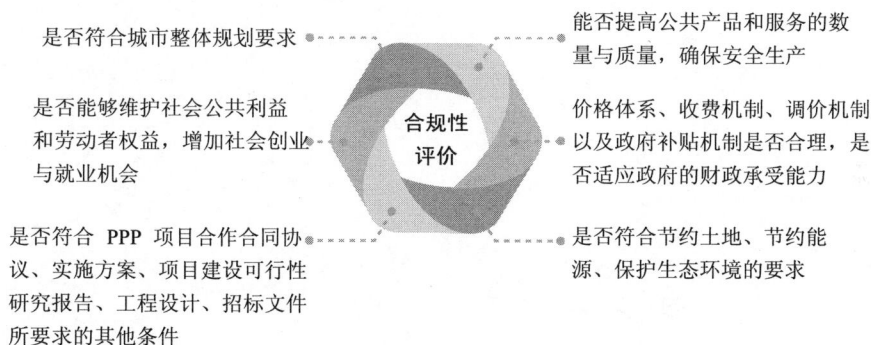

是否符合城市整体规划要求

是否能够维护社会公共利益和劳动者权益，增加社会创业与就业机会

是否符合 PPP 项目合作合同协议、实施方案、项目建设可行性研究报告、工程设计、招标文件所要求的其他条件

合规性评价

能否提高公共产品和服务的数量与质量，确保安全生产

价格体系、收费机制、调价机制以及政府补贴机制是否合理，是否适应政府的财政承受能力

是否符合节约土地、节约能源、保护生态环境的要求

● 图 5-6 PPP 项目合规性评价的内容

2. PPP 项目对预期经济指标实现程度的评价

对预期经济指标实现程度的评价主要包括两个方面的内容，一是对 PPP 项目合同、协议可研报告、产出说明等文件所确立的建设任务、建设规模和建设方案中一系列经济技术指标的实现程度进行评估，如反映 PPP 项目建设内容与规模的指标、投资效益指标、相关财务分析指标的实现程度；二是评估 PPP 项目物有所值定量指标的实现程度，如按照公共部门比较值（PSC）和 PPP 项目预算值计算时所确立的建设成本、收益、运营维护成本、竞争性中立调整值、风险分担成本、收入、权益等价值量指标的实现程度。

第六章

PPP 项目移交

项目移交是指在项目合同到期或项目合同提前终止后，项目公司将全部项目设施、项目相关权益按照合同约定的条件和程序移交给政府或政府指定的其他机构。在项目移交过程中，项目公司必须确保项目符合政府回收项目的基本要求，同时，项目公司必须确保项目的持续运营，尽可能地减少移交对公共产品或服务供给造成的影响。

本章主要内容包括：

➤ 移交准备

➤ 性能测试

➤ 资产交割

➤ 项目绩效评价

一、移交准备

项目移交时，项目实施机构或政府指定的其他机构代表政府收回项目合同约定的项目资产。为了保障项目移交的顺利进行，项目实施机构或政府指定的其他机构应组建项目移交工作，根据项目合同的约定与社会资本或项目公司确认移交情形和补偿方式，并指定资产评估和性能测试方案。

项目合同应对移交形式、补偿方式、移交内容和移交标准做出明确约定，详见表 6-1。

表 6-1　PPP 项目移交相关事项

项目	具体内容
移交形式	包括期满终止移交和提前终止移交
补偿方式	包括无偿移交和有偿移交，采用有偿移交的，项目合同中应明确约定补偿方案；没有约定或约定不明的，项目实施机构应按照"恢复相同经济地位"原则拟定补偿方案，报政府审核同意后实施
移交内容	项目设施；项目土地使用权及项目用地相关的其他权利；与项目设施相关的设备、机器、装置、零部件、备品备件以及其他动产；项目实施相关人员；运营维护项目设施所要求的技术和技术信息；与项目设施有关的使用手册、图纸、文件和资料（包括书面文件和电子文件）；移交项目所需的其他文件
移交标准	权利方面的标准： 项目设施、土地和所涉及的任何资产都不存在权利瑕疵，未对其设置任何担保及其他第三人的权利。在提前终止合同导致移交的情形下，如果在移交时存在未清偿的项目贷款，就该未清偿贷款所设置的担保除外 技术方面的标准： 项目设施符合合同约定的技术、安全和环保标准，并处于良好的运营状况。某些PPP项目合同会对"良好的运营状况"做出明确约定，例如"在不维修的情况下，设备、设施可以正常运营 4 年"

二、性能测试

在项目移交前，通常由政府方委托独立专家或由政府方和项目公司共同组成移交工作组，项目移交工作组委托具有资质的资产评估机构，按照合同约定的评估方案，对移交资产进行资产评估，作为补偿金额的依据，并对项目状况是否符合合同约定的移交条件和标准进行测试。项目移交工作组应严格按照性能测试方案和移交标准对移交资产进行性能测试。

经评估和测试，若项目状况不符合约定的移交条件和标准的，政府方有权提取移交维修保函，并要求项目公司对项目设施进行相应的恢复性修理、更新重置，以确保项目在移交时满足约定要求。

三、资产交割

社会资本或项目公司应将满足性能测试要求的项目资产、知识产权和技术法律文件，连同资产清单移交项目实施机构或政府指定的其他机构，办妥法律过户和管理权移交手续。社会资本或项目公司应配合做好项目运营平稳过渡相关工作。

PPP 项目的资产交割主要包括项目相关合同的转让和技术转让两大部分。

（一）项目相关合同的转让

在项目移交期间，项目公司在项目建设和运营阶段签订一系列合同文件可能仍然需要继续履行，因此，项目公司可能会将这些需要继续履行的合同转让给政府或政府指定的其他机构。为了保证相关义务的正常履行，在签订合同的同时，项目公司就应该与相关合同方（如承包商或运营商）对合同的转让做出明确约定，在项目移交时同意项目公司将涉及的合同转让给政府或政府指定的其他机构。

在实践中，可以转让的合同包括项目的工程承包合同、运营服务合同、原料供应合同、产品或服务购买合同、融资租赁合同、保险合同以及租赁合同。

通常来说，政府会依据这些合同对项目继续运营的重要性来决定是否进行合同转让。此外，如果合同中包含尚未期满的相关担保，也应该根据政府的要求全部转让给政府或者政府指定的其他机构。

（二）技术转让

如果 PPP 项目对项目实施专业性有较高的要求，可能需要使用第三方技术（包括通过技术转让或技术许可的方式从第三方取得的技术）。于是，在这种情况下，政府需要确保在项目移交之后不会发生因为继续使用这些技术而被任何第三方进行侵权索赔的情况。

因此，通常会在 PPP 项目合同中对第三方技术的使用做出约定，项目公司应该在项目移交时将项目运营和维护所需要的所有技术全部移交给政府或政府指定的其他机构，并确保政府或政府指定机构不会因为使用这些技术而遭受侵权索赔。

如果有关技术的所有权为第三方，项目公司应在与第三方签署技术授权合的同时即与第三方做出明确约定，项目公司可以在项目移交时将技术授权合同转让给政府或政府指定的其他机构。

此外，通常还会在 PPP 项目合同中做出约定，如果在移交日之前这些技术的使用权已经期满，那么项目公司有义务协助政府取得这些技术的使用权。

四、项目绩效评价

项目移交完成后，财政部门（PPP 中心）应组织有关部门对项目产出、成本效益、监管成效、可持续性、PPP 模式应用等进行绩效评价，并按相关规定公开评价结果。评价结果可作为政府开展 PPP 管理工作决策的参考依据。至此，一个 PPP 项目的生命周期正式结束。

第七章

PPP 项目合同

PPP 项目具有长期性、复杂性的特点，会涉及多个参与主体，各个参与主体通过签订一系列合同来确立和调整彼此之间的权利和义务关系，这些合同构成了 PPP 项目的基本合同体系。在合同体系中，PPP 项目合同是整个合同体系的基础和核心，是在长达 20～30 年的合作期限内，政府方和社会资本方主张权利、履行义务的依据和项目顺利实施的保障。

本章主要内容包括：
➤ PPP 项目合同体系
➤ PPP 项目合同的核心条款

一、PPP 项目合同体系

在 PPP 项目中，项目参与方通过签订一系列合同来确立和调整彼此之间的权利义务关系，构成 PPP 项目的合同体系。PPP 项目的合同通常包括 PPP 项目合同、股东协议、履约合同（包括工程承包合同、运营服务合同、原料供应合同、产品或服务购买合同等）、融资合同和保险合同等。其中，PPP 项目合同是整个 PPP 项目合同体系的基础和核心，如图 7-1 所示。

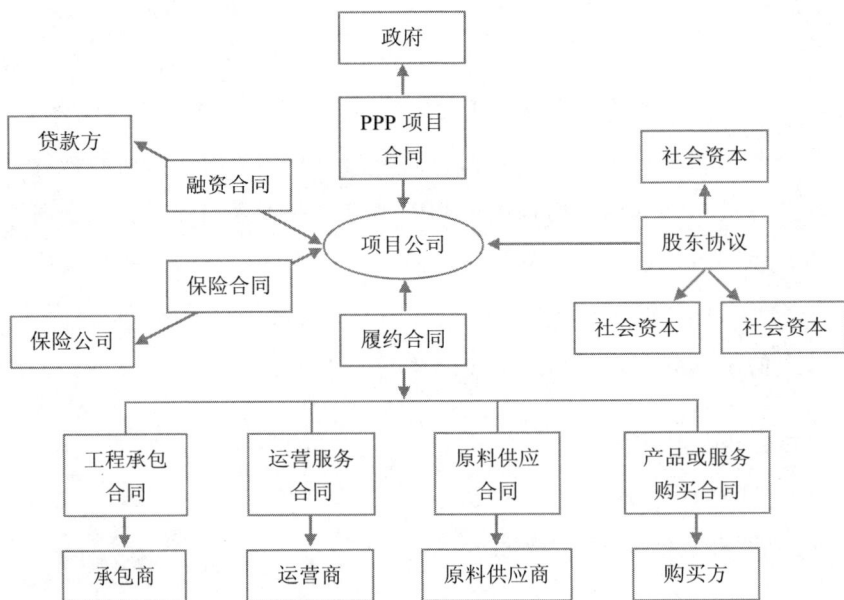

● 图 7-1　PPP 项目基本合同体系

在 PPP 项目合同体系中，各个合同之间并非完全独立、互不影响，而是紧密衔接、相互贯通的，合同之间存在着一定的"传导关系"，了解 PPP 项目的合同体系和各个合同之间的传导关系，有助于对 PPP 项目合同进行更加全面准确地把握。

首先，在合同签订阶段，作为合同体系的基础和核心，PPP 项目合同的具体条款不仅会直接影响到项目公司股东之间的协议内容，而且会影响项目公司与融资方的融资合同以及与保险公司的保险合同等其他合同的内容。此外，PPP 项目合同的具体约定，还可能通过工程承包或产品服务购买等方式，传导到工程承包（分包）合同、原料供应合同、运营服务合同和产品或服务购买合同上。

其次，在合同履行阶段，合同关系的传导方向可能发生逆转。例如分包合同的履行出现问题，会影响到总承包合同的履行，进而影响到 PPP 项目合同的履行。

PPP 项目合同主要涉及三个方面的关系：政府与社会资本的关系、社会资本组成各方的关系、项目公司与市场主体之间的关系，因此，PPP 项目相应的合同也主要发生在这三对关系之中。

（一）政府和社会资本之间的合同

涉及政府和社会资本之间关系的合同主要是指 PPP 项目合同和特许经营协议。

1. PPP 项目合同

PPP 项目合同是政府方与社会资本方依法就 PPP 项目合作所订立的合同，它是其他合同产生的基础，也是整个 PPP 项目合同体系的核心。签订 PPP 项目合同的目的是为了在政府方与社会资本方之间合理分配项目风险，明确双方权利义务关系，保障双方能够依据合同约定合理主张权利，妥善履行义务，确保项目全生命周期内的顺利实施。

在项目初期阶段，项目公司尚未成立时，政府方会先与社会资本（即项目投资人）签订意向书、备忘录或者框架协议，以明确双方的合作意向，详细约定双方有关项目开发的关键权利义务。待项目公司成立后，由项目公司与政府方重新签署正式 PPP 项目合同，或者签署关于承继上述协议的补充合同。在 PPP 项目合同中，通常会对 PPP 项目合同生效后政府方与项目公司及其母公司之前就本项目所达成的协议是否会继续存续进行约定。

（1）PPP 项目合同签订主体

PPP 项目合同通常由政府方和项目公司两方签署。政府方是指签署 PPP

项目合同的政府一方的签约主体（即合同当事人）。在我国，PPP 项目合同通常根据政府职权分工，由项目所在地相应级别的政府或者政府授权机构以该级政府或该授权机构的名义签署。例如，某省高速公路项目的 PPP 项目合同，由该省交通厅签署。

项目公司是社会资本为实施 PPP 项目而专门成立的公司，通常独立于社会资本而运营。根据项目公司股东国籍的不同，项目公司可能是内资企业，也可能是外商投资企业。

（2）PPP 项目合同风险分配的基本原则

签订 PPP 项目合同的目的就是要在政府方和项目公司之间合理分配风险，明确合同当事人之间的权利义务关系，以确保 PPP 项目顺利实施和实现物有所值。因此，在设置 PPP 项目合同条款时，要坚持风险分配的五项原则，如图 7-2 所示。

1	承担风险的一方应该对该风险具有控制力
2	承担风险的一方能够将该风险合理转移（例如通过购买相应保险）
3	承担风险的一方对于控制该风险有更大的经济利益或动机
4	由该方承担该风险最有效率
5	如果风险最终发生，承担风险的一方不应将由此产生的费用和损失转移给合同的相对方

● 图 7-2　PPP 项目合同设置应遵循的原则

（3）PPP 项目合同风险分配

具体 PPP 项目的风险分配需要根据项目实际情况，以及各方的风险承受能力，在谈判过程中确定，在实践中不同 PPP 项目合同中的风险分配安排可能完全不同。表 7-1 列举了一些实践中较为常见的风险分配安排，但需要强调的是，这些风险分配安排并非适用于所有项目，在具体项目中，仍需要具体问题具体分析并进行充分评估论证。

表 7-1　PPP 项目合同风险分配安排

风险承担方	承担风险
政府方	① 土地获取风险（在特定情形下也可能由项目公司承担）
	② 项目审批风险（根据项目具体情形不同，可能由政府方承担，也可能由项目公司承担）
	③ 政治不可抗力（包括非因政府方原因且不在政府方控制下的征收征用和法律变更等）
项目公司	① 如期完成项目融资的风险
	② 项目设计、建设和运营维护相关风险，例如完工风险、供应风险、技术风险、运营风险以及移交资产不达标的风险等
	③ 项目审批风险（根据项目具体情形不同，可能由政府方承担，也可能由项目公司承担）
	④ 获得项目相关保险
双方共担	自然不可抗力

2. 特许经营协议

当前，对于能源、交通运输、水利、环境保护、市政工程等基础设施和公用事业领域适用于《基础设施和公用事业特许经营管理办法》的，会涉及特许经营权的授予，为了保证项目融资和运营的正常进行，这些项目会签订特许经营协议代替 PPP 项目合同。

由于涉及特许经营权的授予，从项目顺利融资和正常运营等角度考虑，这类项目可能采用签订特许经营协议代替 PPP 项目合同。特许经营协议的主要内容包括如图 7-3 所示的几点内容。

（1）项目名称；
（2）项目实施机构；
（3）项目建设规模、投资总额、实施进度，以及提供公共产品或公共服务的标准等基本经济技术指标；
（4）投资回报、价格及其测算；
（5）可行性分析，即降低全生命周期成本和提高公共服务质量效率的分析估算等；
（6）特许经营协议框架草案及特许经营期限；
（7）特许经营者应当具备的条件及选择方式；
（8）政府承诺和保障；
（9）特许经营期限届满后资产处置方式；
（10）应当明确的其他事项。

特许经营协议

• 图 7-3　特许经营协议的主要内容

（二）社会资本组成各方（股东之间）的合同

PPP 项目的社会资本通常由多个股东构成，为了明确各个股东的权利和义务，股东之间需签订股东协议。

股东协议由项目公司的股东签订，用以在股东之间建立长期的、有约束力的合约关系。项目投资人订立股东协议的主要目的在于设立项目公司，由项目公司负责项目的建设、运营和管理，因此项目公司的股东可能会包括希望参与项目建设、运营的承包商、原料供应商、运营商、融资方等主体。在某些情况下，为了更直接地参与项目的重大决策、掌握项目实施情况，政府也可能通过直接参股的方式成为项目公司的股东（但政府通常并不控股和直接参与经营管理）。在这种情形下，政府与其他股东相同，享有作为股东的基本权益，同时也需履行股东的相关义务，并承担项目风险。

股东协议通常包括的主要条款如图 7-4 所示。

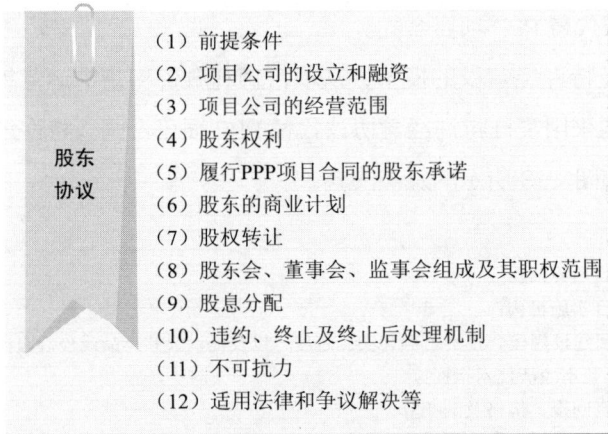

股东协议

（1）前提条件
（2）项目公司的设立和融资
（3）项目公司的经营范围
（4）股东权利
（5）履行PPP项目合同的股东承诺
（6）股东的商业计划
（7）股权转让
（8）股东会、董事会、监事会组成及其职权范围
（9）股息分配
（10）违约、终止及终止后处理机制
（11）不可抗力
（12）适用法律和争议解决等

• 图 7-4　股东协议的主要内容

股东协议除了包括规定股东之间权利义务的一般条款外，还可能包括与项目实施相关的特殊规定。以承包商作为项目公司股东为例，承包商的双重身份可能会导致股东之间一定程度上的利益冲突，并在股东协议中予以反映。例如，为防止承包商在工程承包事项上享有过多的控制权，其他股东可能会在股东协

议中限制承包商在工程建设及索赔事项上的表决权；如果承包商参与项目的主要目的是承担项目的设计、施工等工作，并不愿长期持股，承包商会希望在股东协议中预先做出股权转让的相关安排；另一方面，如果融资方也是股东，融资方通常会要求限制承包商转让其所持有的项目公司股权的权利，例如要求承包商至少要到工程缺陷责任期满后才可转让其所持有的项目公司股权。

（三）项目公司和市场主体之间的合同

为了保证项目的顺利建设和稳定运营，项目公司需要与建设单位、运营单位、上下游企业、金融机构、保险机构、专业服务机构等市场主体合作，项目公司与这些市场主体之间也会产生相关合同。

1. 履约合同

履约合同主要包括工程承包合同、运营服务合同、原料供应合同、产品或服务购买合同。

（1）工程承包合同

项目公司一般只作为融资主体和项目运营管理者而存在，本身不一定具备自行设计、采购、建设项目的条件，因此可能会将部分或全部设计、采购、建设工作委托给工程承包商，签订工程承包合同。项目公司可以与单一承包商签订总承包合同，也可以分别与不同承包商签订合同。

由于工程承包合同的履行情况往往直接影响 PPP 项目合同的履行，进而影响项目的贷款偿还和收益情况。因此，为了有效转移项目建设期间的风险，项目公司通常会与承包商签订一个固定价格、固定工期的"交钥匙"合同，将工程费用超支、工期延误、工程质量不合格等风险全部转移给承包商。此外，工程承包合同中通常还会包括履约担保和违约金条款，进一步约束承包商妥善履行合同义务。

（2）运营服务合同

根据 PPP 项目运营内容和项目公司管理能力的不同，项目公司有时会考虑将项目全部或部分的运营和维护事务外包给有经验的专业运营商，并与其签订运营服务合同。个案中，运营维护事务的外包可能需要事先取得政府的同意。但是，PPP 项目合同中约定的项目公司的运营和维护义务并不因项目公司将全部或部分运营维护事务分包给其他运营商实施而豁免或解除。

由于 PPP 项目的期限通常较长，在项目的运营维护过程中存在较大的管理风险，可能因项目公司或运营商管理不善导致项目亏损。因此，项目公司应优先选择资信状况良好、管理经验丰富的运营商，并通过在运营服务合同中预先约定风险分配机制或者投保相关保险来转移风险，确保项目平稳运营并获得稳定收益。

（3）原料供应合同

有些 PPP 项目在运营阶段对原料的需求量很大、原料成本在整个项目运营成本中占比较大，同时受价格波动、市场供给不足等因素的影响，又无法保证能够随时在公开市场上以平稳价格获取，继而可能会影响整个项目的持续稳定运营，例如燃煤电厂项目中的煤炭。因此，为了防控原料供应风险，项目公司通常会与原料的主要供应商签订长期原料供应合同，并且约定一个相对稳定的原料价格。

原料供应合同的主要条款一般包括如图 7-5 所示的几项。

除上述一般性条款外，原料供应合同通常还会包括"照供不误"条款，即要求供应商以稳定的价格、稳定的产品品质为项目提供长期、稳定的原料。

● 图 7-5　原料供应合同的主要条款

（4）产品或服务购买合同

在 PPP 项目中，项目公司的主要投资收益来源于项目提供的产品或服务的销售收入，因此保证项目产品或服务有稳定的销售对象，对于项目公司而言十分重要。根据 PPP 项目付费机制的不同，项目产品或服务的购买者可能是政府，也可能是最终使用者。以政府付费的供电项目为例，政府的电力主管部门或国有电力公司通常会事先与项目公司签订电力购买协议，约定双方的购电和供电义务。

此外，在一些产品购买合同中，还会包括"照付不议"条款，即项目公司与产品的购买者约定一个最低采购量，只要项目公司按照最低采购量供应产品，无论购买者是否需要采购该产品，均应按照最低采购量支付相应价款。

2. 融资合同

PPP 项目的融资安排是 PPP 项目实施的关键环节，鼓励融资方式多元化、引导融资方式创新、落实融资保障措施，对于增强投资者信心、维护投资者权益以及保障 PPP 项目的成功实施至关重要。

从广义上讲，融资合同可能包括项目公司与融资方签订的项目贷款合同、担保人就项目贷款与融资方签订的担保合同、政府与融资方和项目公司签订的直接介入协议等多个合同。其中，项目贷款合同是最主要的融资合同。

在项目贷款合同中一般会包括以下条款：陈述与保证、前提条件、偿还贷款、担保与保障、抵销、违约、适用法律与争议解决等。同时，出于贷款安全性的考虑，融资方往往要求项目公司以其财产或其他权益作为抵押或质押，或由其母公司提供某种形式的担保或由政府做出某种承诺，这些融资保障措施通常会在担保合同、直接介入协议以及 PPP 项目合同中予以具体体现。

3. 保险合同

由于 PPP 项目通常资金规模大、生命周期长，负责项目实施的项目公司及其他相关参与方通常需要对项目融资、建设、运营等不同阶段的不同类型的风险分别进行投保。通常可能涉及的保险种类包括货物运输险、工程一切险、针对设计或其他专业服务的职业保障险、针对间接损失的保险、第三者责任险。

鉴于 PPP 项目所涉风险的长期性和复杂性，为确保投保更有针对性和有效性，建议在制定保险方案或签署保险合同前先咨询专业保险顾问的意见。

（四）其他合同

在 PPP 项目中还可能会涉及其他的合同，例如与专业中介机构签署的投资、法律、技术、财务、税务等方面的咨询服务合同。

二、PPP 项目合同的核心条款

虽然不同行业、不同付费机制、不同运作方式的具体 PPP 项目合同可能千差万别，但也包括一些具有共性的条款和机制。本小节将详细介绍 PPP 项目合同中最为核心和具有共性的条款和机制。

除了下面介绍的核心条款外，PPP 项目合同通常还会包括其他一般合同中的常见条款，例如著作权和知识产权、环境保护、声明与保证、通知、合同可分割、合同修订等。

（一）引言、定义和解释

引言就是指在 PPP 项目合同具体条款前的内容。定义是对合同中反复使用的一些关键词和术语的明确解释，以便使用者能快速索引相关的定义和术语，并确保合同用语及含义的统一性，避免将来产生争议。同时，为了避免合同条款因不同的解释而引起争议，在 PPP 项目合同中通常会专门约定该合同的解释方法。引言、定义和解释的主要内容详见表 7-2。

表 7-2　引言、定义和解释的主要内容

合同条款		条款主要内容
引言	签订时间及签署主体信息	在 PPP 项目合同最开始一般会明确该合同的签署日期，该日期通常会影响 PPP 项目合同部分条款的生效时间。例如前提条件条款、争议解决条款等，会在合同签署日即生效，而其他一些特定条款则在全部前提条件满足或被豁免的情形下才生效。此外，这部分还会载明 PPP 项目合同签署主体的名称、住所、法定代表人及其他注册信息，以明确签署主体的身份
	签约背景及签约目的	简要介绍项目双方的合作背景以及双方签订该 PPP 项目合同的目的等
定义		通常会包括"政府方"、"项目公司"、"工作日"、"生效日"、"运营日"、"移交日"、"不可抗力"、"法律变更"、"融资交割"、"技术标准"、"服务标准"、"性能测试"等 PPP 项目涉及的专业术语及合同用语
解释		常见的解释包括： 标题仅为参考所设，不应影响条文的解释； 一方、双方指本协议的一方或双方，并且包括经允许的替代该方的人或该方的受让人； 一段时间（包括一年、一个季度、一个月和一天）指按公历计算的该时间段； "包括"是指"包括但不限于"； 任何合同或文件包括经修订、更新、补充或替代后的该合同或文件

（二）项目的范围和期限

PPP 项目合同要对 PPP 项目的范围和期限做出约定。

1. 项目的范围

项目的范围条款是 PPP 项目合同的核心条款，主要明确约定在项目合作期限内政府与项目公司的合作范围和主要合作内容。

根据项目运作方式和具体情况的不同，政府与项目公司的合作范围可能包括设计、融资、建设、运营、维护某个基础设施或提供某项公共服务等。以 BOT 运作方式为例，项目的范围一般包括项目公司在项目合作期限内建设（和设计）、运营（和维护）项目并在项目合作期限结束时将项目移交给政府。

通常上述合作范围是排他的，即政府在项目合作期限内不会就该 PPP 项目合同项下的全部或部分内容与其他任何一方合作。

2. 项目合作期限

项目的合作期限通常应在项目前期论证阶段进行评估。影响项目合作期限的确定的因素如图 7-6 所示。

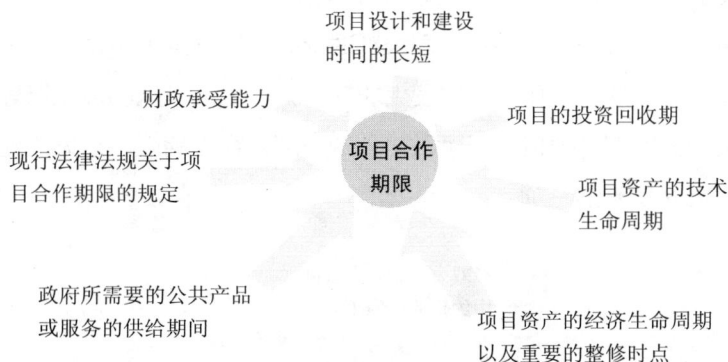

项目设计和建设
时间的长短

财政承受能力

项目的投资回收期

现行法律法规关于项
目合作期限的规定

**项目合作
期限**

项目资产的技术
生命周期

政府所需要的公共产品
或服务的供给期间

项目资产的经济生命周期
以及重要的整修时点

• 图 7-6　影响项目合作期限确定的因素

根据项目运作方式和付费机制的不同，项目合作期限的规定方式也不同，常见的项目合作期限规定方式分为单时段合作期限和双时段合作期限两种，二者的区别详见表 7-3。

表 7-3　项目合作期限的规定方式

项目	单时段合作期限	双时段合作期限
定义	自合同生效之日起一个固定的期限（例如，25 年）	分别设置独立的设计建设期间和运营期间，并规定运营期间为自项目开始运营之日起的一个固定期限
特点	如果项目公司未按照约定的时间开始运营且不属于可以延长期限的情形，则会直接导致项目运营缩短，从而影响项目公司的收益情况	如果建设期出现任何延误，不论是否属于可延长建设期的情形，均不会影响项目运营期限，项目公司仍然可以按照合同约定的运营期运营项目并获得收益
示例	本项目合作期限自《PPP 项目合同》生效之日起至 × 年 × 月 × 日止，共计 × 年 × 天	本项目合作期限自《PPP 项目合同》生效之日起至 × 年 × 月 × 日止，其中建设期自《PPP 项目合同》生效之日起至 × 年 × 月 × 日止，共计 × 年 × 天；运营期自正式运营日至 × 年 × 月 × 日止，共计 × 年 × 天

　　实践中应当根据项目的风险分配方案、运作方式、付费机制和具体情况选择合理的项目合作期限规定方式。基本的原则是，项目合作期限可以实现物有所值的目标并且形成对项目公司的有效激励。需要特别注意的是，项目的实际期限还会受制于提前终止的规定。

　　由于 PPP 项目的实施周期通常较长，为了确保项目实施的灵活性，PPP项目合同中还可能包括关于延长项目合作期限的条款。

　　政府和项目公司通常会在合同谈判时商定可以延期的事由，在法律允许的范围内，对于项目合作期限内发生非项目公司应当承担的风险而导致项目公司损失的情形下，项目公司可以请求延长项目合作期限。常见的延期事由包括如图 7-7 所示的三项。

经双方合意且在合同中约定的其他事由

项目延期

因政府方违约导致项目公司延误履行其义务

因发生政府方应承担的风险导致项目公司延误履行其义务

●图 7-7　导致合作期限延长的原因

（三）前提条件

前提条件，也叫先决条件，是指 PPP 项目合同的某些条款生效所必须满足的特定条件。一般情况下，PPP 项目合同条款并不会在合同签署时全部生效，其中部分特定条款的生效会有一定的前提条件。只有在这些前提条件被满足或者被豁免的情况下，PPP 项目合同的全部条款才会生效。

如果某一前提条件未能满足且未被豁免，PPP 项目合同的有关条款将无法生效，并有可能进一步导致合同终止，未能满足该前提条件的一方将承担合同终止的后果。

根据项目具体情况的不同，在项目正式实施之前需要满足的前提条件也不尽相同，实践中常见的前提条件详见表 7-4。

表 7-4　PPP 项目合同中常见的前提条件列举

前提条件	责任方	具体安排
完成融资交割	通常由项目公司负责满足	根据项目双方的约定不同，完成融资交割的定义也可能会不同，通常是指：项目公司已为项目建设融资的目的签署并向融资方提交所有融资文件，并且融资文件要求的就本项目获得资金的所有前提条件得到满足或被豁免
获得项目相关审批	由项目公司或政府方负责满足	① 如果项目公司可以自行且快捷地获得相关审批，则该义务可由项目公司承担 ② 如果无政府协助项目公司无法获得相关审批，则政府方有义务协助项目公司获得审批 ③ 如果相关审批属于政府方的审批权限，则应由政府方负责获得审批
保险已经生效	由项目公司负责满足	项目公司已根据项目合同中有关保险的规定购买保险，且保单已经生效，并向政府方提交保单的复印件
项目实施相关的其他主要合同已经签订	由项目公司负责满足	项目公司已根据项目合同中有关规定签订工程总承包合同及其他主要分包合同，并且向政府方提交了有关合同的复印件

上述前提条件可以被豁免，但只有负责满足该前提条件的一方的相对方拥有该豁免权利。如果双方约定的上述任意前提条件在规定的时间内未满足，并且另一合同方也未同意豁免或延长期限，则该合同方有权终止项目合同。

（四）项目的融资

PPP 项目合同中有关项目融资的规定，不一定会规定在同一条款中，有可能散见在不同条款项下，通常包括项目公司的融资权利和义务、融资方权利以及再融资等内容，具体详见表 7-5。

表 7-5　项目融资条款的主要内容

项目融资的内容	具体内容
项目公司的融资权利和义务	明确约定项目全生命周期内相关资产和权益的归属，以确定项目公司是否有权通过在相关资产和权益上设定抵质押担保等方式获得项目融资，以及是否有权通过转让项目公司股份以及处置项目相关资产或权益的方式实现投资的退出
融资方权利	明确融资方的主债权和担保债权，并明确约定融资方的介入权
再融资	允许项目公司在一定条件下对项目进行再融资，在融资的条件一般包括再融资应增加项目收益且不影响项目的实施、签署再融资协议前须经过政府的批准等。此外，PPP 项目合同中也可能会规定，政府方对于因再融资所节省的财务费用享有按约定比例（例如 50%）分成的权利

（五）项目用地

PPP 项目合同中的项目用地条款，是在项目实施中涉及的土地方面的权利义务规定，通常包括土地权利的取得、相关费用的承担以及土地使用的权利及限制等内容，具体详见表 7-6。

表 7-6　项目用地条款的主要内容

项目用地	具体内容
土地权利的取得	明确是由政府方还是项目公司负责取得土地，政府方以土地划拨或出让等方式向项目公司提供项目建设用地的土地使用权及相关进入场地的道路使用权，并根据项目建设需要为项目公司提供临时用地。项目的用地预审手续和土地使用权证均由政府方办理，项目公司主要予以配合。如果项目公司完全有权、有能力根据我国法律规定自行取得土地使用权的，则可以考虑由项目公司自行取得土地使用权，但政府方应提供必要的协助
取得土地使用权或其他相关权利的费用	综合考虑费用的性质、项目公司的承担能力、项目的投资回报等因素，约定土地使用的暂定价，项目公司在暂定价的范围内承担土地使用权取得的费用，如实际费用超过该暂定价，对于超出的部分双方可以协商约定由政府方承担或由双方分担

项目用地	具体内容
土地使用的权利及限制	① 项目公司的土地权利—土地使用权：约定项目公司有权在项目期限内独占性地使用特定土地进行以实施项目为目的的活动
	② 项目公司土地使用权的限制：明确规定，未经政府批准，项目公司不得将该项目涉及的土地使用权转让给第三方或用于该项目以外的其他用途
	③ 政府方的场地出入权：规定政府对项目的开展拥有足够的监督权，以及政府方出入项目设施场地的权利，同时规定政府方行使出入权的条件和限制

（六）项目的建设

包含新建或改扩建内容的 PPP 项目，通常采用 BOT、BOO 或 ROT 等运作方式，项目建设是这类 PPP 项目合同的必备条款。有关项目建设的条款通常会包括设计和建设两部分内容。

1. 项目的设计

关于项目设计的条款，一般包括设计的范围、设计工作的分工、项目设计要求、设计的审查、项目设计责任等内容，具体详见表 7-7。

表 7-7　项目设计条款的主要内容

项目设计条款	具体内容
设计的范围	约定项目公司的设计范围，如果政府仅编制了项目产出说明和可行性研究报告，项目公司将承担主要的设计工作；如果政府已完成了一部分设计工作（如已完成初步设计），则项目公司的设计范围也会相应缩小
设计工作的分工	明确对设计工作的分工，常见的设计分工包括以下内容：可行性研究报告、项目产出说明由政府或社会资本方完成；初步设计和施工图设计由项目公司完成
项目设计要求	明确约定具体的项目设计要求和标准
设计的审查	明确规定政府对项目设计进行审查的权利，通常设计审查条款包括以下内容： ①政府方有权审查由项目公司制作的任何设计文件（特别是初步设计以及施工图设计），项目公司有义务将上述文件提交政府方审查 ②政府方应当在约定期限内（通常在合同明确约定）审查设计文件。如果设计文件中存在任何不符合合同约定的内容，政府方可以要求项目公司对不符合合同的部分进行修正，有关修正的风险、费用由项目公司承担；如果政府方在上述约定期限内未提出审查意见，约定审查期限届满后项目公司即可实施项目设计方案并开始项目建设 ③如项目公司对政府方提出的意见存在异议，可以提交争议解决程序处理，政府方的上述审查不能减轻或免除项目公司依法履行相关设计审批程序的义务
项目设计责任	明确项目公司对其所做出的设计承担全部责任，该责任不因该设计已由项目公司分包给其他设计单位或已经政府方审查而被豁免或解除

2. 项目的建设

为了更好地平衡政府方与项目公司在项目建设期间的不同诉求，保障项目的顺利实施，需要在 PPP 项目合同中对政府方与项目公司在建设期间的权利义务进行合理地划分，详见表 7-8。

表 7-8　项目建设的主要条款

项目建设条款	具体内容
项目建设要求	明确规定项目建设的标准，常见的建设标准和要求有以下几项： ① 设计标准，包括设计生产能力或服务能力、使用年限、工艺路线、设备选型等 ② 施工标准，包括施工用料、设备、工序等 ③ 验收标准，包括验收程序、验收方法、验收标准 ④ 安全生产要求 ⑤ 环境保护要求等
	明确约定项目的建设工期及进度安排。在完工时间对于项目具有重大影响的项目中，还会在合同中进一步明确具体的完工日期或开始运营日
项目建设责任	明确约定项目公司在项目建设中的责任，且该责任不因项目建设已部分或全部由项目公司分包给施工单位或承包商实施而豁免或解除
政府方对项目建设的监督和介入	约定政府方在建设期的监督和介入权，主要包括以下几项： ① 定期获取有关项目计划和进度报告及其他相关资料 ② 在不影响项目正常施工的前提下进场检查和测试 ③ 对建设承包商的选择进行有限的监控（例如设定资质要求等） ④ 在特定情形下，介入项目的建设工作

（七）项目的运营

在 PPP 项目中，项目的运营不仅关系到公共产品或服务的供给效率和质量，而且关系到项目公司的收入，因此对于政府方和项目公司而言都非常关键。有关项目运营的条款通常包括开始运营的时间和条件、运营期间的权利与义务以及政府方和公众对项目运营的监督等内容。

1. 开始运营

项目开始运营是政府方和项目公司都非常关注的时间点，因此，明确运营的时间和条件也是双方的谈判要点，在 PPP 项目合同开始运营的条款中需要明确开始运营的时间和条件以及因故导致无法按期开始运营的后果，具体内容详见表 7-9。

表 7-9 项目开始运营的主要条款

项目开始运营条款	具体内容
开始运营的条件	约定项目开始运营的条件，以确定开始运营及付费的时间点。常见的开始运营的条件如下： ① 项目的建设已经基本完工（除一些不影响运营的部分）并且已经达到满足项目目的的水平； ② 已按照合同中约定的标准和计划完成项目试运营； ③ 项目运营所需的审批手续已经完成（包括项目相关的备案审批和竣工验收手续）； ④ 其他需要满足项目开始运营条件的测试和要求已经完成或具备
因项目公司原因导致无法按期开始运营的后果	明确约定因项目公司原因导致无法按期开始运营的后果，一般来讲，项目需承担的后果包括以下几种： ① 无法按时获得付费、运营期缩短 ② 支付逾期违约金 ③ 如果项目公司延误开始运营日超过一定的期限（例如，200 日），政府方有权依据 PPP 项目合同的约定主张提前终止该项目 ④ 项目公司以履约保函的形式提供履约担保
因政府方原因导致无法按期开始运营的后果	明确约定因政府方原因导致无法按期开始运营的后果，这些后果一般包括延长工期和赔偿费用、视为已开始运营
因中性原因导致无法按期开始运营的后果	明确约定因不可抗力因素导致无法按期开始运营的后果

2. 运营期间的权利和义务

明确约定运营期间政府方和项目公司的权利和义务，主要条款详见表 7-10。

表 7-10 运营期间的权利和义务主要条款

运营期间的权利和义务条款	具体内容
项目运营的内容	主要约定项目运营的内容，根据项目所涉及的行业具体情况的不同，项目运营的内容也有所不同： ① 公共交通项目运营的主要内容是运营有关的高速公路、桥梁、城市轨道交通等公共交通设施； ② 公用设施项目运营的主要内容是供水、供热、供气、污水处理、垃圾处理等； ③ 社会公共服务项目运营的主要内容是提供医疗、卫生、教育等公共服务

运营期间的权利和义务条款	具体内容
项目运营的标准和要求	明确规定项目公司对项目进行运营的要求和标准，常见的运营标准和要求如下： ① 服务范围和服务内容； ② 生产规模或服务能力； ③ 运营技术标准或规范； ④ 产品或服务质量要求； ⑤ 安全生产要求； ⑥ 环境保护要求。 编制运营与维护手册以及具体标准，作为 PPP 项目合同的附件
运营责任划分	明确约定项目运营中的责任划分
暂停服务	明确约定因某些可预见的或突发的事件而暂停服务后的处置方法

3. 政府方对项目运营的监督和介入

明确约定政府方对项目运营的监督和介入权，通常包括如图 7-8 所示的几项。

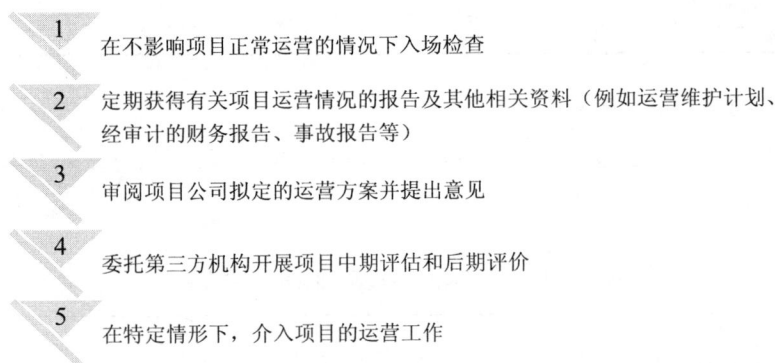

1　在不影响项目正常运营的情况下入场检查

2　定期获得有关项目运营情况的报告及其他相关资料（例如运营维护计划、经审计的财务报告、事故报告等）

3　审阅项目公司拟定的运营方案并提出意见

4　委托第三方机构开展项目中期评估和后期评价

5　在特定情形下，介入项目的运营工作

● 图 7-8　政府方对项目运营的监督和介入权

4. 公众监督

为保障公众的知情权，接受社会监督，PPP 项目合同中通常还会明确约定项目公司依法公开披露相关信息的义务。

一般来说，项目公司在运营期间需要公开披露的信息主要包括项目产出标准、运营绩效等，如医疗收费价格、水质报告等。

（八）项目的维护

在 PPP 项目合同中，有关项目维护的权利义务的规定在很多情况下是与项目运营的有关规定重叠和相关的，通常会与项目运营放在一起统一规定，但也可以单列条款。有关项目维护的条款通常会规定项目维护义务和责任以及政府方对项目维护的监督等内容。

1. 项目维护义务和责任

明确约定项目公司对项目维护的义务和责任，主要内容详见表 7-11。

表 7-11　项目公司对项目维护的义务和责任的主要条款内容

项目维护义务和责任条款	具体内容
项目维护责任	明确项目公司对项目设施进行维护和修理的责任
维护方案和手册	规定项目公司在合同生效后、开始运营日之前编制项目维护方案并提交政府方审核，维护方案中通常包括项目运营期间计划内的维护、修理和更换的时间、费用以及上述维护、修理和更换可能对项目运营产生的影响等内容。对于一些技术难度较大的项目，规定项目公司编制详细的维护手册，明确日常维护和设备检修的内容、程序及频率等
计划外的维护	明确规定计划外的维护的责任划分。一般来说，项目计划外的维护事项，其责任划分与计划外暂停服务基本一致： ① 如因项目公司原因造成，由项目公司承担责任并赔偿相关损失； ② 如因政府方原因造成，由政府方承担责任，项目公司有权向政府方索赔因此造成的费用和损失并申请延展项目期限； ③ 如因不可抗力及其他双方约定由双方共同承担风险的原因造成，双方共同分担该风险，均不承担对对方的任何违约责任

2. 政府方对项目维护的监督和介入

规定政府方对项目维护的监督和介入权，如在不影响项目正常运营和维护的情形下入场检查；定期获得有关项目维护情况的报告及其他相关资料；审阅项目公司拟定的维护方案并提供意见；在特定情形下，介入项目的维护工作等。

（九）股权变更限制

在 PPP 项目中，虽然项目的直接实施主体和 PPP 项目合同的签署主体通常是社会资本设立的项目公司，但项目的实施仍主要依赖于社会资本自身的资金和技术实力。项目公司自身或其母公司的股权结构发生变化，可能会导致不合适的主体成为 PPP 项目的投资人或实际控制人，进而有可能会影响项目的实施。因此，为了有效控制项目公司股权结构的变化，在 PPP 项目合同中一般会约定限制股权变更的条款。该条款通常包括股权变更的含义与范围以及股权变更的限制等内容，具体详见表 7-12。

表 7-12　股权变更限制的主要内容

股权变更限制条款	具体内容
股权变更的含义与范围	约定政府方希望获得的股权变更范围和程度，通常股权变更的范围包括以下内容：直接或间接转让股权的情形，并购、增发等其他方式导致的股权变更的情形，股份相关权益变更的限制，关于股权变更范围的兜底性条款
股权变更的限制	明确社会资本转让其所直接或间接持有的项目公司股权的期间，即锁定期的限制，一般 PPP 项目合同中会直接规定：在一定期间内，未经政府批准，项目公司及其母公司不得发生上文定义的任何股权变更的情形。除了锁定期，在一些 PPP 项目合同中还可能会约定对受让方的要求和限制，例如约定受让方须具备相应的履约能力及资格，并继承转让方相应的权利义务等

（十）付费机制

付费机制关系 PPP 项目的风险分配和收益回报，是 PPP 项目合同中的核心条款。在实践中，需要根据各方的合作预期和承受能力，结合项目所涉的行业、运作方式等实际情况，因地制宜地设置合理的付费机制，并在 PPP 项目合同中做出明确规定。

（十一）履约担保

履约担保是指为了保证项目公司按照合同约定履行合同并实施项目所设

置的各种机制。在 PPP 项目合同中需明确约定履约担保的方式，通常包括履约保证金、履约保函以及其他形式的保证等。

以下简单对履约保函进行简单介绍。

在 PPP 实践中，最为常见、有效的履约担保方式是保函。保函是指金融机构（通常是银行）应申请人的请求，向第三方（即受益人）开立的一种书面信用担保凭证，用于保证在申请人未能按双方协议履行其责任或义务时，由该金融机构代其履行一定金额、一定期限范围内的某种支付责任或经济赔偿责任。在出具保函时，金融机构有可能要求申请人向金融机构提供抵押或者质押。

为了担保项目公司根据 PPP 项目合同约定的时间、质量实施项目、履行义务，政府可以要求项目公司提供一个或多个保函，具体可能包括建设期履约保函、维护保函、移交维修保函等。在 PPP 项目中，保函既包括项目公司向政府提供的保函，也包括项目承包商、分包商或供应商为担保其合同义务履行而向项目公司或直接向政府提供的保函。

政府可能根据项目的实际情况，要求项目公司在不同期间提供不同的保函，常见的保函类型详见表 7-13。

表 7-13　履约保函的类型

履约保函的类型	特点
建设期的履约保函	主要用于担保项目公司在建设期能够按照合同约定的标准进行建设，并且能够按时完工。该保函的有效期一般是从项目合同全部生效之日起到建设期结束
运营维护期的履约保函 /维护保函	也称维护保函，主要用于担保项目公司在运营维护期内按照项目合同的约定履行运营维护义务。该保函的有效期通常视具体项目而定，可以一直到项目期限终止。在项目期限内，项目公司有义务保证该保函项下的金额一直保持在一个规定的金额，一旦低于该金额，项目公司应当及时将该保函恢复至规定金额
移交维修保函	提交时点一般在期满终止日 12 个月之前，担保至期满移交后 12 个月届满

（十二）政府承诺

为了确保 PPP 项目的顺利实施，在 PPP 项目合同中通常会包括政府承诺的内容，用于明确约定政府在 PPP 项目实施过程中的主要义务。

由于 PPP 项目的特点和合作内容各有不同，需要政府承担的义务有可能完全不同。在不同 PPP 项目合同中，政府承诺有可能集中规定在同一条款下，也有可能散见于不同条款中。实践中较为常见的政府承诺详见表 7-14。

表 7-14　政府承诺的主要内容

政府承诺	具体内容
付费或补助	明确约定政府对政府付费和可行性缺口补助付费项目提供的补助安排，例如，在一些供电、供气等能源类项目中，可能会在项目合同中设置"照付不议"的付费安排，即政府在项目合同中承诺一个最低采购量，如果项目公司按照该最低采购量供应有关能源并且不存在项目公司违约等情形，不论政府是否需要采购有关能源，其均应按照上述最低采购量付费
负责或协助获取项目相关土地权利	在一些 PPP 项目合同中，根据作为一方签约主体的政府方的职权范围以及项目的具体情形不同，政府方有可能会承诺提供项目有关土地的使用权或者为项目公司取得相关土地权利提供必要的协助
提供相关连接设施	对于项目公司无法独自完成的项目，政府承诺给予一定的配套支持，包括建设部分项目配套设施，完成项目与现有相关基础设施和公用事业的对接等
办理有关政府审批手续	规定政府方承诺协助项目公司获得有关的政府审批
防止不必要的竞争性项目	在使用者付费机制的项目中，PPP 项目合同通常会规定政府方有义务防止不必要的竞争性项目，即通常所说的唯一性条款。例如，在公路项目中，通常会规定政府承诺在一定年限内、在 PPP 项目附近一定区域不会修建另一条具有竞争性的公路
其他承诺	在某些 PPP 项目合同中也有可能规定其他形式的政府承诺。例如，在污水处理和垃圾处理项目中，政府可能会承诺按时提供一定量的污水或垃圾以保证项目的运营

（十三）保险

在项目合同谈判中，通常只有在最后阶段才会谈及项目相关的保险问题，因此这一问题也极易为有关各方所忽略。然而，能否获得相关保险、保险覆盖的范围等问题恰恰是项目风险的核心所在，需要政府与项目公司在谈判中予以重点关注。PPP 项目合同中一般会涉及保险义务，该条款的主要内容详见表 7-15。

表 7-15 保险义务条款的主要内容

一般保险义务 条款	具体内容
购买和维持 保险义务	大多数 PPP 项目合同会约定由项目公司承担购买和维持保险的相关义务，具体可能包括如下内容： ① 在整个 PPP 项目合作期限内，购买并维持项目合同约定的保险，确保其有效且达到合同约定的最低保险金额； ② 督促保险人或保险人的代理人在投保或续保后尽快向政府提供保险凭证，证明项目公司已按合同规定取得保单并支付保费； ③ 如果项目公司没有购买或维持合同约定的某项保险，政府可以投保该项保险，并从履约保函项下扣抵所支付的保费或要求项目公司偿还该项保费； ④ 向保险人或保险代理人提供完整、真实的项目可披露信息； ⑤ 在任何时候不得做出或允许任何其他人做出任何可能导致保险全部或部分失效、可撤销、中止或受损害的行为； ⑥ 当发生任何可能影响保险或其项下的任何权利主张的情况或事件时，项目公司应立即书面通知政府方； ⑦ 尽一切合理努力协助政府或其他被保险人及时就保险提出索赔或理赔等
保单要求	在 PPP 项目合同中，政府方可能会要求保单满足以下要求： ① 项目公司应当以政府方及政府方指定的机构作为被保险人进行投保； ② 保险人同意放弃对政府方行使一些关键性权利，比如代位权（即保险人代替被保险人向政府及其工作人员主张权利）、抵扣权（根据《保险法》第六十条第二款规定："前款规定的保险事故发生后，被保险人已经从第三者取得损害赔偿的，保险人赔偿保险金时，可以相应扣减被保险人从第三者已取得的赔偿金额"）以及多家保险公司共同分摊保险赔偿的权利，等等。" ③ 在取消保单、不续展保单或对保单做重大修改等事项发生时提前向政府方发出书面通知
保险条款变更	一般情况下，合同中会规定未经政府方同意，不得对保险合同的重要条款（包括但不限于保险范围、责任限制以及免赔范围等）做出实质性变更

（十四）守法义务及法律变更

PPP 项目合同中的守法义务及法律变更机制，可能会规定在同一条款中，也可能散见于不同条款下，其主要内容详见表 7-16。

表 7-16 　守法义务及法律变更条款的主要内容

守法义务及法律变更条款	具体内容
法律的含义	通常会在合同的定义中对法律的含义做出规定
守法义务	规定项目公司在实施 PPP 项目的过程中有义务遵守上述"法律"规定
"法律变更"的定义	通常会在合同的定义中对"法律半变更"的含义做出规定，法律变更通常会被定义为在 PPP 项目合同生效日之后颁布的各级人民代表大会或其常务委员会或有关政府部门对任何法律的施行、修订、废止或对其解释或执行的任何变动
法律变更的后果	明确规定发生法律变更后的处理方式，包括政府方可控的法律变更的处理方式和政府方不可控的法律变更的处理方式。其中，对于超出政府方可控范围的法律变更，如由国家或上级政府统一颁行的法律等，应视为不可抗力，按照不可抗力的机制进行处理。在某些 PPP 项目合同中，也有可能将此类法律变更直接定义为政治不可抗力，并约定由政府方承担该项风险

（十五）不可抗力

不可抗力条款是 PPP 项目合同中一个重要的免责条款，用于明确一些双方均不能控制又无过错的事件的范围和后果，通常包括不可抗力的定义和种类以及不可抗力的法律后果两部分内容。

1. 不可抗力的含义和种类

该条款主要是对不可抗力的含义和处置方式做出明确规定。在 PPP 实践中，关于不可抗力并没有统一的定义，通常情况下，合同方在确定不可抗力的定义和范围时会参照项目所在国关于不可抗力的法律规定以及项目的风险分配方案。

我国《合同法》第 117 条规定："不可抗力是指不能预见、不能避免并不能克服的客观情况"。

在 PPP 项目中常见的不可抗力界定方式包括概括式、列举式和概括加列举式三种，单纯的概括式定义过于笼统，容易引起合同执行过程中的争议；而单纯列举式的无法穷尽，容易有所遗漏。有鉴于此，多数 PPP 项目合同采用的是概述加列举式，即先对不可抗力进行概括的定义，再列举具体的不可抗力情形，最后再加一个兜底的表述。例如：

"本合同所称的不可抗力，是指合同一方无法预见、控制且经合理努力仍无法避免或克服的、导致其无法履行合同项下义务的情形，包括但不限于：台风、地震、洪水等自然灾害；战争、罢工、骚乱等社会异常现象；征收征用等政府行为；以及双方不能合理预见和控制的任何其他情形。"

鉴于 PPP 项目合同的签约主体一方为政府，其所控制风险的范围和能力与一般的签约主体不同，因此实践中一些 PPP 项目合同会将不可抗力事件分为政治不可抗力和自然不可抗力，并对不同类型不可抗力事件的法律后果进行区别处理，详见表 7-17。

表 7-17　不可抗力的分类及处置方式

不可抗力的类型	具体内容	处置方式
政治不可抗力	通常包括非因签约政府方原因导致的、且不在其控制下的征收征用、法律变更（即"政府不可控的法律变更"）、未获审批等政府行为引起的不可抗力事件	一些 PPP 项目合同中，将此类政治不可抗力事件归为政府方应承担的风险，并约定如下的法律后果： （1）发生政治不可抗力事件，项目公司有权要求延长工期、获得额外补偿或延长项目合作期限； （2）如因政治不可抗力事件导致项目提前终止，项目公司还可获得比其他不可抗力事件更多的回购补偿，甚至可能包括利润损失
自然不可抗力	主要是指台风、冰雹、地震、海啸、洪水、火山爆发、山体滑坡等自然灾害；有时也可包括战争、武装冲突、罢工、骚乱、暴动、疫情等社会异常事件	通常规定按照一般不可抗力的法律后果处理

2. 不可抗力的法律后果

明确约定发生不可抗力后的处置方法。常见的处置方法详见表 7-18。

表 7-18　发生不可抗力后的处置方法

不可抗力的处置方法	具体内容
免于履行	明确约定如在 PPP 项目合同履行过程中，发生不可抗力并导致一方完全或部分无法履行其合同义务时，根据不可抗力的影响可全部或部分免除该方在合同项下的相应义务
延长期限	明确约定如果不可抗力发生在建设期或运营期，则项目公司有权根据该不可抗力的影响期间申请延长建设期或运营期

不可抗力的处置方法	具体内容
免除违约责任	明确约定不可抗力条款启动后,在不可抗力事件持续期间(或双方另外约定的期间),受影响方无须为其中止履约或履约延误承担违约责任
费用补偿	明确约定对于不可抗力发生所产生的额外费用,原则上由各方自行承担,政府不会给予项目公司额外的费用补偿
解除合同	明确约定如果不可抗力发生持续超过一定期间,例如 12 个月,任何一方均有权提出解除合同

(十六)政府方的监督和介入

PPP 项目合同中关于政府方的监督和介入机制,通常包括政府方在项目实施过程中的监督权以及政府方在特定情形下对项目的介入权两部分内容。

1. 政府方的监督权

明确约定政府方享有的监督权,这些监督权通常散见于合同的不同条款中。常见的政府方监督权详见表 7-19。

表 7-19　政府方的监督权

政府方监督权	具体内容
项目实施期间的知情权	在 PPP 项目合同中通常会规定项目公司有义务定期向政府提供有关项目实施的报告和信息,以便政府方及时了解项目的进展情况。知情权通常包括审阅项目计划和进度报告、审阅运营维护手册和有关项目运营情况的报告
进场检查和测试	在 PPP 项目合同中,有时也会规定在特定情形和一定限制条件下,政府方有权进入项目现场进行检查和测试
对承包商和分包商选择的监控	在合同中约定建设承包商或运营维护分包商的资质要求,或者是在合同中要求项目公司在签订工程承包合同或运营维护合同前事先报告政府方,由政府方在规定的期限(例如 5 个工作日)内确认该承包商或分包商是否符合上述合同约定的资质要求;如果在规定期限内,政府方没有予以正式答复,则视为同意项目公司所选择的承包商或分包商
参股项目公司	明确约定政府参股项目公司享有的权利和义务以及承担的风险

2. 政府方的介入权

除了上述的一般监督权,在一些 PPP 项目合同中,会赋予政府方在特定情形下(如紧急情况发生或者项目公司违约)直接介入项目实施的权利,通常包括项目公司未违约情形下的介入和项目公司违约情形下的介入两类,详见表 7-20。需要注意的是,上述介入权是政府一项可以选择的权利,而非必须履行的义务。

表 7-20　政府方的介入权

政府方的介入权	具体内容
项目公司未违约情形下的介入	明确约定政府方可以介入的特定情形，如： ① 存在危及人身健康或安全、财产安全或环境安全的风险； ② 介入项目以解除或行使政府的法定责任； ③ 发生紧急情况，且政府合理认为该紧急情况将会导致人员伤亡、严重财产损失或造成环境污染，并且会影响项目的正常实施
项目公司违约情形下的介入	明确约定政府方在行使监督权时发现项目公司违约，且项目公司在约定的期限内无法完成补救，政府方有权行使其介入权

（十七）违约、提前终止及终止后处理机制

违约和提前终止条款是 PPP 项目合同中的重要条款之一，通常会规定违约事件、终止事由以及终止后的处理机制等内容。

1. 违约事件

明确约定可能导致合同终止的违约事件，这些违约事件通常是由于合同一方违反 PPP 项目合同中的重大义务而引起的。通常将违约事件分为政府方的违约事件和项目公司违约事件两类，具体表现详见表 7-21。

表 7-21　违约事件的表现

违约事件	具体内容
政府方违约事件	明确约定政府方违约事件，如： ① 未按合同约定向项目公司付费或提供补助达到一定期限或金额的； ② 违反合同约定转让 PPP 项目合同项下的义务； ③ 发生政府方可控的对项目设施或项目公司股份的征收或征用的（是指因政府方导致的或在政府方控制下的征收或征用，如非因政府方原因且不在政府方控制下的征收征用，则可以视为政治不可抗力）； ④ 发生政府方可控的法律变更导致 PPP 项目合同无法继续履行的； ⑤ 其他违反 PPP 项目合同项下的义务，并导致项目公司无法履行合同的情形
项目公司违约事件	明确约定项目公司违约事件，如： ① 项目公司破产或资不抵债的； ② 项目公司未在约定时间内实现约定的建设进度或项目完工或开始运营，且逾期超过一定期限的； ③ 项目公司未按照规定的要求和标准提供产品或服务，情节严重或造成严重后果的； ④ 项目公司违反合同约定的股权变更限制的； ⑤ 未按合同约定为 PPP 项目或相关资产购买保险的

2. 提前终止的事由

明确约定可能导致项目提前终止的事由，常见的事由详见表 7-22。

表 7-22 导致项目提前终止的事由

提前终止的事由	具体描述
政府方违约事件	发生政府方违约事件，政府方在一定期限内未能补救的，项目公司可根据合同约定主张终止 PPP 项目合同
项目公司违约事件	发生项目公司违约事件，项目公司和融资方或融资方指定的第三方均未能在规定的期限内对该违约进行补救的，政府方可根据合同约定主张终止 PPP 项目合同
政府方选择终止	政府方在项目期限内任意时间可主张终止 PPP 项目合同
不可抗力事件	发生不可抗力事件持续或累计达到一定期限，任何一方可主张终止 PPP 项目合同

同时，明确规定政府方应当享有在特定情形下（例如，PPP 项目所提供的公共产品或服务已经不合适或者不再需要，或者会影响公共安全和公共利益）单方面决定终止项目的权利。但在 PPP 项目实践中，政府方的此项权利应当予以明确限定，以免被政府方滥用，打击社会资本参与 PPP 项目的积极性；同时，政府方在选择终止时需要给予项目公司足额的补偿。

3. 终止后的处理机制

明确约定 PPP 项目终止后的处理方法，一般包括回购义务和回购补偿两种方式。采取回购补偿的，要明确约定回购补偿的范围和补偿金额，具体的补偿原则和补偿范围详见表 7-23。

表 7-23 项目终止后的处理机制

终止原因	补偿原则	补偿范围或补偿方式
政府方违约事件、政治不可抗力以及政府方选择终止	一般的补偿原则是确保项目公司不会因项目提前终止而受损或获得额外利益（即项目公司获得的补偿等于假设该 PPP 项目按原计划继续实施的情形下项目公司能够获得的经济收益）	补偿范围一般包括： ① 项目公司尚未偿还的所有贷款（其中可能包括剩余贷款本金和利息、逾期偿还的利息及罚息、提前还贷的违约金等）； ② 项目公司股东在项目终止之前投资项目的资金总和（必要时需要进行审计）； ③ 因项目提前终止所产生的第三方费用或其他费用（例如支付承包商的违约金、雇员的补偿金等）； ④ 项目公司的利润损失（双方通常会在 PPP 项目合同中约定利润损失的界定标准及补偿比例）

终止原因	补偿原则	补偿范围或补偿方式
项目公司违约事件	如果政府有义务回购或者选择进行回购时，政府需要就回购提供相应补偿	常见的回购补偿计算方法包括： ① 市场价值方法，即按照项目终止时合同的市场价值（即再进行项目采购的市场价值）计算补偿金额； ② 账面价值方法，即按照项目资产的账面价值计算补偿金额
自然不可抗力	一般的原则是由双方共同分担风险	补偿范围包括： ① 补偿范围一般会包括未偿还融资方的贷款、项目公司股东在项目终止前投入项目的资金以及欠付承包商的款项； ② 补偿一般会扣除保险理赔金额，且不包括预期利润损失

此外，对于采取回购补偿方式的，还应在 PPP 项目合同中明确补偿支付的方式。具体支付方式包括一次性全额支付和分期付款两种方式。

（十八）项目的移交

在 PPP 项目合同中，应明确规定项目移交的相关事宜，包括项目移交的范围、移交的条件和标准、移交程序、转让、风险转移等内容。

1. 移交范围

起草合同移交条款时，首先应当根据项目的具体情况明确项目移交的范围，以免因项目移交范围不明确造成争议。移交的范围通常包括如图 7-9 所示的内容。

①项目设施；
②项目土地使用权及项目用地相关的其他权利；
③与项目设施相关的设备、机器、装置、零部件、备品备件以及其他动产；
④项目实施相关人员；
⑤运营维护项目设施所要求的技术和技术信息；
⑥与项目设施有关的手册、图纸、文件和资料（书面文件和电子文档）；
⑦移交项目所需的其他文件。

● 图 7-9 移交范围

2. 移交的条件和标准

在 PPP 项目合同中要明确约定项目移交的条件和标准。通常包括两类条件和标准，详见表 7-24。

表 7-24　移交的条件和标准

移交条件和标准的类型	具体条件和标准
权利方面的条件和标准	项目设施、土地及所涉及的任何资产不存在权利瑕疵，其上未设置任何担保及其他第三人的权利。但在提前终止导致移交的情形下，如移交时尚有未清偿的项目贷款，就该未清偿贷款所设置的担保除外
技术方面的条件和标准	项目设施应符合双方约定的技术、安全和环保标准，并处于良好的运营状况。在一些 PPP 项目合同中，会对"良好运营状况"的标准做进一步明确，例如在不再维修情况下，项目可以正常运营 3 年等

3. 移交程序

明确规定项目移交的程序，一般包括评估和测试、移交手续办理的负责方、移交费用（含税费）承担方等内容。

4. 转让

明确约定项目移交中可转让的内容，包括项目相关合同的转让、技术转让，具体内容详见表 7-25。

表 7-25　转让内容

转让的内容	具体内容
项目相关合同的转让	明确约定，在项目移交时同意项目公司将所涉合同转让给政府或政府指定的其他机构，可转让的合同包括项目的工程承包合同、运营服务合同、原料供应合同、产品或服务购买合同、融资租赁合同、保险合同以及租赁合同等
技术转让	对于一些项目实施专业性较高，可能需要使用第三方技术的 PPP 项目，应在 PPP 项目合同中明确约定项目公司应在移交时将项目运营和维护所需的所有技术，全部移交给政府或政府指定的其他机构，并确保政府或政府指定的其他机构不会因使用这些技术而遭受任何侵权索赔。如果有关技术为第三方所有，项目公司应在与第三方签署技术授权合同时即与第三方明确约定，同意项目公司在项目移交时将技术授权合同转让给政府或政府指定的其他机构。还应约定如果这些技术的使用权在移交日前已期满，项目公司有义务协助政府取得这些技术的使用权

5. 风险转移

移交条款中通常还会明确在移交过程中的风险转移安排：在移交日前，

由项目公司承担项目设施的全部或部分损失或损坏的风险，除非该损失或损坏是由政府方的过错或违约所致；在移交日及其后，由政府承担项目设施的全部或部分损失或损坏的风险。

（十九）适用法律及争议解决

明确规定 PPP 项目实施过程中的适用法律以及争议解决机制。其中，对于适用法律来说，PPP 项目合同一般约定在我国境内实施的 PPP 项目的合同通常应适用于我国法律并按照我国法律进行解释。

PPP 项目所涉合同中，通常都会规定争议解决条款，就如何解决各方在合同签订后可能产生的合同纠纷进行明确的约定。常见的争议解决方式详见表 7-26。

表 7-26　争议解决方式

争议解决方式	具体内容
友好协商	在 PPP 项目合同中约定在发生争议后先由双方通过友好协商的方式解决纠纷
专家裁决	对于 PPP 项目中涉及的专业性或技术性纠纷，也可以通过专家裁决的方式解决。负责专家裁决的独立专家，可以由双方在 PPP 项目合同中予以委任，也可以在产生争议之前共同指定
仲裁	在 PPP 项目合同争议解决条款中，也可以选择诉讼作为最终的争议解决方式

鉴于 PPP 项目通常会涉及公共安全和公共利益，为保障项目的持续稳定运营，通常会在争议解决条款中明确规定在发生争议期间，各方对于合同无争议部分应当继续履行，除法律规定或另有约定外，任何一方不得以发生争议为由，停止项目运营。

（二十）合同附件

PPP 项目所涉及的合作内容和具体要求通常较为庞杂，一般会在 PPP 项目合同正文之后附加一系列的附件，用以进一步明确合同中涉及的具体技术标准、条件要求、计算公式、文书格式等。

1. 常见的 PPP 项目合同附件列举

根据 PPP 项目的付费机制、运作方式、融资方式以及涉及的行业标准、技术规范等各方面的不同，具体的合同附件也有所区别。在此列举一些常见的 PPP 项目合同附件，详见表 7-27。

表 7-27　常见的合同附件

常见的合同附件	附件主要内容
项目场地范围	划定项目涉及的场地的地点、范围、面积等，有时会以平面图的形式列示
项目所需审批	列明项目实施所需获得的全部或主要审批，以及政府方和项目公司在获得上述审批上的责任分工
技术附件	详细阐述 PPP 项目设计、建设、运营、维护等所依据的具体技术标准和规范等
商务附件	阐述 PPP 项目的商业方案，例如财务模型、融资计划、项目公司设立方案等
履约担保格式	将履约担保的相关协议作为合同附件，并约定项目公司将来按照该协议约定的内容和方式向政府方提供担保
移交条件	将项目移交的具体条件和标准在 PPP 项目合同的附件中予以明确规定

2. 不同行业附件列举

表 7-28 列举了一些行业的 PPP 项目合同中的常见附件，供读者参考。

表 7-28　不同行业 PPP 项目合同附件列举

行业类型	主要附件
城市（集中）供水	各方内部决议件，股东承诺函，集中式公共供水定义，授权文件，建设期履约保函，项目特许经营范围，普遍服务承诺，供水技术标准、规范和要求，项目资产维护方案，融资方案，初步性能测试，最终性能测试，维护保函，应急预案，保险方案（含投保险种与保险金额），前期工作和永久性市政设施，技术方案，定期报告及临时报告（事项、周期及信息格式要求），成本申报及监审，资本投资计划及调整，排他性承诺，移交方案等
集中供暖	授权文件，各方内部决议件，股东承诺函，供热质量和服务标准，项目特许经营区域范围（附图），供用热合同样本，技术规范和标准，投资计划及安排，普遍服务承诺，应急预案，移交资产的程序和标准，融资方案，履约保函，保险方案，项目设施维护方案，工程进度计划表，排他性承诺，移交方案等
管道燃气供应	各方内部决议件，股东承诺函，授权书，项目特许经营区域范围（附图），项目批准文件，技术规范和要求，投资计划及安排，普遍服务承诺，管道设施维护方案，保险，融资方案，工程技术方案，燃气质量标准，燃气服务标准，安全管理标准，气源承诺及保障计划，应急预案，履约保函，工程进度计划表，排他性承诺，移交方案，供用气合同等
污水处理	授权文件，各方内部决议件，股东承诺函，用地四至图，建设标准和技术要求，进水水质超标的处理，出水水质不合格的违约金，污水处理服务协议，调价公式，融资方案，保险方案，运营记录报表，付费申请表／形式发票，出水水质监测项目、方法和周期，履约保函，维护保函，技术方案，移交保函，工程进度计划表，移交方案等

续表

行业类型	主要附件
垃圾焚烧处理	授权文件，各方内部决议件，股东承诺函，垃圾处理服务协议，适用技术规范和要求，技术方案，商务方案，履约保函，维护保函，融资方案，质量保证和控制方案，项目建设进度计划，保险方案，稳定性试运行方案，购售电合同，运营维护方案，进口设备和清单，红线图，移交保函，移交方案等
保障性安居工程	授权文件，各方内部决议件，股东承诺函，项目红线图，融资方案等
地下综合管廊	授权文件，各方内部决议件，股东承诺函，走线规划图，既有管网 GIS 信息等
轨道交通	授权文件，各方内部决议件，股东承诺函，设计标准，运营操作和维护标准，融资协议，融资计划，融资替代解决方案，客运服务标准，客流量预测，工程价目表，融资方案，文字，公司章程，保险方案，施工合同，工程进度计划表，施工时间安排，地铁区域图，网站，操作和维修合同，前期工程进度，排他性承诺，履约担保，移交方案等。如涉及综合开发的，还需增加相应附件
医疗养老服务设施	授权文件,各方内部决议件,股东承诺函,医院管理及服务协议,商标许可协议,目标土地规划设计要求,目标土地四至图，设计要求及建造标准，融资方案，筹备期工作方案，运营标准及绩效指标，员工招聘、培训及多点执业相关工作方案，营销方案，竞争对手列表及排他性承诺，保险安排，履约担保，移交方案等

第八章

PPP 项目融资

PPP 模式正在全国如火如荼地推行，在未来很长一段时间内，它都将成为国家基础设施和公共事业建设的主流方式。PPP 项目融资具有体量大、周期长、结构复杂、以市场为主、创新空间大等特点，对现有资本市场来说，既是挑战又是机遇，金融市场的成熟度与创新适应性是 PPP 市场可持续发展的关键。

本章主要内容包括：

➤ 项目融资的分类

➤ PPP 项目融资的特点

➤ PPP 项目融资与公司融资的区别

➤ 股权融资

➤ 债务融资

➤ 资产管理计划

➤ PPP 项目融资面临的问题

➤ 做好 PPP 项目融资的四个关键点

一、项目融资的分类

项目融资是指贷款人向特定的工程项目提供贷款协议融资，对于该项目所产生的现金流量享有偿债请求权，并以该项目资产作为附属担保的融资类型。它是一种以项目的未来收益和资产作为偿还贷款的资金来源和安全保障的融资方式。

根据项目融资的基础资产特点，按照追索权利的换分，项目融资可以分为无追索权的项目融资和有限追索权的项目融资两类。

（一）无追索权的项目融资

无追索的项目融资也称为纯粹的项目融资，在这种融资方式下，贷款的还本付息完全依靠项目的经营效益。同时，贷款银行为保障自身的利益必须从该项目拥有的资产取得物权担保。如果该项目由于种种原因未能建成或经营失败，其资产或收益不足以清偿全部的贷款时，贷款银行无权向该项目的主办人追索。

无追索权项目融资在操作规则上具有四个特点，如图 8-1 所示。

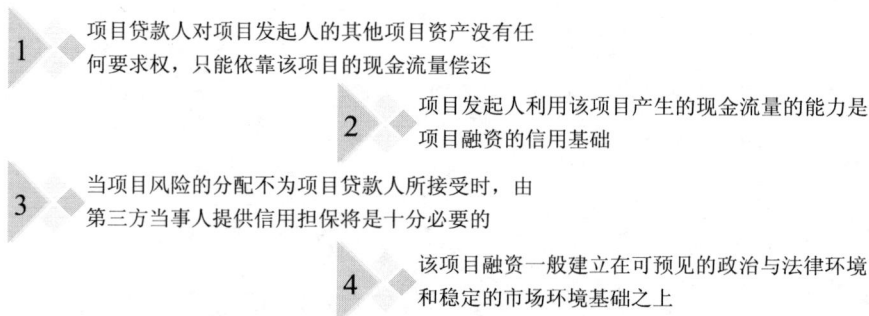

1 项目贷款人对项目发起人的其他项目资产没有任何要求权，只能依靠该项目的现金流量偿还

2 项目发起人利用该项目产生的现金流量的能力是项目融资的信用基础

3 当项目风险的分配不为项目贷款人所接受时，由第三方当事人提供信用担保将是十分必要的

4 该项目融资一般建立在可预见的政治与法律环境和稳定的市场环境基础之上

● 图 8-1　无追索权项目融资的特点

（二）有限追索权的项目融资

除了以贷款项目的经营收益作为还款来源和取得物权担保外，贷款银行还要求有项目实体以外的第三方提供担保。贷款行有权向第三方担保人追索。但担保人承担债务的责任，以他们各自提供的担保金额为限，所以称为有限追索权的项目融资。

项目融资的有限追索性表现在三个方面，如图 8-2 所示。

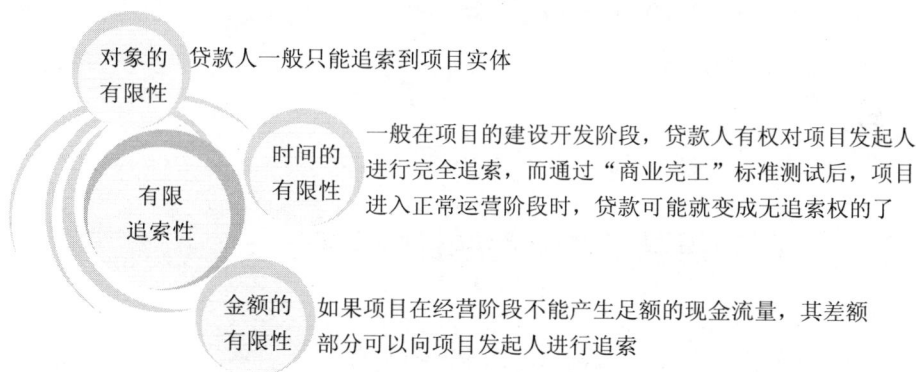

对象的有限性　贷款人一般只能追索到项目实体

时间的有限性　一般在项目的建设开发阶段，贷款人有权对项目发起人进行完全追索，而通过"商业完工"标准测试后，项目进入正常运营阶段时，贷款可能就变成无追索权的了

有限追索性

金额的有限性　如果项目在经营阶段不能产生足额的现金流量，其差额部分可以向项目发起人进行追索

•图 8-2　项目融资的有限追索性的表现

二、PPP 项目融资的特点

PPP 项目是一个长期而有复杂的过程，而 PPP 项目的融资也是一个比较复杂、历经期限较长的过程，具体来说，PPP 项目融资具有三个特征：

1. 社会资本出资（或融资）占较大比例

在 PPP 项目的交易结构中，政府方的出资比例一般只占项目资本金的 5％ ～ 20％，而其他项目资金，包括股权和债权资金，都需要由社会资本方进行自投或是引入融资，占比超过项目总投的 95％。

2. PPP 项目融资是全生命周期融资

通常一个 PPP 项目的期限是 15 ~ 30 年，在如此漫长的期限内，融资需要贯穿 PPP 项目的整个生命周期，成立项目公司需要股权融资，在项目公司成立之后需要为项目建设进行债权融资，在项目运营期间需要通过资产证券化、资产支持票据等进行融资，在退出起需要并购贷款、IPO、新三板挂牌等资本市场融资。因此，PPP 项目融资是整个生命周期的融资。

3. PPP 项目融资是综合性、全方位组合融资

从项目公司的角度来说，PPP 融资不仅包括股权融资，还包括债权融资、股债结合融资。而股权融资和债权融资的范围非常广泛，几乎涵盖了大部分的金融工具和金融机构。因此，PPP 项目融资是综合性、全方位的组合融资。

三、PPP 项目融资与公司融资的区别

在项目融资模式中，为了保证项目的投融资、开发建设和经营管理，一般会成立一家专门的项目公司，由项目发起人作为股东，以项目公司作为主体，以经营项目本身的现金流和全部收益作为补偿资金来源，以项目公司的全部资产作为增信（担保）的主要措施。

与给予主体信用水平的传统的公司融资不同，项目融资并不完全依赖于项目发起人之间的主体信用，因此，对于一些比较优质的项目来说，可以实现超出项目发起人自身资信水平的筹资能力。PPP 项目融资与公司融资的区别详见表 8-1。

表 8-1 PPP 项目融资与公司融资的对比

对比项目	PPP 项目融资	公司融资
融资主体	融资主体为项目公司	项目发起人为融资主体
融资基础	项目公司的资产状况以及该项目完工运营后的收益能力是贷款人或资金提供方提供融资的条件	贷款人或资金提供方所考虑的因素主要是主体自身的信誉、资产状况、财务和担保状况

续表

对比项目	PPP 项目融资	公司融资
安全保障	项目资产价值及其变现能力	公司的整体信用及抵押物价值
资金渠道	项目融资具有规模大、周期长、收益偏低的特点，需要多元化、更具成本优势和规模优势资金的参与。从国际上来看，项目融资的渠道主要有商业银行、政策性银行、政府基金或补贴、保险公司、养老基金和投资基金等	根据项目的需要、公司财务状况和资金市场的实际情况，公司可承受的资金规模和资金成本更具弹性和灵活度，因此，公司融资更能体现全市场化的资本筹集优势
追索权特征	对于融资主体通常表现出有限的追索权，甚至无追索权，贷款人不能追索到除项目资产以及相关担保资产或增信安排以外的项目发起人的其他资产	通常要求具有完全的追索权，一旦融资主体无法偿还债务，债权人可以通过融资主体（公司）的资产处置等方式进行弥补
还款来源	还款来源主要是项目自身收益和资产	资金偿还来源主要是融资主体的所有资产和业务收入
增信结构	项目资产递延，项目发起人及其他利益相关方以多种形式提供的保障担保或其他增信措施	传统的抵押、质押或其他信用增信模式
担保结构	一般具有比较复杂的法律保证机构体系，以协调和平衡各个参与方、利益相关者的复杂利益关系，合理分担风险，实现各自最有目标	担保结构比较单一，参与方相对简单，通常为股权质押、资产抵押、信用保证等
贷款人参与	贷款人可以参与项目监督和部分决策程度，部分项目可能闭环操作	贷款人根据合同约定进行放款，但贷款人通常不会参与公司经营管理

四、股权融资

所谓股权融资，简单来说，就是融资方将项目资本金投入项目公司成为股东的一种融资方式。因社保、商业保险等低成本资金风险偏好较低，目前参与热情较高的主力资金多源于银行。

（一）股权融资的特点

股权融资具有长期性、不可逆性、无负担三个特点，如图 8-3 所示。

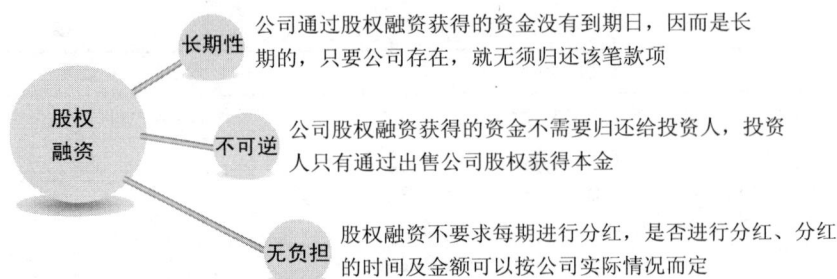

长期性　公司通过股权融资获得的资金没有到期日，因而是长期的，只要公司存在，就无须归还该笔款项

不可逆　公司股权融资获得的资金不需要归还给投资人，投资人只有通过出售公司股权获得本金

无负担　股权融资不要求每期进行分红，是否进行分红、分红的时间及金额可以按公司实际情况而定

股权融资

●图 8-3　股权融资的特点

（二）股权融资的方式

从社会资本的稀缺性来看，商业银行提供有效的股权融资产品，更符合社会资本方的需求，更能够有效促进 PPP 项目的落地。商业银行为 PPP 项目提供的股权融资主要包括 PPP 投资基金、永续债、永续委托贷款、并购贷款、融资租赁等几种模式。

1. PPP 投资基金

在 PPP 投资基金的融资方式中，社会资本方作为普通合伙人，进行基金管理，商业银行、信托等机构投资者通过自有资金、理财资金或其他第三方资金，作为有限合伙人投资参与设立 PPP 股权投资基金，如图 8-4 所示。银行还可通过自身的 PE 子公司介入，在 PPP 投资基金的设立、募集、管理、退出等方面提供全面的顾问服务。

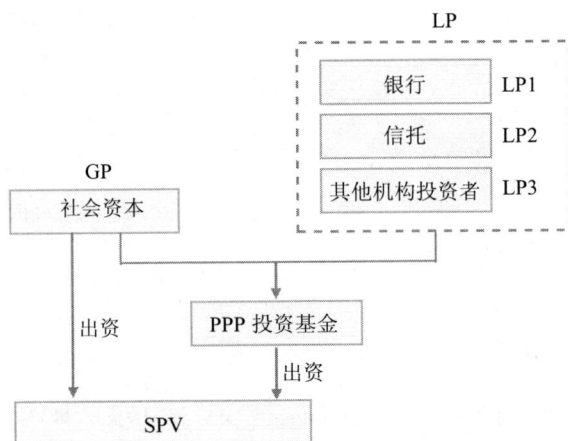

●图 8-4　PPP 投资基金结构模式

PPP 投资基金模式的优势主要表现在三个方面，如图 8-5 所示。

1 ❯❯ **拓宽项目建设资金来源**
引入金融机构资金，减少社会资本资金压力，使优秀的社会资本方可以参与更多的 PPP 模式项目

2 ❯❯ **资金使用灵活**
可用于满足项目资本金出资需求，在用途上没有必须受托支付的限制

3 ❯❯ **退出方式灵活**
将来既可以通过转让基金份额在项目执行阶段退出，也可以在项目移交后通过项目公司清算获得回报并退出

● 图 8-5　PPP 投资基金的优势

2．永续债

永续债是中期票据项下的无固定到期日的含权债券产品。其核心特点一是无固定期限，二是含投资人回购权、发行人赎回权或其他含权条款，可根据约定条件进行赎回，产品灵活性强。

永续债采取开放式的产品结构，具体条款的设计充分市场化，由发行人与主承销商灵活制定。永续债在满足一定要求时，可在会计核算中计入发行人权益，改善社会资本方资产负债结构和财务指标。并且永续债无表决权，不影响社会资本对企业的控制权。

银行可根据社会资本方的要求，合理安排时间，及时完成注册、发行等工作，并采取余额包销的承销方式，确保相关永续债全额发行成功。

3．永续委托贷款

银行、信托等金融机构募集资金，并与优质信托公司合作，向社会资本方（模式一）或 PPP 项目公司（模式二）发放无固定期限委托贷款，满足补充项目资本金，优化财务结构的融资需求，如图 8-6 所示。在此类模式中，银行为 PPP 项目公司提供委托贷款资金监管、拨付、结算等全流程服务。并且银行可以凭借广阔的产品销售渠道，保证产品高效发行，并确保募集成功，还可与业内主要券商紧密合作，为 PPP 项目公司设计整体融资方案，设立定向资产管理计划。同时，银行可以根据 PPP 项目建设及经营规划，合理设计永续委托贷款利率跳升机制等关键条款，以实现其债务与现金流相匹配。

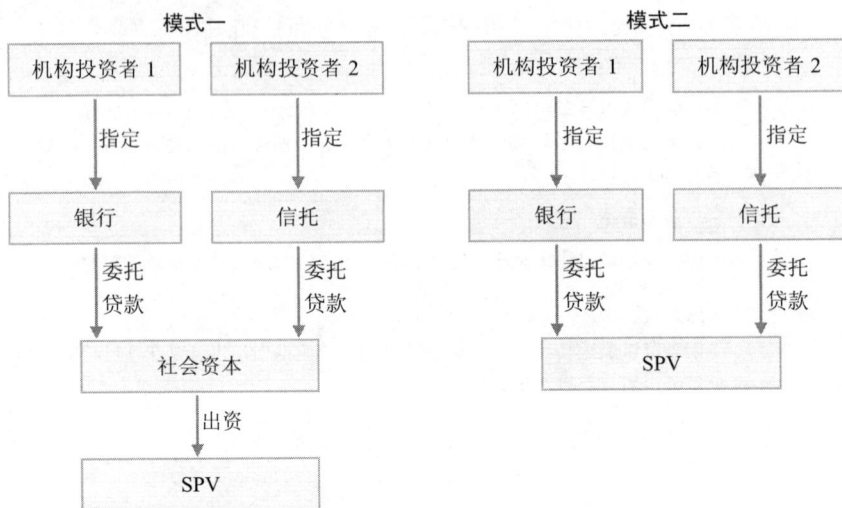

• 图 8-6　永续委托贷款结构

　　根据财政部关于负债与权益工具会计处理的指导意见，永续委贷在满足无固定期限、无抵押等增信措施的前提下，可纳入权益类资产，为在建项目补充资本金，改善项目公司资产负债结构和财务指标。并且永续委托贷款无固定年限的借款期限安排、利率调节模式以及递延支付利息权限使社会资本（或 SPV 公司）能够根据本企业融资需求和资金成本来选择使用永续债务，灵活自主地进行 PPP 项目公司的财务安排。

4. 并购贷款

　　在需要先购入部分资产，再继续建设—运营—移交（TOT 项目）的 PPP 项目中，银行通过并购贷款的方式，向社会资本方提供最高可达全部交易价款 50% 的资金，有效降低在回购初期面临的高额资金支付压力。

　　并购贷款的优势主要表现在四个方面，如图 8-7 所示。

1　降低资金支付压力
借助并购贷款可获得全部交易价款 50% 的资金支持，针对现金流较为充裕项目可结合融资类理财产品进一步将融资比例提升至 80%

2　资金使用较为灵活
并购贷款资金既可以直接用于支付回购股权及承接债务相关交易价款，也可以在并购完成初期为社会资本置换前期已经支付的交易价款，帮助社会资本盘活出部分流动资金

• 图 8-7　并购贷款的优势

3 ≫ **不稀释目标公司股权**
并购贷款本身为债权类融资，不会稀释社会资本持有 SPV 公司股权，有助于增强社会资本对 SPV 公司的控制力

4 ≫ **降低财务费用负担**
社会资本仅需比照普通贷款支付固定利息，融资成本较基金、理财资金类项目融资成本较低，同时可借助债务融资工具置换前期贷款资金，进一步降低财务费用

● 图 8-7　并购贷款的优势（续）

5. 融资租赁

银行安排合作租赁公司与 SPV 公司签订租赁物转让协议和售后回租融资租赁协议，SPV 公司将其名下公共设施的固定资产作为租赁物转让给租赁公司，将获取的资金作为资本金，并通过支付租金继续享有对该部分公共设施资产的占有和收费权，如图 8-8 所示。融资租赁主要可以采用直接融资租赁、设备融资租赁和售后回租三种方式。

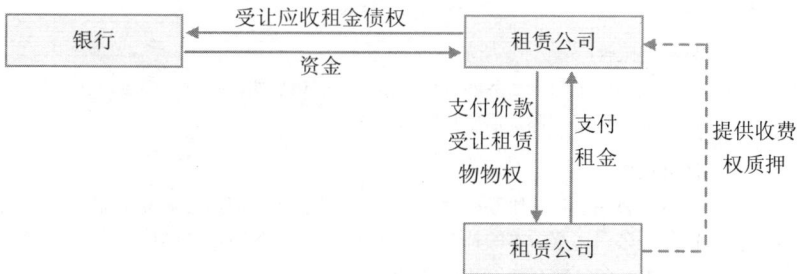

● 图 8-8　融资租赁的结构

融资租赁的优势主要表现在三个方面，如图 8-9 所示。

1 ◆ 盘活公共设施存量资产，拓宽融资渠道，进一步优化资本结构，降低资金成本，提高资本运作能力

2 ◆ 资金使用灵活，还款安排多样，可以在租赁合同中约定多样化的租金支付方式

3 ◆ SPV 公司可使用加速记提的折旧费支付租金，属于税前支付，可以得到税收优惠，从而降低融资成本

● 图 8-9　融资租赁的优势

五、债务融资

在 PPP 项目建设中，除了通过公共部门和社会资本作为股东进行资本投入外，还需要使用更加丰富的市场化债务金融工具作为项目融资工具，以引入多元化的外部资金为项目建设提供支持。

（一）债务融资的特点

在一个项目中，外部债务资金所占的比重通常在 70% ～ 80% 以上，因此，债务融资工具的多元化和便利性对 PPP 项目成功与否有着至关重要的影响。

与其他融资工具相比，债务融资具有期限性、清算优先、不影响公司控制权的特点，如图 8-10 所示。

1 **具有期限性**
与股权融资不同，债务融资分短期、中期和长期，有时间限制，即使是最长期限的债务融资，都是需要按照约定归还的

2 **清算优先**
债务融资在清算时比股权融资有更高的优先级。因此，债务融资获得的资金只能作为公司运营资本的补充，放贷方也会考虑风险而控制放贷的资金额度，公司不能完全依赖它完成新项目的投资

3 **不影响公司控制权**
债务融资能够在带给公司杠杆收益的同时并不影响公司控制权，反映到资产负债表上是负债，但它会抑制公司投资冲动，增加公司破产的风险

● 图 8-10　债务融资的特点

（二）债务融资工具

在《关于在公共服务领域推广政府和社会资本合作模式的指导意见》中，明确提出"鼓励符合条件的项目运营主体在资本市场通过发行公司债券、企业债券、中期票据、定向票据等市场化方式进行融资，鼓励项目公司发行项

目收益债券、项目收益票据、资产支持票据等"。

结合目前国内的实际情况，PPP 项目可以采用的债务融资工具包括但不限于以下几种：

1. 债券

根据现行债券规则，满足发行条件的 PPP 项目公司可以在银行间交易市场发行永（可）续票据、中期票据、短期融资债券等债券融资，可以在交易商协会注册后发行项目收益票据，也可以经国家发改委核准发行企业债和项目收益债，还可以在证券交易所公开或非公开发行公司债。债券发行的基本交易结构如图 8-11 所示。

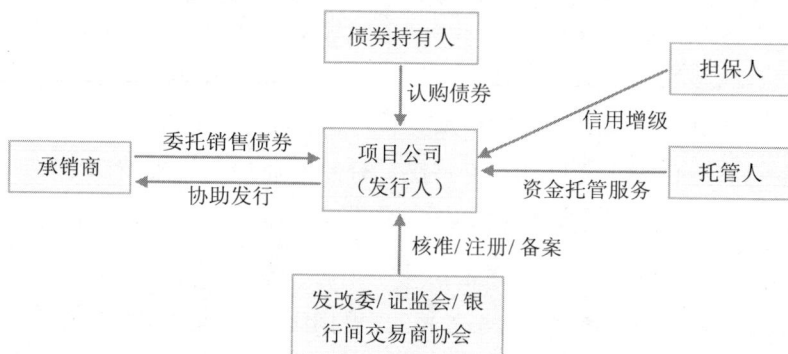

● 图 8-11　债券发行基本交易结构

（1）公司债券

我国在 2007 年开始设置公司债，最开始公司债的发行主体仅限于沪深交易所的上市公司和在中国境内注册的境外上市公司，2015 年年初将公司债的发行主体扩容至所有公司制法人，全面建立了面向公众投资者的大公募发行、面向合格投资者的小公募发行和面向合格投资者的非公开发行制度。

对于小公募发行来说，主要由交易所负责审核及颁发批文，证监会不再进行实质性审核，流程更加简便快捷；而大公募在交易所审核的基础上仍需由证监会进行实质性审核；非公开发行公司债券实行发行后备案制，如需在发行后于交易场所挂牌转让，则需于发行前获得交易场所的《无异议函》。关于公司债券的特点详见表 8-2。

表 8-2　公司债的特点

项目	具体内容
适用法律	《公司法》、《证券法》、《公司债券发行与交易管理办法》及证券交易所公司债券业务规则等部门规章制度
发行条件	满足《证券法》第十六条、第十八条的规定，此外，《公司债券发行与交易管理办法》第十七条中规定了公开发行公司债券发行主体需满足的最低要求，如需向公众发行，还需满足以下要求：发行人最近 3 个会计年度实现的平均可分配利润不少于债券一年利息的 1.5 倍；债券信用评级达到 AAA 级。若非公开发行，发行主体则无任何财务指标限制，但须保证发行对象不得超过 200 人
发行规模	公开发行的发行规模不能超过发行人净资产的 40%，且发行人最近 3 年平均可分配利润可以覆盖债券一年利息。非公开发行的公司债券发行规模不受发行净资产的影响
常见期限	短期公司债券期限为 1 年以内，一般公司债券期限主要为 3 ~ 5 年
增新措施	主要依据资本市场的接受程度来考虑是否设置增新措施，《公司债券发行与交易管理办法》仅要求发行人设立募集资金监管账户，但实际操作中往往会补充增设偿债资金专户

（2）企业债券（含产业债和城投债）

企业债券是国内最早的债券产品，分为产业债和城投债两个类别：由地方融资平台公司发行的债券为城投债，由一般产业类公司发行的债券为产业债。

企业债券要求募集资金用于预先约定的用途且为固定资产类投资（可以利用不超过发债规模 40% 的债券资金补充营运资金）。发改委系统为各地固定资产投资的主要审批机构，地方融资平台公司往往是当地的投资主体，城投类债券是企业债券构成的主体。

关于企业债券的特点详见表 8-3。

表 8-3　企业债券的特点

项目	具体内容
适用法律	目前，企业债券主要适用的《公司法》、《证券法》、《企业债券管理条例》、《关于推进企业债券市场发展、简化发行核准程序有关事项的通知》等规范性文件，及其他窗口文件
发行条件	《证券法》第十六条、第十八条对企业债发行主体需要满足的最低要求做出了规定，但在实际应用中，由于国内资本市场投资者风险识别、定价、承受能力较弱，监管机构对企业债申报主体的要求较高（民营企业主体评级 AA 及以上，国企 AA- 及以上），且又受到资产负债率、募投项目盈利能力等具体情况的限制，监管机构将酌情要求发行主体补充增信措施

项目	具体内容
发行规模	存量债券占比不能超过发行人净资产的 40%，且近 3 年平均可分配净利润可以覆盖债券一年利息。其中融资平台的净资产需要扣除公益性资产（如道路、博物馆等）。当期债券的发行额不得超过固定资产投资项目总投资的 70%
常见期限	发行期限普遍较长，少数高评级的产业类企业债的期限可达 15 年，通过特殊条款的设计，市场上已经发行有"永续类"企业债；城投类企业债券主要集中在 7 年期品种，但均按监管要求设计了分期偿还条款
增信措施	① 针对募投项目能力不足、发行主体评级偏低、资产负债率较高等情况，监管机构会建议或强制发行主体增设第三方担保、自有资产抵质押等增信措施 ② 根据《关于进一步强化企业债券风险防范管理有关问题的通知》的要求，企业主体评级 AA- 及以下，应采取抵（质）押或第三方担保等措施。 ③ 根据《关于简化企业债券申报程序加强风险防范和改革监管方式的意见》的要求，由信用良好的担保公司（AA+ 及以上）提供无条件的不可撤销保证担保的债券、使用有效资产进行抵质押担保，且级别 AA+ 及以上的债券，国家发改委将简化核准程序

（3）中期票据

中期票据是指具有法人资格的非金融企业在银行间债券市场按照计划分期发行的，约定在一定期限还本付息的债务融资工具。中期票据的特点是发行期限在 1 年以上，且没有期限限制。公司发行中期票据通过公开市场进行融资，募集资金用途可用于置换银行贷款、补充经营资金缺口及项目建设。中期票据的特点详见表 8-4。

表 8-4　中期票据的特点

项目	具体内容
适用法律	《中国人民银行法》、《银行间债券市场非金融企业债务融资工具管理办法》、《银行间债券市场非金融企业债务融资工具注册规则》、《银行间债券市场非金融企业债务融资工具信息披露规则》、《银行间债券市场非金融企业中期票据业务指引》及交易商协会相关自律规则
发行条件	注册额度不得超过企业净资产的 40%。测算依据为最近一年度或最近季度的经审计报告中的净资产（所有者权益数），测算中期票据应剔除尚在存续期的企业债、公司债额度，AA 以上（外部评级）企业短期融资券和中长期债券额度可分开计算；对发行主体无盈利能力方面的要求
常见期限	发行期限无最长时间限制（目前市场中已发行过 10 年期和 15 年期品种），实际发行期限中以 3 年、5 年为主，同时存在通过相关条款设计而无明确到期日的"永续中票"类别
增新措施	可根据市场情况自助决定是否增设保证担保、抵质押等担保措施，当前尚无对中期票据监管账户设置的特殊规定

PPP 项目运作与资产证券化

（4）定向票据

定向票据是指具有法人资格的非金融企业，向银行间债券市场特定机构投资人发行，并在特定机构投资人范围内流通转让的债务融资工具。定向票据的特点详见表 8-5。

表 8-5　定向票据的特点

项目	具体内容
发行额度	发行额度不受净资产 40% 的限制，政策上无上限限制
发行期限	集中在 1 年期、2 ~ 3 年期，部分 5 年期
发行利率	根据银行间市场资金面情况市场化定价，利率水平在 4% ~ 8% 之间，多在 5% 左右
发行条件	发行人与初始投资者协商一致可豁免信用评级
投资人限制	在定向投资者之间流通转让，投资人限定为签署了《定向发行协议》的定向投资者，每个定向工具的投资人不能超过 200 家

（5）项目收益债券

项目收益债券指由项目实施主体或实际控制人发行的，与特定项目相联系的，债券募集基金用于特定项目的投资和建设，债券的本息偿还资金完全或主要来源项目建成后运营收益的债券，它是国家发改委重点鼓励的债权品种。

在实践中，单纯地依靠建设过程中项目的未来收益难以支撑债券信用，因此项目收益债券的方案设计需要较高资质的发行主体提供增信措施，且债券资金监管非常严格。关于项目收益债券的特点详见表 8-6。

表 8-6　项目收益债券的特点

项目	具体内容
适用法律	《公司法》、《证券法》、《企业债券管理条例》、《项目收益债券管理暂行办法》
发行条件	《证券法》第十六条、第十八条对项目收益债券的发行主体的最低要求做出了明确规定。在实践中需要满足项目收益较高，运营期项目收入可覆盖当期债券本息支出，且需要高资质主体提供差额补足或作为担保方。非公开发行项目收益债券可豁免相关法规对发行主体的财务指标要求
发行规模	① 公开发行的项目收益债券，发行规模受净资产规模、净利润的限制。② 非公开发行的项目债券发行规模原则上不受发行人净资产的限制，但需要与项目投资额挂钩，且项目周期内产生的收益可以覆盖债券本息
常见期限	项目收益债券的存续期不得超过募投项目运营周期。还本付息资金安排应与项目收益相匹配，无常规期限
增信措施	必须设立项目收益债券差额补足机制，可根据具体方案设计其他增信措施，发行主体需要在银行开设募集资金使用账户、项目收入归集账户、偿债资金专户，分别存放项目收益债券的募集资金、项目收入资金和项目收益债券还本付息资金

（6）项目收益票据

项目收益票据是指非金融企业在银行间债券市场以公开或非公开方式发行的，募集资金用于项目建设且以项目产生的经营性现金流为主要偿债来源的债务融资工具。项目收益票据的期限涵盖项目全生命周期，期限与项目现金流匹配，发行期限灵活。募集资金可以项目建设和用于偿还前期形成的项目贷款。项目收益票据主要适用于能够产生良好经营性现金流的项目，例如市政、交通、公用事业、教育、医疗等项目。关于项目收益票据的特点详见表 8-7。

表 8-7　项目收益票据的特点

项目	具体内容
适用法律	《中国人民银行法》、《银行间债券市场非金融企业债务融资工具管理办法》、《银行间债券市场非金融企业债务融资工具注册规则》、《银行间债券市场非金融企业债务融资工具信息披露规则》、《银行间债券市场非金融企业项目收益票据业务指引》及交易商协会相关自律规则
发行条件	募集资金投向的项目需要有较好的现金流，同时需要为该期债券增设增信措施
常见期限	发行期限可涵盖项目建设、运营与收益整个生命周期，不同项目的债券期限方案差异较大
增新措施	并未对增信措施有特殊要求，但由于项目收益票据用于建设在建项目，且以该项目未来收益作为票据本息的第一偿还来源，设置增信措施有利于降低项目收益票据的融资成本。发行项目收益票据应设立募集资金监管账户，由资金监管机构负责监督募集资金投向

2. 银行贷款

银行贷款是 PPP 项目最常见的债务融资工具，通常以单个银行和银团贷款等形式为主。在 PPP 项目融资中，商业银行向特定工程项目提供协议贷款，对该项目所产生的现金流量享有有偿债请求权，并以该项目资产作为附属担保。

在实际操作中，针对贷款项目经营收益的不确定性，商业银行可以要求由项目实体以外的第三方提供担保，担保人以各自担保的金额为限承担债务责任，提供贷款的银行有权向第三方担保人追索。

（1）项目贷款

项目贷款是指用于借款人固定资产投资的本外币贷款，适用 PPP 项目建设阶段融资需求。PPP 项目的贷款方通常有商业银行、出口信贷机构、多边金融机构（如世界银行、亚洲开发银行等）以及非银行金融机构（如信托公司）等。

根据项目规模和融资需求的不同，融资方可以是一两家金融机构，也可以是由多家银行或机构组成的银团。PPP 项目融资资金额较大，融资期限较长，适合于采用银团的方式进行项目融资。根据中国银行业协会要求，单一客户或单一项目融资超过 10 亿元，原则上通过银团方式提供融资；若融资金额超过 30 亿元，必须通过银团方式提供融资。

关于项目贷款的特点详见表 8-8。

表 8-8　项目贷款的特点

项目	具体内容
贷款用途	贷款用途包括建设基础设施、房地产项目或大型生产装备，以及为在建或者已建项目进行再融资
还款资金来源	主要依赖该项目产生的经营收入、销售收入、补贴收入或其他收入，以及贷款增信机构的代偿资金来源
放款条件	通常来说，银行发放项目贷款要综合考察的因素包括：项目技术可行性、财务可行性、还款来源可靠性；政策变化、市场波动等不确定因素对项目的影响；项目的未来收益和现金流。具体考察因素包括借款人所在区域（财政实力）、净资产与负债率、剩余经营期限与贷款期限、项目经验、纳入政府预算、回报机制和定价调整机制、项目资本金比例（20% ~ 30%，含夹层融资时也不得低于 20%）、价格听证机制、配套设施等
贷款限额	金额最高不得超过总投资额与资本金的差额
贷款期限	贷款期限相对灵活，通常由银行和贷款人根据项目预测现金流和投资回收期等因素协商确定，贷款期限一般不超过 15 年

（2）流动资金贷款

流动资金贷款是为满足生产经营者在生产经营过程中的短期资金需求，保证生产经营活动正常进行而发放的贷款。按贷款期限可分为一年期以内的短期流动资金贷款和一年至三年期的中期流动资金贷款；按贷款方式可分为担保贷款和信用贷款，其中担保贷款又分保证、抵押和质押等形式；按使用方式可分为逐笔申请、逐笔审贷的短期周转贷款和在银行规定时间及限额内随借、随用、随还的短期循环贷款。

在 PPP 项目中，流动资金贷款可以分为两类，一是向以委托运营（O&M）方式运作的社会资本或项目公司，用于城市基础设施和公共服务项目运营维护，主要还款来源为政府支付的运营维护费；二是向以管理合同（MC）方式运作的社会资本或项目公司发放，用于城市基础设施建设和公共服务项目的运营维护及用户服务，主要还款来源为政府支付的管理费。

关于流动资金贷款的特点详见表 8-9。

表 8-9　流动资金贷款的特点

项目	具体内容
放款条件	银行发放贷款考察的因素包括客户所在区域（财政实力）、净资产与负债率、剩余经营期限与贷款期限、项目经验、纳入政府预算、回报机制和定价调整机制、配套设施等
贷款限额	最高不超过贷款期内可偿债净现金流现值的 95%
贷款期限	分为 1 年期以内的短期流动资金贷款和 1～3 年期的中期流动资金贷款。通常来说，O&M 流动资金贷款不超过 1 年，MC 流动资金贷款不超过 3 年

（3）应收账款融资

应收账款融资是指银行基于企业持有的应收账款而提供的融资工具，主要包括应收账款保理、票据贴现以及应收账款质押贷款等。银行的贷款额一般为应收账款面值的 50%～90%，企业将应收账款转让给银行后，应向买方发出转让通知，并要求其付款至融资银行。

在 PPP 项目中，应收账款融资主要适用于 TOT、ROT 模式，社会资本方或项目公司将其拥有的城市基础设施和公共服务项目应收账款等作为出售物或质押物，主要还款来源为项目未来营运收入。应收账款融资可以用于置换项目资金比例以外的借款人的前期投入，也可以用于偿还借款人的负债性资金，比如债券、银行贷款、信托贷款、股东借贷等，还可用于经营性营运资金，但不得置换资本金。

应收账款融资的特点详见表 8-10。

表 8-10　应收账款融资的特点

项目	具体内容
融资条件	银行应收账款融资考察的因素主要包括客户所在区域（财政实力）、净资产与负债率、剩余经营期限与贷款期限、项目经验、纳入政府预算、回报机制和定价调整机制、项目资本金比例（20%～30%，含夹层融资时也不得低于 20%）、价格听证机制（未通过前不得发放贷款）、配套设施等
融资限额	最高不超过贷款期内可偿债净现金流现值的 95%
融资期限	保理和应收账款质押贷款期限不得超过剩余合同期限，票据贴现期限主要在 1 年以内

六、资产管理计划

资产管理计划通常包括信托计划、券商资管、基金资管、保险资管等，资产管理计划通常是银行、保险资金参与 PPP 的一种通道，属于被动管理。真正的主动管理类资管计划一般不参与 PPP 项目，而是参与证券一级半（定向增发）市场或二级市场。资产管理计划的资金通常来源于理财资金、信托资金、保险等委托资金，资金期限一般不超过 5 年，必要时可滚动续期。

（一）信托计划

目前信托计划参与 PPP 项目融资主要为被动管理，即银行或保险资金以信托计划作为通道，参与 PPP 项目。不过，信托公司也在积极转型，推出各类创新工具参与政府融资和 PPP 项目，以适应市场的变化，尤其是在 PPP 项目"过桥融资"、地方政府"债务置换"等领域，继续发挥其方式灵活的优势。

（二）券商资管

券商资管是指券商接受投资者以现金为主的高流动性金融资产的委托。凭借深厚的市场投资积淀，加上银行直接股权投资受限，券商资管受到了银行理财资金的青睐，成为银行理财参与 PPP 项目的重要通道。

（三）基金资管

2012 年 9 月，证监会发布《基金管理公司特定客户资产管理业务试点管理办法》，标志着基金管理公司可设立专门的子公司，通过设立专项资产管理计划开展专项资产管理业务，投资于未上市股权、债权及其他财产权利等。

基金子公司设立资管计划有两种形式，一是仅为委托的初始资产不低于 3000 万元人民币的单一客户服务；二是为特定的多个客户，具体要求为委托投资单个资产管理计划初始金额不低于 100 万元人民币，且能够识别、判断和承担相应投资风险的自然人、法人、依法成立的组织或中国证监会认可的其他特定客户，单个资产管理计划的委托人总人数不得超过 200 人，但单笔委托金额在 300 万元人民币以上的投资者数量不受限制，客户委托的初始资产合计不得低于 3000 万元人民币，但不得超过 50 亿元人民币。

在 PPP 项目中，最常见的是基金子公司的专项资管计划。

（四）保险资管

保险资管是保险资金借助资管计划投资 PPP 项目的表现形式。保险资金与 PPP 项目适应度较高，如图 8-12 所示。

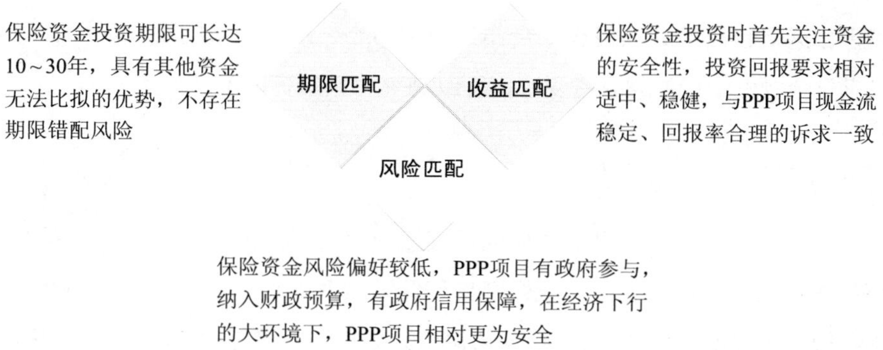

保险资金投资期限可长达 10~30 年，具有其他资金无法比拟的优势，不存在期限错配风险

期限匹配　**收益匹配**

风险匹配

保险资金投资时首先关注资金的安全性，投资回报要求相对适中、稳健，与 PPP 项目现金流稳定、回报率合理的诉求一致

保险资金风险偏好较低，PPP 项目有政府参与，纳入财政预算，有政府信用保障，在经济下行的大环境下，PPP 项目相对更为安全

● 图 8-12　保险资金与 PPP 项目相适应的表现

近来，保险投资的相关限制逐渐松绑。

2015 年 9 月，中国保监会联合发改委共同印发了《关于保险业支持重大工程建设有关事项指导意见》，要求保险资金发挥长期稳定、规模量大的优势，通过投资债券、设立基金等参与国家重大工程建设，拓宽投资空间，创新投资方式。

2016 年 7 月，保监会修订发布《保险资金间接投资基础设施项目管理办法》，拓宽投资空间，在防范风险的前提下，保险资金可通过投资计划采取债权、股权、物权及其他可行方式投资基础设施项目，并放宽保险资金可投资基础设施项目的行业范围，增加 PPP 模式等可行投资模式。

2017 年 5 月，中国保监会印发了《关于保险资金投资政府和社会资本合作项目有关事项的通知》，支持保险资金通过基础设施投资计划投资符合条件的 PPP 项目，为保险资金进入 PPP 项目提供了政策支持。

在政策制度的保驾护航下，保险资金加速对接 PPP 项目，除了基础设施债权可直接适用于 PPP 项目外，保险公司还可以直接投资能源、资源、养老、医疗、汽车服务、现代农业、新兴商贸流通等企业股权。

七、PPP 项目融资面临的问题

目前，我国 PPP 模式尚不成熟，配套的市场环境、政策规章等体系尚待完善，这就容易造成项目长期合作过程中面临一系列风险问题，项目公司难以满足金融机构相关的融资要求，导致 PPP 项目融资困难。

（一）PPP 立法缺失

PPP 模式与传统金融业务如何很好地对接是当前的主要问题。由于 PPP 相关法律并未出台，无法在融资结构和保证体系上来解决金融机构的诉求。创新模式和传统业务之间的通道、协调机制必须要有专门的法律规定来连接。

（二）项目发起不规范

目前，PPP 项目是各地财政部门逐级上报，并最终以财政部 PPP 项目入库为准。但各地对入库项目审核能力、标准执行程度存在差异，各地方政府对项目发起缺乏有效控制，会存在一些不适合 PPP 模式、伪 PPP 项目，造成项目本身"先天不足"。此外，大多数政府没有专业的 PPP 人才，对项目进行评估依靠的主要是咨询机构出具的实施方案，进而导致项目评估偏差较大、实操性低。

（三）风险难以预测和控制

虽然可以根据风险可控和分配优化等原则将 PPP 项目的风险适当转移给

社会资本，以发挥其风险管理和控制的优势，但由于 PPP 项目实施期限较长，一般可长达20～30年，在这漫长的时间内，原材料价格上涨、消费者偏好变化，项目技术工艺改革、国内外政治经济环境变化，以及政府履约意愿和履约能力等风险，都会对项目的实际经营和盈利情况产生影响，导致项目的实施和运营面临着难以预测的风险。

（四）PPP 项目公司独立进行项目融资的能力有限

为了保证 PPP 项目的建设运营，社会资本大多会设立独立的项目公司，但是由于项目公司成立时间较短，一般都会存在资产规模较小、现金流尚未实现等问题，无论是基于融资的可得性还是成本的最少化，往往都需要实力雄厚的股东等进行担保。且我国大部分经济效益良好的 PPP 付费项目已经落地甚至市场化，目前推进的项目中大部分现金流并不明晰，甚至主要依赖于政府付费或可行性缺口补贴，也制约了项目公司的资本市场融资能力。

（五）金融机构对 PPP 项目融资持谨慎态度

虽然说各类金融机构正积极参与各地示范项目的融资，但更多还是基于一种象征意义和政府对示范项目的高度重视。由于 PPP 项目风险难以预测且缺乏足够的增信手段，因此往往无法满足相关融资要求，即使商业银行的一线营销单位积极参与 PPP 项目的贷款融资，也会由于受到上级风控审贷等部门一系列要求的限制而难以落地。

社保、保险等机构则更为谨慎，对项目融资的增信要求比商业银行更为苛刻。对于信托、券商等机构的其他融资产品，如缺少强有力的担保等增信措施，融资可得性低且融资成本也会较高，也限制了相关机构参与 PPP 项目融资的热情。

（六）PPP 项目缺乏抵押优势

项目公司的固定资产不是很充分，并且固定资产的所有权并不一定属于项目公司。项目公司的主要还款来源还是未来的应收账款，比如政府付费、可行性缺口补贴和使用者付费等。

目前，银行主要通过对未来应收账款的评估，对应收账款做质押，但通常应收账款打折并不能完成满足银行对风险控制的要求，还需要社会资本方对项目做担保，大股东和政府也不希望提供全额担保，PPP 项目理论上是一种'有限追索权'的贷款，可在目前实际上使用的是"无限追索权"。这些都增加了项目融资的难度。

（七）退出机制不健全

退出机制的不健全导致金融机构不敢进入 PPP 项目。PPP 项目周期普遍在十年以上，且回报率较低。大多数项目约定项目公司股权不能自由转让。所以目前只有银行作为债权形式进行融资。其余金融工具几乎无法使用。导致大量场外资金无法进入 PPP 市场。只有明确退出机制，提高项目保障，建立创新金融规则，才能有效建立多元化的融资通道，退出通道，增加 PPP 项目中资产、资金的流动性，活跃 PPP 融资市场、建立项目公司股权交易市场等退出机制。

八、做好 PPP 项目融资的四个关键点

PPP 项目融资的成败对于项目实施具有至关重要的影响，融资成本高低也直接决定了项目实施的成本和物有所值（VFM）的衡量，因此，在 PPP 的推进过程中，需通过多渠道来化解 PPP 项目融资难的问题，并为社会资本提供多元化、规范化、市场化的获利和退出渠道，进而调动社会资本参与 PPP 的积极性。

（一）发挥政府政策的支持引导作用

由于 PPP 项目提供的是公共产品和公共服务，产品的效率和质量直接影响到社会公众的利益，因此政府有义务引导社会资本投向于鼓励的公共领域、并支持项目方便获得融资，尤其在 PPP 推进初期和市场融资环境恶化时，政府更应通过相关政策工具的支持，确保项目顺利融资、稳定实施。

1. 积极发挥 PPP 基金支持引导作用

中央财政引导设立了 1800 亿元 PPP 融资支持基金，新疆、河南、山东、江苏和湖南也落地了相关支持基金，以进一步发挥财政资金的杠杆和导向作用，提高项目融资的可获得性，还可引导社会资本更多投入于各级政府所鼓励发展的相关产业。

2. 探索开展政策性融资担保

融资担保是用来减少或消除 PPP 项目的融资、建设和运营风险的有效途径，政策性担保也是目前政策框架不完善情况下合理分配项目风险的必然要求。我们应有针对性地支持融资担保和再担保机构发展，加大政府出资以提高融资担保规模，并通过风险代偿、损失弥补等措施，引导担保机构扩大 PPP 项目融资担保业务规模，切实缓解项目融资难的问题。

3. 鼓励各级政府出资参股 PPP 项目

政府作为小股东参与投资 PPP 项目公司，有利于政府更便捷、更全面地了解项目的运营情况和相关财务信息，对社会资本而言，既减少了初期股权投入的资金压力，也有助于分担项目风险，还对项目有一定的融资增信效果。

4. 进一步加大政策性贷款支持

目前 PPP 所着力的交通、"海绵"城市、棚改、地下综合管廊等项目也是国家开发银行大力扶持的领域，生态、污染治理、农业开发和农村基础设施等方面农业发展银行也正积极参与，政策性银行筹资成本较低且又不以营利为目的，可通过差异性信贷支持 PPP 项目融资，以更好地发挥政策导向和支持作用。

（二）强化 PPP 制度约束和保障

作为推进 PPP 的牵头部门，财政部正着力完善"法律规范 + 政策指导 + 实施细则"的框架，以《关于在公共服务领域推广政府和社会资本合作模式指导意见的通知》为总指导，配套发布了 PPP 项目操作指南、合同管理、政府采购、财政承受能力论证等文件，尤其突出了 PPP 的依法合规、重诺履约、公开透明等基本原则，重申了合作伙伴采购的公平、公正、公开等要求，强调了项目财政支出责任纳入预算统筹安排等财政管理制度，以从社会资本的选择、政府和社会资本的平等协商立约、政府履约等方面，给产业和金融资本一颗"定心丸"，保障 PPP 模式持续健康发展。

作为项目顺利实施的重要保障，PPP 项目合同明确了政府和社会资本合作的责任权利，其中最为关键的条款是项目的付费机制，直接关系到 PPP 项目的风险分配和收益回报，也就决定了项目的可融资性。尤其应注意的是，政府与社会资本在合作协议中关于政府付费机制下的最低使用量设置、可行性缺口补助模式下的政府补贴的计算方式、使用者付费机制下的唯一性条款，以及社会资本所提供服务的调价机制等，都将对社会资本的收益水平产生直接影响，因此政府和社会资本应就上述条款进行充分沟通磋商，在合同中予以明确，并严格落实。

（三）鼓励各类金融机构多渠道参与

作为货币信用活动的中介，金融机构对 PPP 项目的认识和态度决定了项目的可融资规模，因此监管部门应引导金融机构正确识别、计量和控制风险，地方政府应加大融资担保、贷款贴息等方面的引导扶持力度，鼓励各类金融机构加大对 PPP 项目的融资。

商业银行的项目贷款还将继续作为 PPP 项目融资的主要资金来源，应综合考虑 PPP 项目的稳定性和公益性以及政府在 PPP 合作中的各项责任和义务，创新符合 PPP 模式特点的金融服务，实施精细化、差别化的分类管理，积极为政府和社会资本合作项目提供便利融资支持。

同时，应积极探索基金、券商等直接融资的渠道，以拓宽 PPP 项目融资来源，并在一定程度上降低项目融资成本；此外，应鼓励社保和保险机构，创新运用债权投资计划、股权投资计划、项目资产支持计划等多种方式，参与 PPP 项目融资；地方政府还应引导、支持商业担保和再担保机构，拓展风险管理和融资增信业务，提高 PPP 项目融资可得性。

此外，还应积极引入各类外资金融机构，一方面可以借鉴国外成熟的项目融资管理经验和风控办法，另一方面也能充分利用低利率的境外资金、拓宽 PPP 项目融资渠道和资金来源。

（四）灵活运用资本市场各类融资工具

PPP 项目生命周期较长，从公司组建、前期建设、运营初期到运营稳定期，现金流状况和风险水平不断优化，应根据 PPP 项目各阶段资产质量的差异，灵活运用资本市场上的各类工具，拓宽融资渠道并充分发挥不同产品的优势。

在项目公司组建阶段，政府和私人部门按约定出资入股，并可吸引各类产业投资基金、产业风险投资基金、保险资金、股权产品等直接投资项目股权。

在项目的建设和运营初期，投入较大且现金流较小，从融资的便利角度考虑，银行项目贷款还将继续是主要来源；项目收益债券和 PRN，以后期项目基础资产产生的稳定现金流作为主要还款来源，募集资金可直接投入固定资产投资，且存续期限较长，因此可以很好地满足 PPP 项目整个投资周期的融资需求；保险债权投资计划具有资金量大、期限长、成本低、运用灵活的特点，既适合 PPP 基金项目建设时的债务融资，也适合在建设完成后替换其他高成本、短期限的融资。

进入运营稳定期直至最终移交，PPP 项目现金流清晰可测，通过资产证券化（ABS）、资产支持票据（ABN）、保险资产支持计划等工具，可突破项目公司融资规模限制，甚至可能以高于主体的评级获得更低的融资成本；也可通过公司债、非公开定向债务融资工具、中期票据、永续票据等工具，置换前期银行贷款和补充流动资金；还可通过融资租赁等方式较为灵活地解决资金需求。

需要指出的是，尽管适合 PPP 项目融资的产品众多，但对于逐利的资本市场而言，不确定性过高的产品往往意味着较高的风险溢价，项目本身现金流和资产权益的保障力度始终是各类产品共同关注的焦点。无论是政府、社会资本或是项目公司，应首先将 PPP 项目本身的风险分配和收益保障落实，才能充分发挥上述工具的优势，真正实现项目融资的便利。

第九章

PPP 项目风险管理

PPP 作为一种新的项目模式，有利于减轻政府财政压力，提高项目的运营效率和服务质量，但是，由于 PPP 模式具有投资规模大、持续时间长的特性，且涉及政府和社会资本、社会公众多方的利益，因此，与一般建设项目相比，PPP 项目面临的风险更加复杂。分析研究 PPP 项目风险因素以及应对措施是一个亟待解决的重要问题。

本章主要内容包括：

➤ PPP 项目面临的主要风险

➤ PPP 项目风险管理基本流程

➤ PPP 项目风险应对策略

➤ PPP 项目风险管理

➤ PPP 项目风险防控机制建设的建议

一、PPP 项目面临的主要风险

风险是指在某一特定环境中，某一特定时期内，某种损失会发生的可能性。换句话说，就是在某一个特定时间段里，人们所期望达到的目标与实际出现的结果之间产生的距离称为风险。

在 PPP 项目中，各个参与方都会期待能实现一定的目标或利益。对于政府来说，希望通过 PPP 项目的实施获得高效稳定长期的公共产品或服务，以更好地满足社会公众的需求，履行服务社会的政府职能。对于社会资本（此处是指除了政府以外的任何通过 PPP 项目实现自己利益的参与方）来说，则希望通过参与政府公共产品或服务领域，获得长期持续商业机会，进而获得投资回报。但是，随着 PPP 项目的推进和实施，无论是政府还是社会资本，都会面临着自身期待的目标无法实现的可能，也就是所谓的 PPP 项目中的风险。

（一）政治风险

政治风险是指在 PPP 项目中因政府决策及相关政治因素所导致的各种风险，主要是指政治反对风险。

政治反对风险主要是指由于各种各样的原因，PPP 项目导致公众利益无法得到保护或者公众利益受损，或者是公众认为自身利益存在受到损害的可能性，从而引起政府、公众反对 PPP 项目所造成的风险。例如北京某水厂水价上涨的问题，由于关系到公众利益，遭到了公众的反对，政府为了维护公众利益不支持水价上涨。

（二）法律风险

法律风险是指 PPP 项目受相关法律法规及政府规定的影响无法正常建设与运营，甚至最终中止的风险。主要是政策变更风险，由于政府关于 PPP 项目以及公共产品和服务方面的政策进行调整，或者有关法律法规等进行重新修订，造成项目的合法性、市场需求、产品服务收费、合同协议的有效性等发生变化，影响了项目的正常建设和运营，甚至导致项目中止。同时，由于 PPP 项目种类多、范围广、操作复杂，涉及很多领域的法律法规，在项目建设实践中，相关法律法规有待完善，制度规定有待明晰，在项目建设中容易产生纠纷。

（三）市场风险

在市场层面，由于项目的周期性，也可能会导致一些风险，进而对项目的建设和顺利运营造成威胁。

1. 项目唯一性风险

项目唯一性风险是指政府或其他投资人新建或改建其他相似项目，导致对该项目形成实质性的商业竞争而产生的风险。项目唯一性风险往往又会引发市场需求变化风险、市场收益风险、信用风险等一系列后续风险，对项目的影响非常大。

2. 市场需求变化风险

市场需求变化风险是指排除项目唯一性风险，由于经济环境、社会环境、人口变化、法律法规调整等其他因素使市场需求变化，导致市场预测与实际需求之间出现差异而产生的风险。

3. 收费变更风险

收费变更风险是指由于 PPP 产品或服务的收费价格过高、过低或者收费调整不弹性、不自由导致项目公司的运营收入不如预期而产生的风险。

4. 市场收益不足风险

市场收益不足风险是指项目运营后的收益不能收回投资或不能达到预定水平的风险。

（四）建设风险

PPP 项目建设是一个复杂的工程，需要进行征地、设计建设方案、施工、购买材料等过程，这其中都有可能产生各种各样的风险。

1. 组织机构风险

组织机构方面的风险主要指项目组织设置方案不适于拟建项目的建设或营运，项目法人代表，企业管理层不能胜任项目的组织与管理，影响项目的实施进程。

2. 征地拆迁风险

按期取得合适的建设土地是 PPP 项目顺利实施的一个最基本的前提，由于 PPP 项目的公共服务属性，其所需土地一般而言均为政府以划拨方式提供给项目公司。受制于土地制度和征地行为的行政属性，PPP 项目的土地征收属于行政行为，而征地的落实具有非常大的难度，一旦土地不能按期按预算价格完成征收（包括地上、地下建筑物附着物、管线之类），将引发项目后续工作的连锁反应，特别是在边建设边征地的情况，一旦不能按时完成征地，整个项目建设时间节点将会打乱，进而引发施工单位的停工窝工，引发重大的延期索赔，从而造成项目成本的不可控。

3. 施工技术风险

施工技术主要指项目采用技术的先进性、可靠性、适用性和可得性与预测方案发生重大变化，可能给项目建设实施带来风险。有些项目地质条件复杂，工程结构对施工技术要求较高，施工阶段存在技术风险，且发生的可能性相对较大。

4. 工程风险

PPP 项目由于工程量庞大，施工方案、工程地质条件等与预测均有可能发生重大变化，导致工程量增加、投资增加、工期拖长给拟建项目带来的风险。当然，对于绝大多数项目而言，项目前期要经过专业的设计机构完成工程项目可行性研究，对项目选址、工程地质条件等方面进行全面勘查，但无论如何做足前期工作，前述风险还是存在的。

5. 投资估算控制风险

投资估算控制风险也称项目超概算风险。投资估算风险主要来自工程方案变动导致工程量增加、工期延长，人工材料等各种费率利率的提高，征地拆迁工作进展不顺利等。再加上不同施工条件环境的不可预见因素、工程设计变更（主动或被迫）等多种因素叠加，从而造成项目建设成本的控制风险，影响项目建设成本。

6. 需求不足风险

政府提供的项目前期资料，包括物有所值、政府承受能力及项目实施方案中的数据及使用需求的预测，都是建立在一种对过往数据分析及对未来发展趋势的一种判断上，具有极大的不确定性。例如，在高速公路项目中，由于车流量不足造成实际回报低于预期的例子比比皆是，部分高速公路通行费收入出现收益下降的情况。

（五）融资风险

融资风险是指由于融资结构不合理、金融市场不健全、融资的可及性等因素引起的风险，其中最主要的表现形式是融资困难。

PPP 项目的一个特点就是在招标阶段选定中标者后，政府与中标者先草签特许权协议，中标者要凭借草签的特许权协议在规定的期限内完成融资，融资完成后特许权协议才能正式生效。如果在约定的融资期限内中标者未能完成融资，将会被取消中标资格并没收投标保证金。

（六）社会管理风险

社会管理风险是指包括中央或地方政府的税收政策变更、市场利率变动的不确定性、外汇汇率变化和兑换风险、物价上升或货币购买力下降、政府或社会团体对项目的环保要求提高等导致的风险。

其中，汇率风险是指在当地获取的现金收入不能按预期的汇率兑换成外汇。其原因可能是因为货币贬值，也可能是因为政府将汇率定在一个官方水平上。这有可能会减少收入的价值，降低项目的投资回报。私营合作方在融资、建设经营基础设施时总是选择融资成本最低的融资渠道，不考虑其是何种外汇或本币，因此为了能够抵御外汇风险，私营合作方必然要求更高的投资回报率。政府可以通过承诺固定的外汇汇率或确保一定的外汇储备以及保证坚挺货币（如美元）的可兑换性与易得性承担部分汇率风险，这样私营合作方的汇率风险将大为降低，在其他条件（盈利预期等）相同的情形下，项目对民营部门的吸引力增强。

（七）不可抗力风险

不可抗力风险是指合同一方无法控制，在签订合同前无法合理防范，情况发生时又无法回避或克服的事件或情况，如自然灾害或事故、战争、禁运等。

二、PPP 项目风险管理基本流程

对风险进行分析和管理既是 PPP 项目合同设计的核心，更是 PPP 项目实施的重要组成部分，做好风险管理是项目顺利建设和稳定运营的重要保障。一般来说，PPP 项目风险管理包括以下几个环节。

1. 识别可能发生的风险并评估其发生概率

对项目进行可行性研究为项目风险识别提供了很好的基础，在进行可行性研究时对项目可能发生的风险类别和发生的概率等都做了一定程度的研究。在此期间可以利用风险分析矩阵对主要的风险类别在项目执行期间可能发生的概率进行简单描述。

2. 对识别风险进行定量定性分析

依据过去经验而进行判断的风险分析方法和高级复杂的风险建模分析手段的并存和应用使得风险管理成为一种定量，定性相结合的管理方法。

对风险进行识别后，接下来需要从定量和定性两个方面对风险可能造成的影响进行评估。风险对项目造成的影响可能会使项目的商业可行性发生改变（如项目回报率过低），或者这种风险对项目最终的产出和结果会造成间接影响（如项目输出质量和工期发生变化）。

3. 提出对冲应对风险的相应措施

对于多数风险来说，都存在相应的对冲措施。在 PPP 项目中，在项目规划前期全面做好风险管理安排有利于保证项目的顺利建设与运营。当风险管理措施逐步成熟以后，需要将其纳入项目合同的拟定和谈判中，以便于后期施工和运营时执行。常用的项目风险对冲措施如图 9-1 所示。

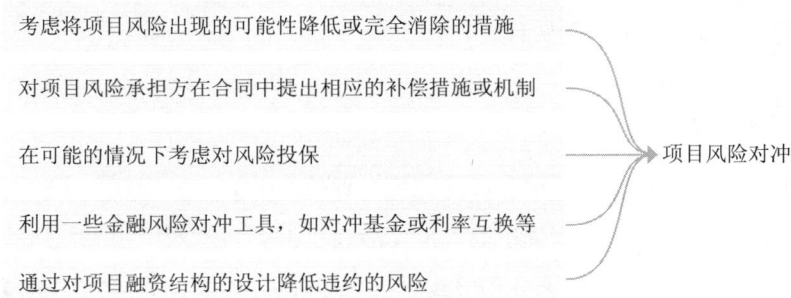

考虑将项目风险出现的可能性降低或完全消除的措施

对项目风险承担方在合同中提出相应的补偿措施或机制

在可能的情况下考虑对风险投保 → 项目风险对冲

利用一些金融风险对冲工具，如对冲基金或利率互换等

通过对项目融资结构的设计降低违约的风险

● 图 9-1　项目风险对冲相关措施

4. 合理分配风险

在充分识别风险及其影响后，项目合同方即可对风险进行合理的分配，将风险分配给最能有效管理配置的一方。例如，将政治、法律和监管风险交给政府管理，社会资本负责承担管理、运营以及项目的商业融资和财务等风险。对于政府和社会资本都不能管理好的风险，可以考虑在不对项目经济价值造成影响的前提下进行商业投保，将项目风险转嫁给第三方。如果无法找到合适的第三方保险，可以事先明确地约定好风险发生后合同双方彼此的责任和义务。如果政府在风险分配过程中可以主动承担一部分额外风险，如运营、管理等商业风险，将会大大增强项目对投资者的吸引力。

原则上来讲，风险的合理分配并不是意味着同一风险始终会让项目某方承担，因为项目的特性决定了风险管理的成本和优势，如果让社会资本承担过多的风险可能会增加项目融资成本和融资难度。

三、PPP 项目风险应对策略

通常来说，PPP 项目风险的应对策略主要有四种，分别为风险回避、风险自留、风险控制、风险转移。

（一）风险回避

风险回避是指在完成项目风险分析与评价后，如果发现项目风险发生的概率很高，而且可能的损失也很大，又没有其他有效的对策来降低风险时，应采取放弃项目、放弃原有计划或改变目标等方法，使其不发生或不再发展，从而避免可能发生的潜在损失。

比如，某 PPP 项目的可行性研究报告表明，虽然从净现值、内部收益率指标看是可行的，但通过进行敏感性分析表明该项目对投资、产品价格、经营成本均很敏感，这意味着该项目的实施存在很大的风险，因此政府和社会资本方决定不再投资建造该工程。

在面临灾难性风险时，采取回避风险的方式处置风险是比较有效的。但是同时，放弃承担风险也就意味着放弃某些机会。因此，某些情况下的风险回避是一种消极的风险处理方式。

（二）风险自留

风险自留是指项目风险保留在风险管理主体内部，通过采取内部控制措施来化解风险或者对这些保留下来的项目风险不再采取任何措施。

与其他风险对策相比，风险自留的特点是它可以不改变项目风险的客观性质，也就是既不改变项目风险的发生概率，也不改变项目潜在损失的严重性。风险自留可分为非计划风险自留和计划性风险自留两种。

1. 非计划风险自留

非计划风险自留是由于风险管理人员没有意识到项目某些风险的存在，

或者不曾有意识地采取有效措施，以致风险发生后只好保留在风险管理主体内部。这样的风险是被动风险。

导致非计划风险自留的主要原因如图 9-2 所示。

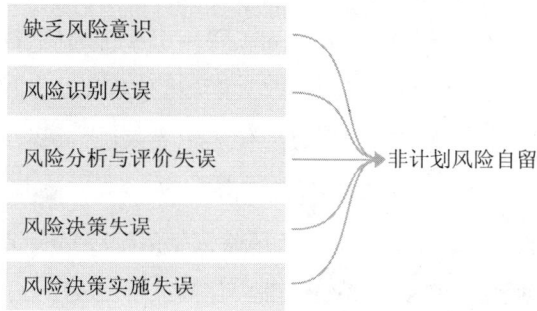

缺乏风险意识

风险识别失误

风险分析与评价失误 → 非计划风险自留

风险决策失误

风险决策实施失误

● 图 9-2　导致非计划风险自留的主要原因

事实上，对于大型、复杂的 PPP 项目而言，风险管理人员几乎不可能识别出所有的项目风险。从这个意义上来讲，非计划风险自留有时是在所难免的，因而也是一种比较适用的风险处理策略。但是，风险管理人员应当尽量减少风险识别和风险评价的失误，要及时制定并实施风险应对策略，从而避免被迫承担重大和较大的项目风险。

2．计划性风险自留

计划性风险自留是主动的、有意识的、有计划的选择，是风险管理人员在经过正确的风险识别和评价后制定的风险应对策略。风险自留绝不可能单独使用，而应与其他风险对策结合使用。在实行风险自留时，应保证重大和较大的风险已经进行了工程保险或实施了损失控制计划。

计划性风险自留的计划性主要体现在风险自留水平和损失支付方式两个方面。所谓风险自留水平，是指选择哪些风险事件作为风险自留的对象。确定风险自留水平可以从风险损失期望值大小的角度考虑，一般应选择风险损失期望值小或较小的风险事件作为自留的对象。计划性风险自留还应从费用、期望损失、机会成本、服务质量和税收等方面与工程保险比较后才能得出结论。

（三）风险控制

风险控制是一种主动、积极的风险对策。风险控制工作可分为预防损失和减少损失两个方面，预防损失措施的主要作用在于降低或消除（通常只能做到降低）损失发生的概率，而减少损失措施的作用在于降低损失的严重性和遏制损失的进一步发展，使损失最小化。一般来说，风险控制方案都应当是预防损失措施和减少损失措施的有机结合。

在采取风险控制措施时，所制定的风险控制措施应当形成一个周密的、完整的损失控制计划系统。该计划系统一般应包括三个组成部分，如图9-3所示。

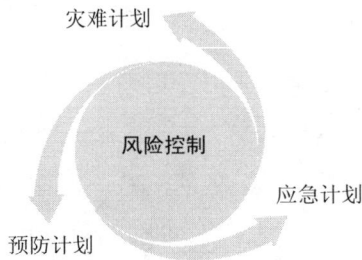

● 图9-3　风险控制计划体系的构成

1. 预防计划

预防计划的目的在于有针对性地预防损失的发生，其主要作用是降低损失发生的概率，在许多情况下也能在一定程度上降低损失的严重性。在损失控制计划系统中，预防计划的内容最为广泛，具体措施最多，包括组织措施、经济措施、合同措施、技术措施。

2. 灾难计划

灾难计划是一组事先编制好的、目的明确的工作程序和具体措施，为现场人员提供明确的行动指南，使其在灾难性的风险事件发生后，不至于惊慌失措，也不需要临时讨论研究应对措施，可以做到从容不迫、及时妥善地处理风险事故，从而减少人员伤亡以及财产和经济损失。

灾难计划是针对灾难性风险事件制定的，在灾难性风险事件发生或即将发生时付诸实施，其内容的设置应满足四项要求，如图 9-4 所示。

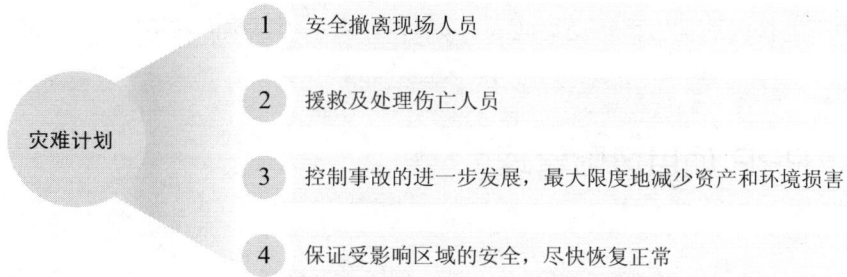

灾难计划

1　安全撤离现场人员

2　援救及处理伤亡人员

3　控制事故的进一步发展，最大限度地减少资产和环境损害

4　保证受影响区域的安全，尽快恢复正常

● 图 9-4　灾难计划内容设置应满足的要求

3. 应急计划

应急计划就是事先准备好若干种替代计划方案，当遇到某些风险事件时，能够根据应急预案对项目原有计划的范围和内容做出及时地调整，使中断的项目能够尽快全面恢复，并减少进一步的损失，使其影响程度降到最低。

应急计划不仅要制定所要采取的相应措施，而且要规定不同工作部门相应的职责，应急计划应包含的内容如图 9-5 所示。

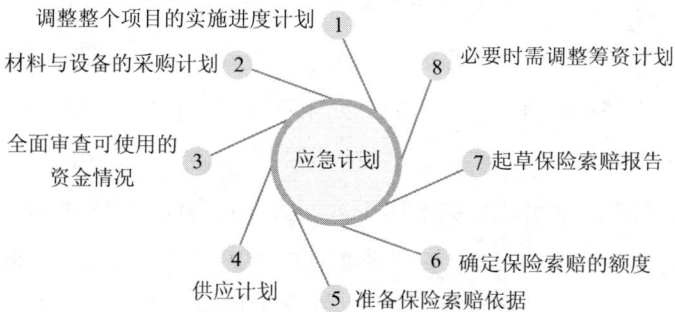

调整整个项目的实施进度计划　1

材料与设备的采购计划　2

全面审查可使用的资金情况　3

应急计划

8　必要时需调整筹资计划

7　起草保险索赔报告

6　确定保险索赔的额度

5　准备保险索赔依据

4　供应计划

● 图 9-5　应急计划的主要内容

（四）风险转移

风险转移是进行风险管理的一个十分重要的手段，当有些风险无法回避，必须直接面对，而以自身的承受能力又无法有效的承担时，风险转移就是一种十分有效地选择。但是应该注意的是，风险转移时通过某种方式将某些风

险的后果连同应对的权利和责任转移给他人。

转移的本身并不能消除风险，只是将风险管理的责任和可能从该风险管理中所能获得的利益移转交给他人，项目管理者不再直接面对被转移的风险。

四、PPP 项目风险管理

PPP 项目从发起到实施完成，有一个超长周期，项目的全过程会存在一系列的不确定性，其风险管理也贯穿于其前中后全过程。

在项目的识别准备阶段，社会资本的主要任务是结合项目的具体情况，识别判断出整个项目周期内可能会遇到的项目风险种类，结合自身的情况对项目可能存在的风险及其发生的概率，有一个初步的判断，此阶段重点解决项目的商业可行性问题，为分配项目合同风险，设定具体合同权利义务条件打下基础。

在项目采购签订 PPP 项目合同阶段，任何一方均就项目前期工作中所掌握预测的风险进行进一步的判断量化，通过项目谈判过程中的博弈和平衡，将识别出来的风险在政府与社会资本方之间进行合同分配，具体表现为 PPP 项目协议的具体条款之中，合同谈判的过程也就是风险分配的过程，由于项目的风险是客观存在且可能发生的，如果不适合某一方承担的风险，另一方利用合同的强势谈判地位不合适地安排给对方承担，一旦风险形成，将极易形成纠纷，甚至会造成项目失败居于合同谈判有利地位的一方利用强势地位迫使另一方接受合同的风险，形成不均衡的合同条件，这本身就是 PPP 项目最常见的风险，也是 PPP 项目失败的一种重要原因。

在 PPP 项目执行阶段，风险管理的重点：一是要协调好各方按合同履约，创造条件使项目顺利得到实施，达到各方目标，尽量避免风险的现实形成；二是及时根据项目执行具体情况，实时对不符合各种条件变化的合同条件进行变更调整，确保合同的可执行性，使各方的利益能够尽早地恢复至平衡状态，其中，很重要的一种方式就是根据项目中期评估，对服务价格进行调整，以避免社会资本的畸高、畸低收益。

五、PPP 项目风险防控机制建设的建议

在当前 PPP 模式相关机制体制尚不完善、项目运作缺乏经验的情况下，企业抢滩 PPP 市场需要建设过硬的管理基本功，企业必须认真做好以下几项关键工作。

（一）创建"PPP 模式智库"

企业进行战略引领，建立自己的"PPP 模式智库"。通过内部培养、外聘专家顾问等方式建立专业、高效、务实的专业研究队伍。全面、及时地跟踪国家部委和地方政府颁布的各类 PPP 政策法规，细致、科学地对政策法规体系进行分析研究，掌握政策精髓。

这样做的目的是要形成项目识别能力，即根据公司发展规划和战略确定哪些项目是企业可以探索的、哪些是坚决不能做的；形成市场分析能力，即分析拟参与 PPP 项目的外围环境，对合作伙伴（地方政府）的财政能力、信用情况、发展潜力进行综合评估；形成风险识别能力，对当前投融资机制、投资回报模式、退出方式等存在风险点的环节进行理性识别，研究应对措施，做到未雨绸缪。

（二）建立全链条的风险防范制度体系

企业要谨慎务实，建立全链条的风险防范制度体系。企业可以在对政策体系和当前案例充分调研论证的基础上，对 PPP 项目各个环节可能遇到的风险点进行逐一梳理。如 PPP 项目的融资是综合性的，在选择融资咨询机构时，要重点考察咨询机构的融资咨询能力和专业水平，不然就会对工作的推进造成难以预料的损失。

在合同风险防控方面，对合同的主体、权利义务、违约条款和担保条款等的确认都需要细上加细。在项目履约阶段，要针对管理风险开展风险评估，

提前制定风险控制措施，有效保障项目顺利实施。这些都需要企业建立一套涵盖 PPP 项目各个环节的风险防控制度体系，并且严格执行。

（三）注重人才培养

做好人才保障，打造一支专业的 PPP 项目管理运营团队。PPP 项目的特点是链条长，涵盖投资、建设、运营全产业链，业务范围涵盖项目开发设计、市场营销、土地开发、投融资筹划和实务、税务筹划管理、工程施工管理、法务管理、合同管理以及运营维护等多项工作，因此，企业需要一支视野开阔、专业过硬的人才队伍。需要注意的是，前期项目开发设计人才至关重要，既是 PPP 领域专家，同时也得是建筑业内专家。这就需要企业提前布局，做好优秀人才团队的引进和培养工作。

（四）地方政府建立稳定、融洽的合作关系

PPP 模式的本质是由政府对公共基础设施和公共服务投资建设运营管理全面负责，转变为与社会资本合作，利用社会资本的资金优势和专业能力，实现优势互补，共同为公众提供公共服务产品。

在具体的 PPP 项目中，政府的角色定位及权利义务颇为重要。这要求企业在项目前期不可急于求成，要和政府进行充分沟通，真正对双方诉求形成共识，并签署能够保障企业合法权益的法律文件，这样才能保障日后项目建设运营的顺利推进，也为建立长期稳定的政商关系奠定基础。

第十章

PPP 项目案例解析

在我国已经有不少成功的 PPP 项目案例，本章将介绍几项具有一定代表性的 PPP 项目案例，涉及水利设施、交通设施、公共服务、资源环境等多个领域，涵盖 BOT、TOT、BOO 等操作模式，它们是各地引入市场机制、推进 PPP 模式的有益探索，在社会资本选择、交易结构设计、回报机制确定等方面具有一定的参考价值。

本章主要内容包括：

➤ 城市交通 PPP 项目：北京地铁 4 号线 PPP 项目

➤ 水务领域 PPP 项目：池州污水处理及市政排水 PPP 项目

➤ 环保领域 PPP 项目：苏州市吴中静脉园垃圾焚烧发电项目

➤ 水利工程 PPP 项目：陕西南沟门水利枢纽工程项目

➤ 新型城镇化 PPP 项目：固安工业园区新型城镇化项目

➤ 文体领域 PPP 项目：深圳大运中心项目

一、城市交通 PPP 项目：北京地铁 4 号线 PPP 项目

北京地铁 4 号线项目是我国城市轨道交通行业第一个正式批复实施的特许经营项目，也是国内第一个运用 PPP 模式、引入市场部门运作的地铁项目。4 号线项目运用 PPP 模式进行融资，有效缓解了当时北京市政府的资金压力，实现了北京市城市轨道交通行业投资、运营主体的多元化，通过引入市场部门的参与，促进了技术进步和管理水平、服务水平的提升。北京 4 号线项目在研究 PPP 模式上具有典型意义，集中体现了 PPP 模式在打破基础设施建设融资难困境的创新价值，使政府部门和市场部门的力量形成一股合力，对于在现有预算框架下缓解地方债务，完善基础设施建设乃至推进新型城镇化，具有一定的借鉴意义和实践价值。

（一）项目概况

北京地铁 4 号线是北京轨道交通路网中的主干道之一，南起丰台区公益西桥，北至海淀区安河桥北，全长 28.2 公里。根据北京地铁 4 号线初步设计概算，总投资约 153 亿元，于 2004 年 8 月正式开工，2009 年 9 月 28 日通车并开始试运营，目前日均客流量达到 70 万人次。

按建设责任主体，将北京地铁 4 号线全部建设内容划分为 A、B 两部分：A 部分主要为土建工程部分，投资额约为 107 亿元，占 4 号线项目总投资的 70%，由已成立的四号线公司（北京基础设施投资有限公司全资子公司）负责投资建设；B 部分主要包括车辆、信号、自动售检票系统等机电设备，投资额约为 46 亿元，占 4 号线项目总投资的 30%，由社会投资者组建的项目特许经营公司（以下简称"特许公司"）负责投资建设。

（二）项目运作模式

市政府授权主管部门与特许公司签署《特许协议》，授予特许公司 4 号线项目投资、建设和运营的特许经营权。特许经营公司是在 PPP 项目中通过审批取得特许经营权、实施特许经营的公司。在北京地铁 4 号线项目中的 PPP 特许经营公司是北京京港地铁有限公司，该公司是由京投公司、香港地铁公司和首创集团公司按照 2 ：49 ：49 的出资比例组建。京投公司作为业主单位和项目的实际运作人，负责项目方案的设计、招商、谈判等工作。特许公司与 4 号线公司签订《资产租赁协议》，在 4 号线项目竣工验收后，取得 A 部分资产的使用权。

4 号线项目特许期包括建设期和特许经营期，特许经营期为 30 年。在特许经营期内，市政府按照《特许协议》规定，在建设期内将监督 4 号线公司确保土建部分按时、按质完工，并监督特许公司进行机电设备部分的建设。4 号线运营票价实行政府定价管理，采用计程票制，在特许期内，市政府根据相关法律法规、本着同网同价的原则，制定并颁布 4 号线运营票价政策，并根据社会经济发展状况适时调整票价。特许公司负责地铁 4 号线的运营管理、全部设施（包括 A 和 B 两部分）的维护和除洞体外的资产更新，以及站内的商业经营，通过地铁票款收入及站内商业经营收入回收投资。

30 年特许经营期结束后，特许公司（京港地铁）将 A 部分项目设施归还给 4 号线公司，将 B 部分项目设施完好无偿地移交给市政府指定部门。

北京地铁 4 号线 PPP 运作模式如图 10-1 所示。

北京地铁 4 号线 PPP 项目的参与方比较多，因此，其项目合同体系也比较复杂，4 号线项目特许经营协议包括主协议、16 个附件协议以及后续的补充协议，涵盖了投资、建设、试运营、运营、移交各个阶段，形成了一个完整的合同体系，项目合同结构如图 10-2 所示。

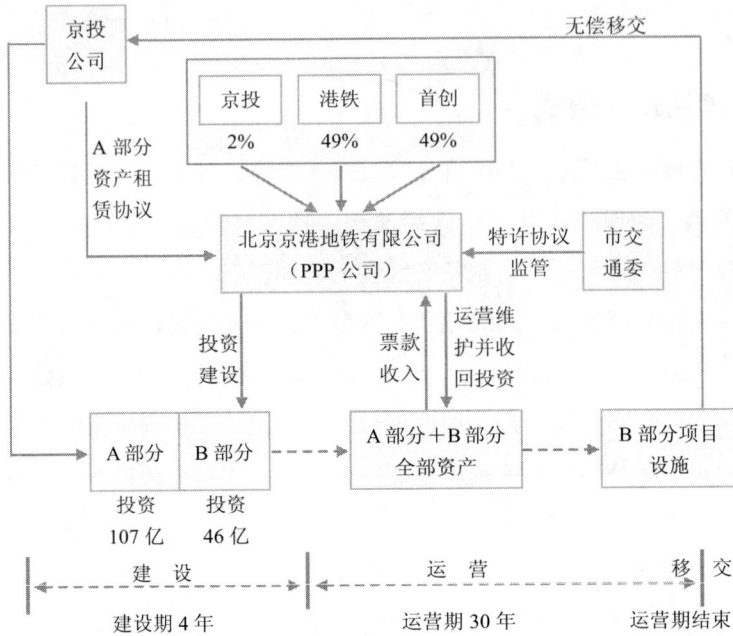

● 图 10-1　北京地铁 4 号线 PPP 运作模式

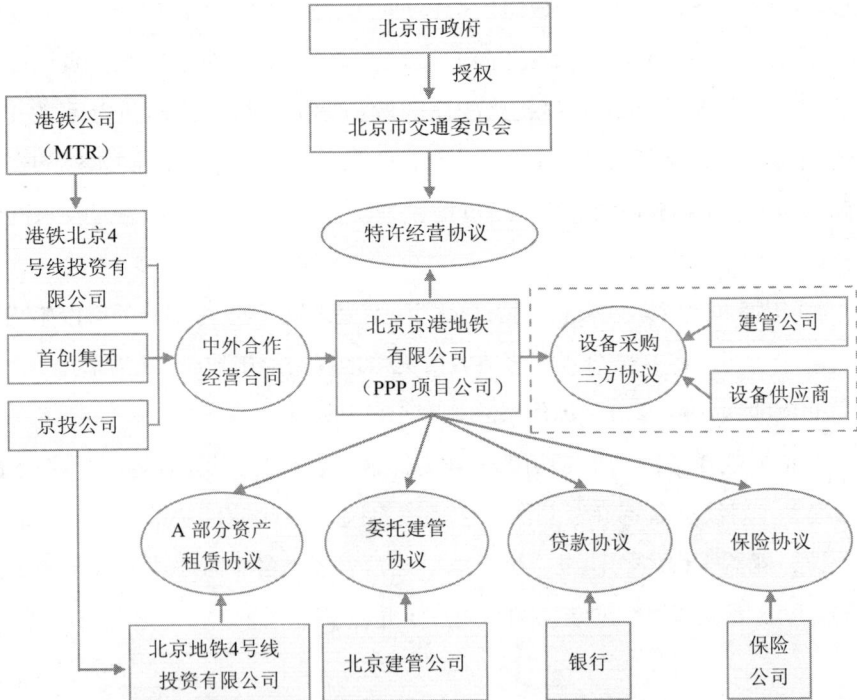

● 图 10-2　北京地铁 4 号线 PPP 项目合同体系

（三）项目经验借鉴

地铁 4 号线的 PPP 模式在成本、效率、服务等方面取得的效果是非常显著的。从项目运作和实施结果来看，有以下几点经验和意义。

1. 重视前期研究，规范运作

轨道交通等基础设施的投融资是一项极其复杂的系统工程，需要综合运用金融、财务和法律等方面的知识。本项目在没有成熟经验的情况下，组建了由专业的融资顾问、财务顾问、技术顾问、客流调查顾问、法律顾问等组成的顾问团队，广泛地分析国内外的融资案例，经过一年多的前期研究，形成了项目实施方案；并在各方共同努力和协作下，规范运作和实施，最终实现项目的成功运作。

2. 开创我国轨道交通建设 PPP 融资模式的先河，缓解了资金压力

如何筹集建设资金是制约轨道交通发展的首要障碍，而对于地铁这类很少盈利的项目来说，减少政府投入是成功的关键。根据测算，京港地铁负责地铁 4 号线约 30% 的投资，引进了建设资金近 50 亿元，这就意味着政府投入的大大节省；同时，在运营期内，京港地铁还要负责线路、设备设施的所有维修维护和更新改造工作，预计需投入的资金接近 100 亿元。北京地铁 4 号线 PPP 融资项目的运作，确定了项目研究内容、项目结构和核心问题，完成了股权结构、客流风险分担、结算票价体系、建设和运营服务标准等具体操作层面的创新设计，成为 PPP 融资模式的一个样本。

3. 引入竞争，提高地铁营运的管理水平，转化政府职能，实现政企分开

4 号线通过引入有实力和经验的国际投资人，引进了国际先进的地铁建设、管理理念和现代化的经营理念，能够提高地铁行业的建设效率和运营服务水平。同时，京港地铁的出现也在北京市的地铁行业内带来了鲇鱼效应，激活了地铁原有的体制，达到了改革的目的。

4. PPP 项目公司架构设计体现了各方的制约和平衡

港铁公司、首创集团和京投公司成立 PPP 项目公司——北京京港地铁有

限公司，港铁公司、首创集团和京投公司三方比例分别为 49%、49% 和 2%，港铁公司占 49% 的股份。港铁公司是由香港特区政府控制的上市公司，世界城市轨道领域最优秀的公司之一，其 30 多年香港地铁开发和运营经验是中标 4 号线投资的重要因素。首创集团是北京市国资委所属的特大型国有集团公司，主要投资于房地产、金融服务和基础设施三大领域，在投资 4 号线以前，参与了地铁 13 号线和 5 号线的投资建设。京投公司是北京市基础设施投融资平台，代表北京市政府参与 4 号线的投资，也代表政府对 4 号线运营的情况进行监督管理，同时平衡中外企业在项目公司的权益。

PPP 项目公司设立 5 名董事，其中京投公司委派 1 名，首创委派 2 名，港铁委派 2 名，京投公司委派的董事担任董事长。一旦港铁和首创发生意见分歧需要投票决定时，京投可以从中协调，且京投的一票至关重要。

从股权结构和董事会设计上，政府和社会资本均可以对项目公司运营产生重大影响，体现了制约和平衡，有利于项目公司的健康运营。

5. 通过资产租赁费平衡项目公司收益

在方案设计上，北京市政府担心项目公司收益过高，而作为合作方港铁公司也担心 4 号线投入后客流量不足，所以双方设计了一个调节项目公司投资回报的平衡机制，即项目公司与北京市平台公司签署了资产租赁协议，即项目公司租用 A 部分资产，租金水平与客流量相关联，在客流量高的时候，租金水平高，当 4 号线客流量低的时候，租金予以减免。

上述方式有效平衡了项目公司收益，既避免社会资本投资回报过高，又对社会资本的投资回报起到了一定的保障作用。

6. 构建了合理的风险分配机制

除国家政策、市场、不可抗力等系统性风险因素外，在非系统性风险中，对 4 号线 PPP 项目具有显著和直接影响的主要因素是建设期的完工风险以及运营期的客流风险和票价风险。特许经营协议对上述主要风险做出了妥善配置，设计了相应的风险防范机制，有利于保护协议各方利益。具体的风险分配机制详见表 10-1。

表 10-1　北京地铁 4 号线主要风险分配机制

风险类型	风险分配机制
完工风险	针对地铁 4 号线工程建设，特许经营协议设立了 23 个时间点，每一个时间点均设定了具体的完工日期。根据 A、B 部分的分工情况，23 个时间点的关键工期分别由地铁 4 号线公司和特许经营公司负责
客流风险	按照特许经营协议的规定，特许经营公司获得的票务收入和票价差额补偿均直接和客流量相关，客流风险主要由特许经营公司承担。当客流量连续三年低于预期客流的 80%，特许经营公司可申请补偿，或者放弃项目；当客流量超过预期客流时，政府分享超出预期客流量 10% 以内票款收入的 50%，超出客流量 10% 以上的票款收入的 60%。上述规定将特许经营公司承担的客流风险控制在一定范围内
票价风险	在特许经营期间，依据特许经营公司的票务收入和实际客流计算实际平均人次票价，如果实际平均人次票价低于特许经营协议规定的测算票价水平，市政府将就其差额给予特许经营公司补偿。如果实际平均人次票价收入水平高于测算票价收入水平，则特许经营公司需将其差额的 70% 返还给市政府。通过上述规定，特许经营公司基本不承担票价风险。由于本项目执行市政府定价，由政府承担票价风险也符合风险分配原则

二、水务领域 PPP 项目：池州污水处理及市政排水 PPP 项目

池州市主城区污水处理及市政排水设施购买服务 PPP 项目（以下简称"池州污水厂网一体项目"），被列入财政部第一批 PPP 示范项目，被财政部、住建部等部门列为典型案例，被业界誉为"池州模式"。

（一）项目概况

池州市污水处理及市政排水设施（主城区）PPP 项目，包括已建污水处理厂 2 座、处理能力 10 万吨 / 日（清溪污水处理厂一期 4 万吨 / 日、二期 4 万吨 / 日，城东污水处理厂 2 万吨 / 日）；已建排水管网约 750 公里；已建污水泵站 7 座（合计 10.45 万吨 / 日污水提升能力）；特许经营期 26 年。在特许经营期内，需规划新建污水处理厂 3 座（6.5 万吨 / 日）、排水管网 554 公里等污水处理及市政排水设施。

在该项目中，政府与社会资本合资组建项目公司；政府将已经建成的两

个污水处理厂、排水设施转让给项目公司，同时向项目公司授予特许经营权，由项目公司在特许期内投资和建设规划中的污水处理厂及排水设施，并负责对存量和增量厂网设施运营、维护和更新；政府根据项目公司的绩效情况支付服务费；项目公司在特许期结束后将上述设施完好、无偿地移交给政府。

（二）项目运作模式

根据池州市主城区污水处理设施的现状，按照"厂网一体"的要求，采用特许经营、政府购买服务组合的 PPP 模式进行运作。

（1）池州市人民政府或授权主体与选定的投资人合资组建项目公司。投资人和市政府指定主体按照 80%∶20% 比例组建项目公司，签署合资合同和章程。政府持有股权，参与项目公司的重大决策，但不参与日常的经营和管理。

（2）池州市人民政府授权市住建委与项目公司签署《特许经营协议》，授予项目公司对污水处理厂及排水设施的特许经营权。项目公司在特许期内投资建设规划中的污水处理厂及排水设施等，负责运营、维护和更新再有污水处理厂及排水设施，在特许经营期及购买服务合同期满后，将正常运行情况下的上述设施无偿、完好地移交给池州市人民政府或其指定机构。

（3）污水处理设施产权所有人与项目公司签署《资产转让协议》，将主城区已建的清溪污水处理厂（一期、二期）、城东污水处理厂、排水设施等转让给项目公司。

（4）池州市人民政府或其授权主体根据项目公司提供服务情况，按照《特许经营协议》的规定，向项目公司支付污水处理设施运行、维护服务费。

（5）对于改扩建项目、新建项目，参照《特许经营协议》中约定的相关原则，另行签订补充实施协议。

池州厂网一体项目通过 PPP 项目交易结构设计，明确了牵头部门。经过对池州项目政府部门的权限进行分析，池州市住建委作为实施主体，同时，市政府领导小组任命池州市住建委牵头负责项目实施方案、综合单价测算、服务标准制定、甄选最优投资人等工作；财政局牵头负责财政能力评估、收益测算、融资成本等工作；国资委牵头负责资产评估和确权等工作；池州市住建委和国管局共同牵头负责招标谈判工作等，池州市住建委牵头参与运营监管，具体的运作结构如图 10-3 所示。

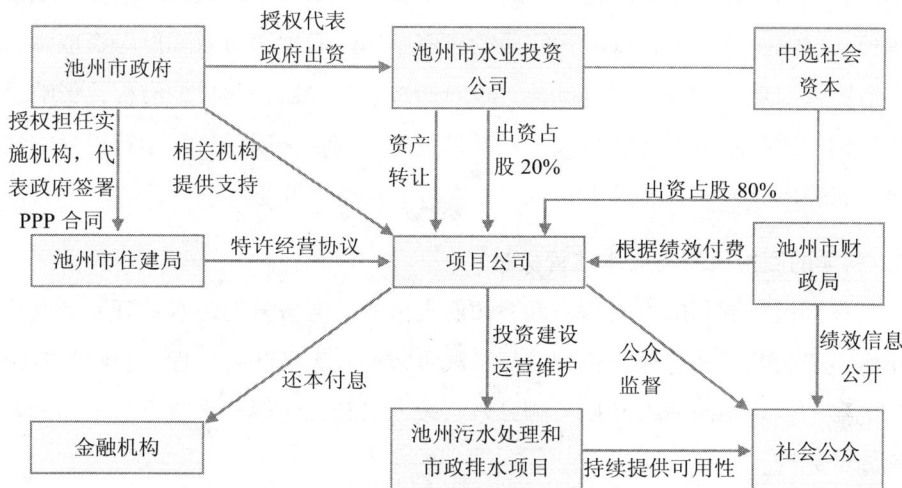

● 图 10-3　池州污水处理和市政排水 PPP 项目运作结构

（三）项目经验借鉴

对于 PPP 项目而言，需要结合项目的特点，在对不同地区原有监管体系研究分析的基础上，对监管涉及的相关事项进行创新性安排。在池州污水处理和市政排水 PPP 项目中，从项目自身出发，制定了具有针对性的监管机制。

1. 制定严谨的监管机制

池州项目的前期，制定了严格的投资人采购标准，并监督社会资本方如期正式签署PPP相关协议。项目实施机构也尽责监督中选的社会资本方在《PPP 项目合同》约定的期限内，在项目所在地注册成立项目公司，确保了项目公司的组织形式、股东出资比例、经营范围和期限等均符合《PPP 项目合同》的约定。此外，项目实施机构应监督项目公司各股东按照约定的进度要求足额完成对项目公司的出资，并由项目公司提交证明出资已完成的相关文件。

需要特别说明的是，在这个阶段政府监管到位，选择一个称职的社会资本方，将有效降低政府方监管的压力。

2．有效的融资监管措施

在融资贷款的监管方面，以项目公司作为融资主体，政府或政府部门并未提供代为还款的承诺或担保，这不同于在传统项目中，政府部门没有通过承担、担保、承诺等方式成为实质的融资主体。但为了有效降低融资成本，在投资人谈定的融资利率基础上，政府通过参与项目公司贷款流程，影响金融机构，最终使本项目获得较低利率的贷款，减轻了项目公司运营过程中资金方面的负担。

3．科学的回报机制与成本监管机制

在回报机制与成本监管方面，政府支付的服务费分为污水处理服务费和排水设施服务费两部分，分别进行了成本数据收集及测算，加之有财政等部门的参与，对初期成本及相关测算方法较为了解，使得成本监管及价格调整更简单易行。

4．构建合理的绩效监管机制

在绩效考核方面的监管，池州市参照深圳等地区的管网运营标准及管理办法等，制定了管网运营维护的技术规范及《池州市主城区污水处理及市政排水购买服务项目考核实施办法（暂行）》，市政府成立主城区污水处理及市政排水购买服务项目考核工作小组，日常考核工作由相关部门实施。考核内容主要包括：污水处理厂、排水管网及泵站运行维护两个方面，共计 95 项指标。对于考核不达标建立处罚机制，对项目公司进行处罚。建立中期评估机制，26 年特许经营期间每 3 年进行一次中期评估，对合同双方的履约情况进行综合评估，指导调整合同履行。

三、环保领域 PPP 项目：苏州市吴中静脉园垃圾焚烧发电项目

面对城市生活垃圾的压力，苏州市政府通过对国内多个垃圾处理的投资商进行全面考察，最终与光大国际合作推进固体废弃物处置方面的首个 BOT 项目。

（一）项目概况

苏州市垃圾焚烧发电项目由一、二、三期工程组成，总投资超过 18 亿元人民币，设计日处理规模为 3550 吨，年焚烧生活垃圾 150 万吨，上网电量 4 亿千瓦时，是目前国内已经投运的最大的生活垃圾焚烧发电厂之一。项目采用国际先进的机械炉排技术，焚烧炉、烟气净化系统、自动控制、在线检测等关键设备均采用国际知名公司的成熟产品，烟气排放指标全面达到欧盟 2000 标准，二噁英排放小于 0.1 纳克毒性当量每立方米。

项目一期工程配置 3 台 350 吨 / 天机械炉排焚烧炉，2 台 9 兆瓦 / 小时凝汽式汽轮发电机组，采用半干法加布袋除尘、活性炭吸附的烟气治理技术，烟气排放执行欧盟 I 号标准，日焚烧处理生活垃圾 1000 吨左右，各项生产指标在国内垃圾焚烧发电厂中均处于领先地位。二期工程新增日处理垃圾能力 1000 吨，三期工程日处理能力 1550 吨，并预留 500 吨能力。为配套焚烧厂的建设，苏州市政府与光大国际继续采取 BOT 方式，先后建成了沼气发电、危险废弃物安全处置中心、垃圾渗滤液处置等项目。同时，在政府的主导下，餐厨垃圾处理等其他固体废弃物处置项目也相继落户该区域内。这些项目相互配套形成了一定的集约效应和循环效应，为苏州城市化发展做出了积极的贡献。

截至 2014 年底，苏州垃圾焚烧发电项目已累计处理生活垃圾 761.91 万吨，上网电量 19.39 亿千瓦时，相当于节约标准煤 111.97 万吨，减排二氧化碳 255 万吨。

（二）项目运作模式

项目合作双方分别为苏州市政府和光大国际。选择光大国际作为合作者考虑的主要是其"中央企业、外资企业、上市公司、实业公司"的四重身份，具备较强的项目实施能力。项目由苏州市市政公用局代表市政府签约；光大国际方面由江苏苏能垃圾发电有限公司（后更名光大环保能源（苏州）有限公司）签约。由苏州市市政公用局代表市政府授权该公司负责项目的投资、建设、运营、维护和移交。

1. 合作机制

双方签订《苏州市垃圾处理服务特许权协议》，并于 2006 年、2007 年、2009 年等年度分别根据其中具体条款变更事项签订补充协议。

项目分三期采用 BOT 方式建设，其中一期工程项目特许经营期为 25.5 年（含建设期），二期工程特许经营期 23 年，三期工程设定建设期两年，并将整体项目合作期延长 3 年至 2032 年。在此合作模式下，市政府充分发挥其监管作用并建立较为完善的监管体系，主要包括三方面：

首先，项目所在地镇政府对产业园相关项目进行长期驻厂监管，并在厂内分别设有办公地点，对烟气、炉渣、飞灰等处置情况进行监管；相关职能部门成立的监管中心，有专人 24 小时联网监督重要的生产数据。

其次，垃圾焚烧发电项目的所有烟气排放均已实现在线公布，通过厂门口 60 平方米的电子显示屏向公众公示；且所有环保数据第一时间通过网络传输到环卫处监管中心、区、市环保局，实现了政府对运行的实时监管。

最后，政府部门每年两次委托市级以上政府环保监测机构对项目开展定期及不定期的常规烟气检测及二噁英检测，企业每年两次委托第三方对环境各项指标检测，确保项目运行中的环境安全。其中，二噁英每年共检测四次，由省环境监测站检测两次，项目公司自检两次，其他环境空气、生产废水、回用水检测频率已达到每月两次。

2. 社会资本收费机制

项目依靠经营净现金流收回投资、获得收益。项目收入主要包括垃圾处理费以及上网电价两部分，具体的收费机制详见表 10-2。

表 10-2　项目收费机制

费用名称	收费机制
垃圾处理费	双方最初约定项目基期每吨垃圾处理费为 90 元，当年垃圾处理费在基期处理费基础上，按照江苏省统计局公布的居民消费品价格指数 CPI（累计变动 3% 情况下）进行调整。后由于住建部调整城市垃圾处理收费标准、新建项目投运办法的原因，双方于 2006 年及之后多次签订补充协议并进行调整
上网电价	上网电价部分执行有关标准，一期工程为 0.575 元 / 度，二、三期工程为 0.636 元 / 度

项目公司除负担正常经营支出外，还需要负担苏州市部分节能环保宣传费用。

（三）项目经验借鉴

苏州市吴中静脉园垃圾焚烧发电项目实质是围绕城市垃圾处理的一个项目群。由于各个子项内容具有较强的关联性，通过整合实施，达到了优于各子项单独实施的规模经济效益。

1. 整合实施项目

垃圾处理包括多个相对独立的环节，吴中静脉产业园以垃圾焚烧发电项目为核心，将各种垃圾的集中处理，炉渣、渗滤液、飞灰等危险废物处理等环节进行有效整合，形成了一体化的项目群，达到了整体效果最优，如图 10-4 所示。

苏州市政府除了与光大国际通过 BOT 方式建设运营垃圾焚烧发电项目之外，各种废物在园区范围内均得到有效治理，生活垃圾焚烧产生的热量已向园区周边的一个用户供热，形成区内资源与外界的资源整合，提高能源综合利用程度。

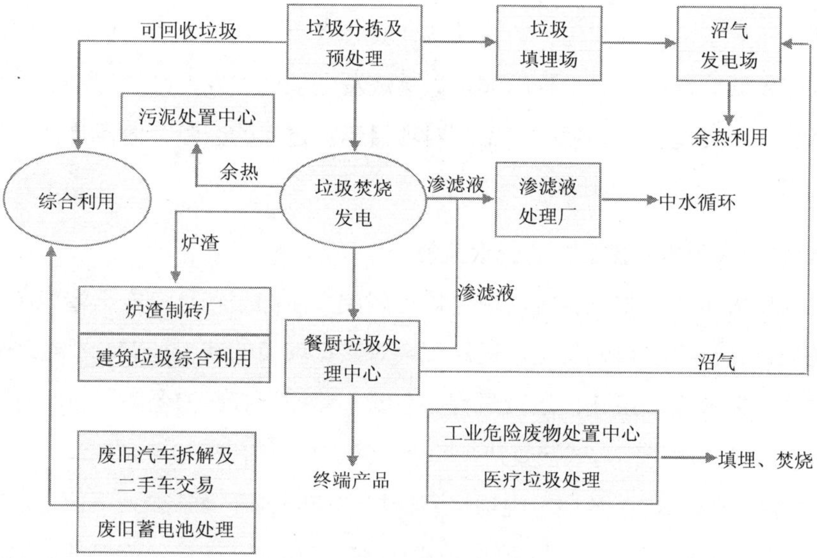

● 图 10-4 各个子项目相互耦合关系

2. 统筹兼顾各方利益

项目建设本着优化废物综合利用网络，从废物产生、收集、输送到转化处理各个技术环节进行全过程优化，以实现经济、社会、环境效益的最大化为目标，制定两个兼顾原则：在时间上，兼顾近期和远期；在空间上，兼顾当地和周边地区，以吴中区为核心，辐射范围至苏州全市乃至长三角地区。

3. 建立严密、完善的项目监督体系

垃圾焚烧发电项目在垃圾焚烧发电过程中会产生各种有毒、有害物质，每种有毒、有害物质都有其危害性，需要采取不同的处理技术、系列设备和措施来处理这些有毒、有害物质，而这将产生相应的处理费用，如果不对项目公司进行必要的外部监管，项目公司在项目运营过程中可能会产生道德风险，甚至实施违法犯罪行为。

吴中静脉园垃圾焚烧发电项目建立了较为严格的监督制度，所在地镇政府对产业园相关项目进行长期驻厂监管、专人 24 小时联网监督重要的生产数据；所有烟气排放均已实现在线上向公众公示；政府实时监管，项目还引入第三方对环境各项指标检测，确保项目运行中的环境安全，如由省环境监测站对二噁英每年共检测四次等。通过建立严密、完善的项目监督体系，不仅有效确保了该项目在实施过程中的环境安全，还增强了社会公众（尤其是周边居民）对该项目的信任，有效消解社会公众（尤其是周边居民）可能产生的误解和抵触情绪。吴中静脉园垃圾焚烧发电项目建立严密、完善的项目监督体系，尤其是着重加强政府部门对项目运营过程的监管，值得其他可能会污染周边环境的工程项目学习和借鉴。

4. 坚持以人为本，接受社会公众监督

对垃圾焚烧发电项目等可能对周边居民身体健康和环境安全造成不利影响的项目，社会公众尤其是周边居民会对该类项目的建设运营情况给予特别的关注。在该类项目建设运营过程中，除了需要加强政府监管之外，还应当积极采取各种途径和方式接受社会公众（尤其是周边居民）的监督。

吴中静脉园垃圾焚烧发电项目积极打造花园式环境并加大环保处理设施投入，严防二次污染，并与周边居民进行交流互动。在接受监督的同时，从当地居民对环境质量的要求出发，进行生态修复以提高区域内的环境友好性。

园区建设以来，原有的脏乱差现象有了极大的改善，区域内的宜居程度得到了大幅度提升，体现了造福于民的宗旨。将该项目所有烟气排放实现在线公示，并通过厂门口 60 平方米的电子显示屏向公众公示，主动接受社会公众和周边居民的监督，可以进一步增加社会公众（尤其是周边居民）对该项目的了解，从而进一步有效消解社会公众（尤其是周边居民）可能产生的误解和抵触情绪。只有社会公众（尤其是周边居民）对可能污染周边环境的项目享有充分的知情权，并可以通过各种便捷的方式对该类项目进行监督，该类项目才能获得社会公众（尤其是周边居民）的真正理解和支持。

5. 建立科学、合理的价格调整机制

吴中静脉园垃圾焚烧发电项目建立了相应的价格调整机制，双方不仅在 PPP 项目合同中明确约定垃圾处理费的价格调整机制：当年垃圾处理费在基期处理费基础上，按照江苏省统计局公布的居民消费价格指数 CPI（累计变动 3% 情况下）进行调整；而且在 PPP 项目合同履行过程中，双方也在不停地根据实际情况（包括政策变化）对垃圾处理费的价格进行调整，如在合同履行过程中由于住建部调整城市垃圾处理收费标准、新建项目投运办法的原因，双方于 2006 年及之后多次签订补充协议，对垃圾处理费价格进行调整。

四、水利工程 PPP 项目：陕西南沟门水利枢纽工程项目

陕西南沟门水利枢纽工程位于延安市黄陵县境内，水库坝址位于北洛河支流葫芦河河口上游约 3 公里处，距延安市约 120 公里，距西安市约 180 公里。该项目及其配套供水工程主要向延安南部重点能源化工项目供水。该项目被列入延安市"十一五""十二五"重点建设项目，是延安市"引水兴工，产业转型"发展战略的重要支撑，对延安经济社会发展意义重大。

（一）项目背景

陕西南沟门水利枢纽工程为大（Ⅱ）型工程，由南沟门水库和引洛入葫工程组成。南沟门水库由大坝、溢洪道、导流泄洪洞、引水发电洞、电站等

五部分组成，最大坝高 65 米，总库容 2 亿立方米。引洛入葫工程由马家河低坝引水工程和输水隧洞两部分组成，每年从洛河向南沟门水库调水 4424 万立方米，可有效解决葫芦河水量不足问题。

项目建成后，年均可供水 1.2 亿立方米，可有效解决制约延安南部经济社会发展的水资源瓶颈问题。同时，年可利用供水发电约 800 万度，有效提高水资源利用率。

（二）项目运作模式

政府出资方为延安水务投资建设有限责任公司，社会方为陕西延长石油投资有限公司、华能国际电力开发公司。供水对象主要是延安炼油厂、延安石化厂、延能化公司、华能延安电厂等陕西延长石油投资有限公司和华能国际电力开发公司关联方。

该项目采用"股东资本金出资 + 股东担保贷款"的模式。2004 年，该项目由陕西省交由延安市负责，原计划由延安市财政出资建设。但因项目投资过大，资金落实困难，延安市政府研究同意引入社会投资人共同投资建设。2008 年，延安市政府先后邀请相关企业商洽该项目合作事宜，经多轮谈判，与陕西延长石油投资有限公司、华能国际电力开发公司签订了《项目合作意向书》。

该项目概算总投资 19.21 亿元，其中资本金 54540 万元、贷款 137560 万元。为解决项目建设资金问题，延安市于 2009 年批准成立延安水务投资建设有限责任公司，作为政府投资主体，与陕西延长石油投资有限公司和华能国际电力开发公司按 40% ∶ 30% ∶ 30% 的比例出资 54540 万元资本金，组建延安南沟门水利枢纽工程有限责任公司作为项目法人，负责南沟门水利枢纽工程建设运营管理。银行贷款由项目公司的三方股东按 40% ∶ 30% ∶ 30% 的比例担保，其中延安水务投资建设有限责任公司 55024 万元、陕西延长石油投资有限公司 41268 万元、华能国际电力开发公司 41268 万元。

（三）项目经验借鉴

南沟门水利枢纽工程的成功建设运营，有效解决了延安经济社会发展水资源瓶颈问题，作为准公益性项目，为投资方带来一定收益的同时，能够保证投资人关联企业用水。该项目的顺利实施，对如何引入社会资本参与水利工程建设，提升建设运营水平具有一定参考价值。

1. 采用"资本金 + 担保贷款"的模式解决资金缺口

该项目使用社会投资经营主体的自有资金和担保贷款，替代了部分政府财政出资，解决了资金缺口问题。这一模式对于以供水为主经营性较强的水利项目具有示范价值。

2. 通过竞争性谈判择优选择社会投资主体

考虑该项目资金需求量大且具有较好的财务收益，当地政府邀请多方投资主体进行洽商谈判，采用竞争方式择优与社会投资主体签订了合作以及项目投资运营协议等。

3. 完善法人治理结构，提高经营管理水平

该项目由三方股东按《公司法》要求组建，完全按照现代企业模式运行，建立了较为完善的法人治理结构，在项目建设管理、运行管理、产品服务中均严格制定有关规章制度、技术标准等，不仅可以有效保障投资者权益，同时也有助于提高工程建设运营效率，保障工程顺利建设和安全运营。

4. 通过各投资方优势互补推进项目顺利进行

政府投资主体在项目前期工作中积极发挥了协调作用，确保了项目建设前期工作的顺利推进。陕西延长石油投资有限公司、华能国际电力开发公司等企业发挥资金优势，确保资本金和银行贷款足额到位，同时又作为用水需求主体，在项目建成后得到了充足的供水保证。

五、新型城镇化 PPP 项目：固安工业园区新型城镇化项目

固安工业园区地处河北省廊坊市固安县，与北京大兴区隔永定河相望，距天安门正南 50 公里，园区总面积 34.68 平方公里，是经国家公告（2006 年）的省级工业园区。

2002 年固安县政府决定采用市场机制引入战略合作者，投资、开发、建设、

运营固安工业园区。同年 6 月，通过公开竞标，固安县人民政府与华夏幸福基业股份有限公司（简称"华夏幸福公司"）签订协议，正式确立了政府和社会资本（PPP）合作模式。按照工业园区建设和新型城镇化的总体要求，采取"政府主导、企业运作、合作共赢"的市场化运作方式，倾力打造"产业高度聚集、城市功能完善、生态环境优美"的产业新城。目前，双方合作范围已拓展至固安新兴产业示范区和温泉休闲商务产业园区。

（一）项目概况

固安工业园区 PPP 新型城镇化项目，是华夏幸福公司在产业新城内提供设计、投资、建设、运营一体化服务，具体建设内容详见表 10-3。

表 10-3　固安工业园区新型城镇化主要建设内容

服务类型	具体内容
土地整理服务	配合以政府有关部门为主体进行的集体土地征转以及形成建设用地的相关工作
基础设施建设	包括道路、供水、供电、供暖、排水设施等基础设施投资建设
公共设施建设及运营服务	包括公园、绿地、广场、规划展馆、教育、医疗、文体等公益设施建设，并负责相关市政设施运营维护
产业发展服务	包括招商引资、企业服务等
规划咨询服务	包括开发区域的概念规划、空间规划、产业规划及控制性详规编制等规划咨询服务，规划文件报政府审批后实施

（二）项目运作模式

固安工业园区在方案设计上充分借鉴了英国道克兰港口新城和韩国松岛新城等国际经典 PPP 合作案例的主要经验，把平等、契约、诚信、共赢等公私合作理念融入固安县政府与华夏幸福公司的协作开发和建设运营之中。其基本特征如下。

1. 政企合作

固安县政府与华夏幸福公司签订排他性的特许经营协议，设立三浦威特园区建设发展有限公司（简称三浦威特）作为双方合作的项目公司（SPV），华夏幸福公司向项目公司投入注册资本金与项目开发资金。项目公司作为投资及开发主体，负责固安工业园区的设计、投资、建设、运营、维护一体化市场运作，着力打造区域品牌；固安工业园区管委会履行政府职能，负责决策重大事项、制定规范标准、提供政策支持，以及基础设施及公共服务价格和质量的监管等，以保证公共利益最大化，具体的合作模式如图 10-5 所示。

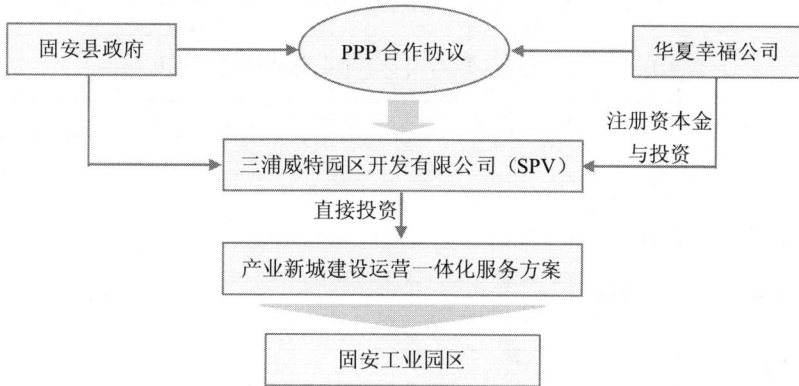

● 图 10-5　固安工业园区新型城镇化项目政企合作模式

2. 特许经营

通过特许协议，固安县政府将特许经营权授予三浦威特，双方形成了长期稳定的合作关系。三浦威特作为华夏幸福公司的全资公司，负责固安工业园区的项目融资，并通过资本市场运作等方式筹集、垫付初期投入资金。此外，三浦威特与多家金融机构建立融资协调机制，进一步拓宽了融资渠道，如图 10-6 所示。

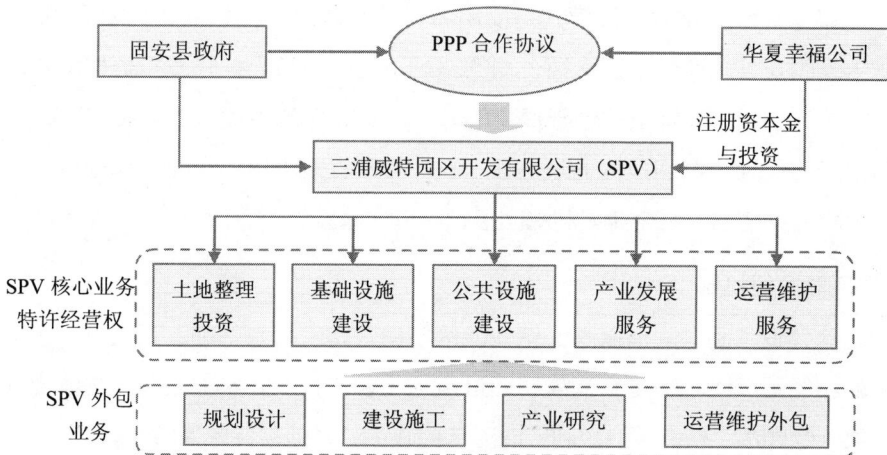

● 图 10-6　固安工业园区新型城镇化项目特许经营机制

3. 提供公共产品和服务

基于政府的特许经营权，华夏幸福公司为固安工业园区投资、建设、开发、运营提供一揽子公共产品和服务，包括土地整理、基础设施建设、公共设施建设、产业发展服务，以及咨询、运营服务等，具体详见表10-4。

表 10-4　华夏幸福公司为固安工业园区提供的产品和服务

业务类型	代表业务或约定
土地整理投资	土地整理直接投资安置房规划设计及建设
基础设施建设	道路管网（道路工程、热力管网、桥梁）
	景观建设
	厂站（热源厂、污水处理厂、自来水厂）
公共设施建设	公园体系（中央公园、滨水公园、门户公园、市民广场）
	经营性公建（学校、医院）
	非经营性公建（体育文化设施）
	规划展馆
产业发展服务	招商引资，形成落地投资，后期产业服务
咨询服务	三大规划
	详规、专项策划／设计
运营服务	城市运营
	公共设施运营
	专项运营

4. 收益回报机制

双方合作的收益回报模式是使用者付费和政府付费相结合，如图10-7所示。固安县政府对华夏幸福公司的基础设施建设和土地开发投资按成本加成方式给予110% 补偿；对于提供的外包服务，按约定比例支付相应费用。两项费用作为企业回报，上限不高于园区财政收入增量的企业分享部分。若财政收入不增加，则企业无利润回报，不形成政府债务。

5. 风险分担机制

社会资本利润回报以固安工业园区增量财政收入为基础，县政府不承担债务和经营风险。华夏幸福公司通过市场化融资，以固安工业园区整体经营效果回收成本，获取企业盈利，同时承担政策、经营和债务等风险。

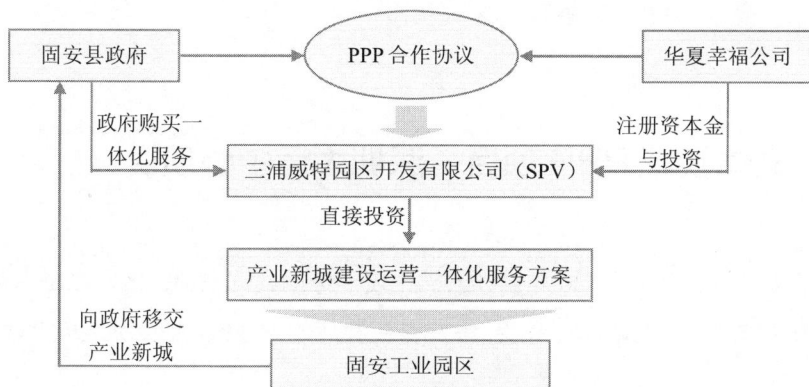

● 图 10-7　固安工业园区新型城镇化项目收益机制

（三）项目经验借鉴

固安工业园区新型城镇化在整体推进过程中较好地解决了园区建设中的一些难题，这种 PPP 模式正在固安县新兴产业示范区和其他县市区复制，具有较高的借鉴推广价值。

1. 采用区域整体开发模式，实现公益性与经营性项目的统筹平衡

传统的单一 PPP 项目，对于一些没有收益或收益较低的项目，社会资本参与意愿不强，项目建设主要依靠政府投入。固安工业园区新型城镇化采用综合开发模式，对整个区域进行整体规划，统筹考虑基础设施和公共服务设施建设，统筹建设民生项目、商业项目和产业项目，既防止纯公益项目不被社会资本问津，也克服了盈利项目被社会资本过度追逐的弊端，从而推动区域经济社会实现可持续发展。

2. 利用专业团队建设运营园区，实现产城融合发展

为提高固安工业园区核心竞争力，固安县政府通过让专业的人做专业的事，华夏幸福公司配备专业团队，政府和社会资本构建起平等、契约、诚信、共赢的机制，保证了园区建设运营的良性运转。固安县政府在推进新型城镇化的同时，统筹考虑城乡结合问题，加快新农村建设，进行产业链优化配置，实现了产城融合发展。

六、文体领域 PPP 项目：深圳大运中心项目

深圳大运场馆是第 26 届世界大学生夏季运动会的主场馆区，也是深圳实施文化立市战略，发展体育产业，推广全民健身的中心区，是深圳地标性建筑。

（一）项目概况

深圳大运中心位于深圳市龙岗区龙翔大道，距离市中心约 15 公里，是深圳举办 2011 年第 26 届世界大学生夏季运动会的主场馆区，也是深圳实施文化立市战略、发展体育产业、推广全民健身的中心区。

大运中心含"一场两馆"，即体育场、体育馆和游泳馆，总投资约 41 亿元，位于深圳龙岗中心城西区。大运中心工程量巨大，南北长约 1050 米，东西宽约 990 米，总用地面积 52.05 万平方米，总建筑面积 29 万平方米，场地面积相当于 132 个标准足球场。其中，体育场总体高度 53 米，地上建筑五层，地下一层，于 2010 年底完工，成为深圳地标性建筑。

世界大学生夏季运动会成功举办之后，深圳大运中心的运营维护遇到了难题，每年高达 6000 万元的维护成本成为深圳市政府的沉重负担。

为解决赛后场馆持续亏损的难题，深圳市政府同意把大运中心周边 1 平方公里的土地资源交给龙岗区开发运营，并与大运中心联动对接，原则上不得在大运中心"红线"内新建建筑物。佳兆业集团依托于场馆的平台，把体育与文化乃至会展、商业有机串联起来，把体育产业链植入商业运营模式中，对解决大型体育场馆赛后运营财务可持续性难题进行了有益尝试。

（二）项目运营模式

本项目采用 ROT 模式，即龙岗区政府将政府投资建成的大运场馆交给佳兆业集团以总运营商的身份进行运营管理，双方约定 40 年期限届满后，再由佳兆业集团将全部设施移交给政府部门。

佳兆业集团接管大运中心并不涉及房地产开发。佳兆业集团与龙岗区政府签订"一场两馆"ROT 主协议，获得 40 年的修建和运营管理权；佳兆业集团成立项目公司，作为深圳大运中心项目的配套商业建设及全部运营管理的平台，财政对项目公司给予五年补贴；项目公司与专业运营公司签订运营协议，与常驻球队和赛事机构签订场馆租赁协议，与保险公司签订保险协议，与供电企业签订供电协议，与金融机构签订融资协议，与媒体单位签订播报协议。

深圳大运中心项目结构如图 10-8 所示。

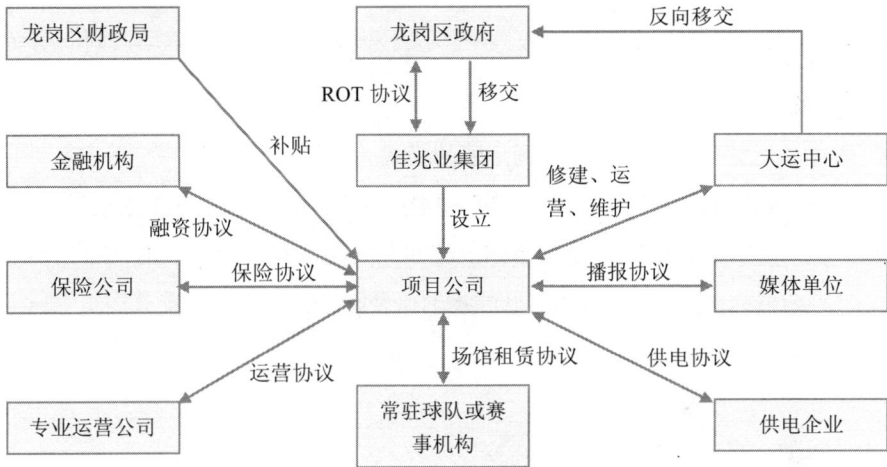

● 图 10-8　深圳大运中心项目结构

（三）项目经验借鉴

深圳大运中心项目是 PPP 模式在文体领域应用的典范，为政府解决大型赛事结束后场馆永续利用和经营难题提供了解决方案。

1. 建立运营绩效考核机制

每年由管理部门对总运营商进行绩效评估和公众满意度测评，并邀请有国际化场馆运营经验的机构做出第三方评估。将考核评估与奖励挂钩，成立由文体旅游、发改、财政、公安、交通、城管等相关职能部门组成的运营监管协调服务机构，协助总运营商做好运营。

2. 创立运营调蓄基金

项目建立运营调蓄基金，通过商业运作反哺场馆运营的资金管理办法为平衡大运场馆日常维护费用提供了资金渠道。

从国内其他大型场馆的运营经验来看，仅仅依靠场馆的租赁费用难以为继场馆的日常维护费用，龙岗区政府与佳兆业集团吸取国内外经验，通过划拨方式将部分商业用地交由总运营商开发利用，以此产生的利润来弥补大运场馆日常运营的亏损情况，创造性地提出由政府方和运营方共同管理的调蓄基金的做法值得在更广范围内推广。

此外，该项目在运营初期引入了有力的政府补贴机制，有效地缓解了大型场馆运营之初通常出现的较大额度的收不抵支状况，降低总运营商的资金压力。

3. 建立总运营商和专业团队共同运营的模式

深圳大运中心项目采取总运营商与专业团队共同运营的模式，由实力雄厚的总运营商引入 AEG、英皇集团、体育之窗等具有国内外赛事、演艺资源和场馆运营经验的专业运营团队共同承担运营职责。

第十一章

PPP 项目资产证券化

PPP 项目本身资金投入巨大，如果主要依靠银行贷款或者社会资本自有资金，不仅很难满足 PPP 发展的要求，而且风险较大。PPP 项目资产证券化是破解 PPP 项目融资难题的一条有效途径，资产证券化可以将缺乏流动性但又能够生产可预见的稳定现金流的资产转换为在金融市场上可出售和流通的证券，从而使资金需求方利用其所有的资产未来现金流为信用基础，通过发行证券获得直接融资，具有风险低（不计入资产负债表）、融资成本低、融资效率高等优点。

本章主要内容包括：

➤ 什么是资产证券化

➤ PPP 项目资产证券化的政策支持

➤ PPP 项目资产证券化的特点

➤ PPP 项目资产证券化的意义

一、什么是资产证券化

资产证券化是指以基础资产未来产生的现金流为偿付支持，通过结构化设计进行信用增级，在此基础上发行资产支持证券的过程。它是以特定资产组合或特定现金流为支持，发行可交易证券的一种融资形式。

（一）资产证券化的含义

广义的资产证券化是指某一资产或资产组合采取证券资产这一价值形态的资产运营方式，它包括四类，详见表 11-1。

表 11-1　资产证券化的类别

类别	具体介绍
实体资产证券化	即实体资产向证券资产的转换，是以实物资产和无形资产为基础发行证券并上市的过程
信贷资产证券化	就是将一组流动性较差信贷资产，如银行的贷款、企业的应收账款，经过重组形成资产池，使这组资产所产生的现金流收益比较稳定并且预计今后仍将稳定，再配以相应的信用担保，在此基础上把这组资产所产生的未来现金流的收益权转变为可以在金融市场上流动、信用等级较高的债券型证券并进行发行的过程
证券资产证券化	即证券资产的再证券化过程，就是将证券或证券组合作为基础资产，再以其产生的现金流或与现金流相关的变量为基础发行证券
现金资产证券化	即现金的持有者通过投资将现金转化成证券的过程

根据产生现金流的资产证券化类型不同，通常将资产证券化划分为资产支持证券（简称 ABS）和住房抵押贷款证券（简称 MBS）。MBS 与 ABS 之间最大的区别在于：前者的基础资产是住房抵押贷款，后者的基础资产是除住房抵押贷款以外的其他资产。与 MBS 相比，ABS 的种类更加繁多，具体可以细分为汽车消费贷款、学生贷款证券化，信用卡应收款证券化，贸易应收款证券化，设备租赁费证券化等。

（二）资产证券化的特点

作为一种融资方式，资产证券化具有以下几个特点：

1. 资产证券化是一种结构型的融资方式

资产证券化是一种结构型的融资方式，这主要表现在两个方面：一是对证券化的基础资产进行分解：按照资产的期限、利率等特点，对资产进行分解、组合和定价，并重新分配风险与收益。二是对银行的中介功能进行分解：将过去由银行一家承担的发放贷款、持有贷款、监督贷款使用和回收贷款本息等业务转化为多家机构共同参与的活动。

2. 资产证券化是一种收入导向型的融资方式

资产证券化的融资方式是凭借进行证券化的基础资产的未来收益来融资。投资者在决定是否购买资产担保证券时，主要依据的是基础资产的质量、未来现金收入流的可靠性和稳定性。

3. 资产证券化是一种表外融资方式

资产证券化融资一般要求将证券化的资产从资产持有者的资产负债表中剔除。

4. 资产证券化是一种低成本的融资方式

资产证券化运用成熟的信用增级手段，改善了证券发行的条件，较高信用等级的资产担保证券在发行时不必借助折价或者提高发行利率等增加成本的手段来吸引投资者的投资。一般情况下，资产担保证券总能以高于或低于面值的价格发行，支付的手续费也比原始权益人发行的类似证券低。

5. 资产证券化是一种低风险的融资方式

与产权融资的资产融资不同，资产担保权益的偿还不是以公司产权为基础，而以被证券化的资产为限。

通过资产证券化，发起人持有的金融资产转化为证券在市场上交易，实际是发起人最初贷出去的款项在市场上进行交易，这样就把原来由发起人独家承担的资产风险分散给多家投资者承担，从而起到降低借贷风险的作用。

（三）资产证券的参与主体

资产证券化的参与者包括发行人、服务人、发行人、承销商、信用增级机构、信用评级机构、受托管理人、投资人等，各个参与者的主要职责详见表 11-2。

表 11-2　资产证券化的主要参与者

参与者	主要职责
发起人	又称原始权益人，它是资产证券化的最初需求者，是推动资产证券化的始动原因。其职责主要是确定证券化的基础资产，并真实出售给 SPV。发起人主要有金融公司、商业银行、储蓄机构、计算机公司、航空公司、制造企业、保险公司和证券公司等
服务人	主要职责受托管理证券化基础资产，监督债务人履行合同，向其收取到期本金和利息，以及追索过期的应收账款等相关活动。服务人通常可以由发起人或者其附属公司来担任
发行人	即特殊目的中介机构（SPV），它是资产证券化结构的一个标志性要素，是资产证券化结构区别于其他融资结构的显著标志。其主要职责是按真实销售标准从发起人处购买基础资产，负责资产的重新组合，委托信用增级机构或自身对基础资产进行信用增级，聘请评级机构，选择服务人、受托管理人等为交易服务的中介机构，选择承销商代为发行资产担保证券 发行人可以是专营资产证券化业务的专业机构，也可以是信托机构
承销商	负责安排证券的初次发行，同时监控和支持这些证券在二级市场上的交易，主要由投资银行担任
信用增级机构	SPV 在发行证券之前需要对资产进行信用增级，信用增级机构的主要职责就是降低资产担保证券整体风险，提高资产担保证券的资信等级，提高其定价和上市能力，降低发行成本。信用增级机构一般由发行人或第三方担任
信用评级机构	资产证券化发行的证券要达到一定的信用等级，因此也要进行信用评级。信用评级机构的主要职责就是对资产担保证券进行评级，为投资者建立一个明确的、可以被理解和接受的信用标准，同时其严格的评级程序和标准为投资者提供了最佳保护
受托管理人	面向投资者，担任资金管理和偿付职能，负责收取和保管记录资产组合产生的现金收入，在扣除一定的服务费用后，将本金和利息支付给资产担保证券的投资者
投资人	指抵押担保证券的购买者，包括机构投资者和个人投资者两类。投资资产担保证券的投资者一般有银行、保险公司、养老基金、投资基金、其他公司以及少数的散户投资者
其他参与者	对发行资产担保证券提供咨询和相关服务的会计师事务所、律师事务所等机构

（四）资产证券化的基本流程

概括地讲，一个完整的资产证券化的基本运作程序是：发起人将需要证券化的资产出售给一家特设信托机构（Special Purpose Vehicle，SPV），或者由 SPV 主动购买可证券化的资产，然后将这些资产汇集成资产池，再以该资产池产生的现金流为支撑在金融市场上发行有价证券融资，最后用资产池产生的现金流来清偿所发行的有价证券，具体运作流程如图 11-1 所示。

在这一过程中，SPV 以证券销售收入向资产权益人偿付资产出售价款，以资产产生的现金流向投资者偿付所持证券的权益。

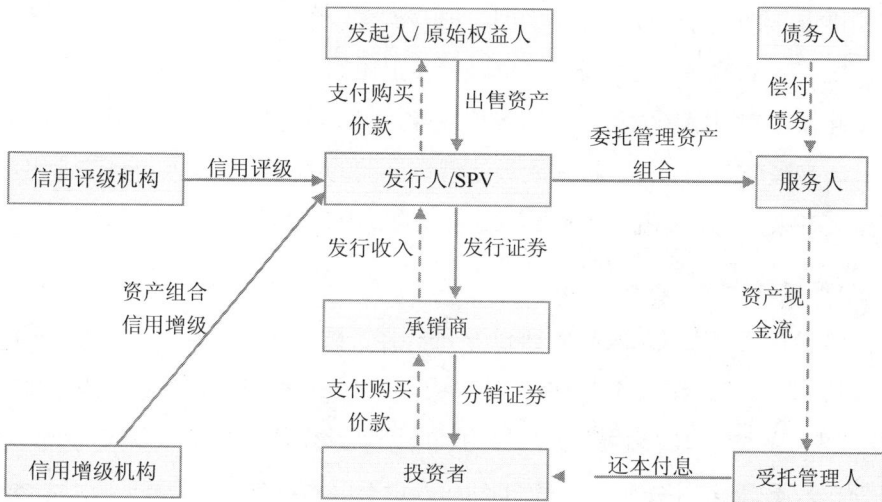

● 图 11-1　资产证券化的运作流程

具体来说，这一操作程序包括九大步骤。

1. 确定目标并组成资产池

发起人（一般是发放贷款的金融机构，也可以称为原始权益人）分析自身的资产证券化融资要求，确定资产证券化目标，然后对自己拥有的能够产生未来现金收入流的信贷资产进行清理、估算和考核，决定借款人信用、抵押担保贷款的抵押价值等并将应收和可预见现金流资产进行组合，根据证券化目标确定资产数，最后将这些资产汇集形成一个资产池。

需要注意的是，对资产池中的每项资产发起人都必须拥有完整的所有权，同时，还应尽量保证资产池的预期现金收入流大于对资产支持证券的预期还本付息额。

2. 组建特设信托机构（SPV）

特设信托机构（SPV）是专门为资产证券化而设立的一个特别法律实体，它是一个以资产证券化为唯一目的的、独立的信托实体，可以由发起人设立，注册后的特设信托机构的活动必须受法律的严格限制，如不能发生证券化业务以外的任何资产和负债，在对投资者付清本息之前不能分配任何红利，不得破产等。其资金全部来源于发行证券的收入。特设信托机构成立后，发起人即将资产池中的资产出售给特设信托机构。

应当注意的是，上述交易必须以真实出售的方式进行，即出售后的资产在发起人破产时不作为法定财产参与清算，资产池不列入清算范围，从而达到"破产隔离"的目的。破产隔离使得资产池的质量与发起人自身的信用水平分离开来，投资者就不会再受到发起人的信用风险影响。

3. 资产权属让渡

证券化资产完成从发起人到 SPV 的转移，即实现资产的权属让渡。在法律实质意义上的资产证券化中的资产转移应当是一种真实的权属让渡，在会计处理上称为"真实销售"。其目的是保证证券化资产的独立性——发起人的债权人不得追索该资产，SPV 的债权人也不得追索发起人的其他资产。

真实出售的资产转移要求做到以下两个方面：第一，基础资产必须完全转移到 SPV 手中，这既保证了发起人的债权人对已转移的基础资产没有追索权，也保证了 SPV 的债权人对发起人的其他资产没有追索权；第二，由于资产控制权已经从发起人转移到了 SPV，因此应将这些资产从发起人的资产负债表中剔除，使资产证券化成为一种表外融资方式。

4. 完善交易结构，进行信用增级

为完善资产证券化的交易结构，特设机构要完成与发起人指定的资产池服务公司签订贷款服务合同、与发起人一起确定托管银行并签订托管合同、与银行达在成必要时提供流动性支持的周转协议、与券商达成承销协议等一系列的程序。

同时，为了吸引更多的投资者，改善发行条件，特设信托机构还必须提高资产支持证券的信用等级，使投资者的利益能得到有效地保护和实现。因为资产债务人的违约、拖欠或债务偿还期与特设信托机构安排的资产证券偿付期不相配合都会给投资者带来损失，所以信用提高技术代表了投资银行的业务水平，成为资产证券化成功与否的关键之一。

信用增级的方式主要有三种，如图 11-2 所示。

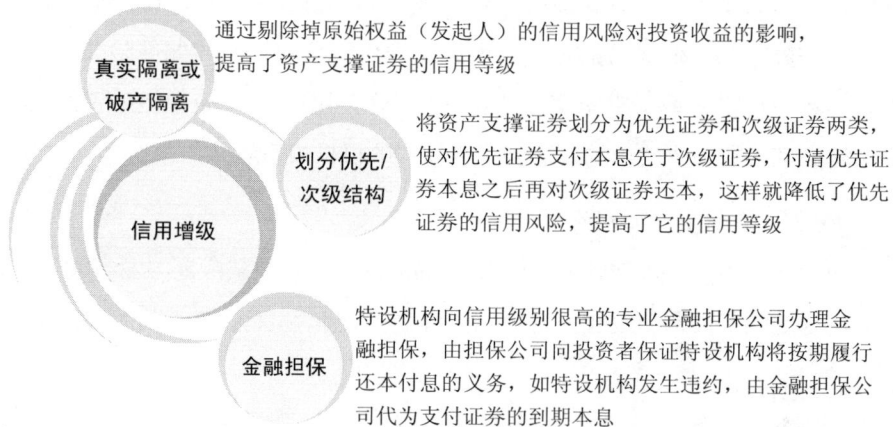

- 图 11-2　资产证券化信用增级的方式

5. 资产证券化的信用评级

资产证券化的信用评级，即由信用评级机构对未来资产能够产生的现金流进行评级以及对经过信用增级后的拟发行证券进行评级。

在资产证券化交易中，信用评级机构通常要进行两次评级：初评与发行评级。初评的目的是确定为达到所需要的信用级别必须进行的信用增级水平。在按评级机构的要求进行完信用增级之后，评级机构将进行正式的发行评级，并向投资者公布最终评级结果。信用评级机构通过审查各种合同和文件的合法性及有效性，给出评级结果。信用等级越高，表明证券的风险越低，从而使发行证券筹集资金的成本越低。

资产支持证券的评级为投资者提供证券选择的依据，因而构成资产证券化的又一重要环节。评级由专门评级机构应资产证券发起人或投资银行的请求进行，评级考虑因素不包括由利率变动等因素导致的市场风险，而主要考虑资产的信用风险。被评级的资产必须与发起人信用风险相分离。由于出售的资产都经过了信用增级，一般来说，资产支持证券的信用级别会高于发起人的信用级别。资产证券的评级较好地保证了证券的安全度，这是资产证券化比较有吸引力的一个重要因素。

6. 证券发行与销售

信用评级完成并公布结果后，SPV 将经过信用评级的资产支持证券交给证券承销商去承销，可以采取公开发售或私募的方式来进行。由于这些证券一般具有高收益、低风险的特征，所以主要由机构投资者（如保险公司、投资基金和银行机构等）来购买。这也从一个侧面说明，一个健全的资产证券化市场必须要有一个成熟的、达到相当规模的机构投资者队伍。

7. 向发起人支付资产购买价款

SPV 向发起人支付购买证券化资产的价款，SPV 在获取证券发行收入后，按照约定的购买价格向发起人支付购买价款，至此，发行人的筹资目的达成。

8. 资产池管理

资产支持证券发行完毕后到金融市场上申请挂牌上市，但 SPV 还需要对资产池进行管理和处置，对资产所产生的现金流进行回收。管理人可以是资产的原始权益人即发起人，也可以是专门聘请的有经验的资产管理机构。

在信贷资产证券化运作中，管理人主要负责收取债务人按期偿还的本息并对其履行债务实施监督，在房地产证券化运作中，管理人主要负责通过出租或出售房地产等方式获取收益。

9. 清偿证券，产品结束

按照证券发行时说明书的约定，在证券偿付日，SPV 将委托受托人按时、足额地向投资者偿付本息。利息通常是定期支付的，而本金的偿还日期及顺序就要因基础资产和所发行证券的偿还安排的不同而定了。当证券全部被偿付完毕后，如果资产池产生的现金流还有剩余，那么这些剩余的现金流将被返还给交易发起人，资产证券化交易的全部过程也随之结束。

（五）国内资产证券化的模式

2005 年是资产证券化元年，《信贷资产证券化试点管理办法》发布，我国资产证券化正式启动；2005—2008 年发展缓慢：共发行信贷资产化产品17 单，企业资产证券化产品 9 单；2008 年金融危机后，为了防范风险，我国监管部门叫停了资产证券化业务；2011 年资产证券化重启，随后资产支持票据推出，资产证券化日趋多样化；2014 年底启用备案制，资产证券化进入发展高峰期。目前，我国已经形成了包括银监会、央行审批监管的信贷资产证券化，证监会监管的证券公司企业资产证券化，中国银行间市场交易商协会注册发行的资产支持票据（ABN），以及保监会主导的资产支持计划四种模式。

1. 信贷资产证券化

2005 年中国人民银行和证监会联合发布《信贷资产证券化试点管理办法》，标志着我国资产证券化试点正式拉开序幕。信贷资产证券化是由银行业金融机构作为发起机构，将信贷资产委托给受托机构，由受托机构以资产支持证券的形式向投资机构发行受益证券，以该财产所产生的现金支付资产支持证券收益的结构性融资活动。

信贷资产证券化的基础资产包括符合条件的国家重大基础设施项目贷款、涉农贷款、中小企业贷款、经清理合规的地方政府融资平台公司贷款、节能减排贷款、战略性新兴产业贷款、文化创意产业贷款、保障性安居工程贷款、汽车贷款等。

2. 企业资产证券化

企业资产证券化又称资产支持专项计划，它是通过证券公司或基金子公司以非金融企业的资产作为基础资产成立专项计划，在交易所发行证券化产品。2014 年 11 月，证监会发布的《证券公司及基金管理公司子公司资产证券化业务管理规定》及配套规则是企业资产证券化主要的政策依据。

企业资产证券化的基础资产实行负面清单制，要求符合法律法规规定，权属明确，可以产生独立、可预测的现金流且可特定化的财产权利或者财产。可以是单项财产权利或者财产，也可以是多项财产权利或者财产构成的资产组合。企业应收账款、租赁债权、信贷资产、信托受益权、基础资产、商业物业等不动产财产或不动产收益权均在其中。

3．资产支持票据

2012 年 8 月，银行间交易商协会发布《银行间债券市场非金融企业资产支持票据指引》，第三种主要的资产证券化产品正式推出，资产支持票据是指非金融企业在银行间债券市场发行的，由基础资产所产生的现金流作为还款支持的，约定在一定期限内还本付息的债务融资工具。

资产支持票据的基础资产必须是符合法律法规规定，权属明确，能够产生可预测现金流的财产、财产权利或财产和财产权利的组合。基础资产不得附带抵押、质押等担保负担或其他权利限制。

4．资产支持计划

2015 年 8 月中国保监会发布关于印发《资产支持计划业务管理暂行办法》的通知，支持资产证券化业务发展。资产支持计划是指保险资产管理公司等专业管理机构作为受托人设立支持计划，以基础资产产生的现金流为偿付支持，面向保险机构等合格投资者发行受益凭证的业务活动。

资产支持计划基础资产为能够直接产生独立、可持续现金流的财产、财产权利或者财产与财产权利构成的资产组合。

以上四种业务模式在监管机构、审核方式、发起人、管理人、投资者、基础资产、交易场所、法律关系等方面都有所不同，详见表 11-3。

表 11-3　资产证券化的四种模式对比

要素	信贷资产证券化	企业资产证券化	资产支持票据（ABN）	资产支持计划
监管机构	央行、银监会	证监会	银行间交易商协会	保监会
审核方式	备案制＋注册制	备案制	注册制	注册制
发起机构	商业银行、政策性银行、其他银行业金融机构	非金融企业、金融租赁公司	非金融企业	未明确规定
管理人	信托公司、银监会批准的其他机构	证券公司、基金子公司	视特殊目的载体类别而定	保险资产管理公司
投资者	银行、保险公司、证券投资基金、企业年金、全国社保基金等	合格投资者，合计不超过200人	公开发行或非公开定向发行	未明确规定
SPV	特殊目的信托	证券公司／基金子公司资产支持专项计划	不强制要求设立SPV，可以使用特殊目的账户隔离的资产支持形式，也可以引入其他形式的SPV	保险资产公司的资产支持计划
基础资产	银行信贷资产（企业贷款、个人住房贷款、消费贷款等）	债权类、受益权类资产（企业应收款、融资租赁、高速公路收费权等）	能产生可预测现金流的财产、财产权利（公共事业未来收益权，政府回购应收款等）	直接产生独立的财产、财产权利或组合
评级要求	双评级，优先级必须评级	单评级，优先级必须评级	公开发行是双评级，非公开定向发行不要求评级	受托人应当聘请符合监管要求的信用评级机构对受益凭证进行初始评级和跟踪评级
交易场所	银行间债券市场	证券交易所，证券业协会机构报价与转让系统、证券公司柜台市场	银行间债券市场	保险资产登记交易平台
登记托管机构	中央国债登记结算有限责任公司	中国证券登记结算有限责任公司	上海清算所	保险资产登记交易平台

二、PPP 项目资产证券化的政策支持

PPP 项目资产证券化并非首次提出，而是由来已久。政府针对 PPP 项目资产证券化先后出台了一系列政策，详见表 11-4。

表 11-4　PPP 项目资产证券化相关政策

发布时间	发文单位	文件名称	关于 PPP 项目资产证券化的内容
2014.11.16	国务院	《关于创新重点领域投融资机制鼓励社会投资的指导意见》	"大力发展债券投资计划、股权投资计划、资产支持计划等融资工具，延长投资期限，引导社保资金、保险资金等用于收益稳定、回收期长的基础设施和基础产业项目" "推动铁路、公路、机场等交通项目建设企业应收账款证券化"
2014.12.24	基金业协会	《资产证券化基础资产负面清单》	"以地方政府为直接或间接债务人的基础资产。但地方政府按照实现公开的收益约定规则，在政府与社会资本合作模式（PPP）下应当支付或承担的财政补贴除外"
2015.4.25	发改委等六部门	《基础设施和公用事业特许经营管理办法》	"国家鼓励通过设立产业基金等形式入股提供特许经营项目资本金。鼓励特许经营项目公司进行结构化融资，发行项目收益票据和资产支持票据等。国家鼓励特许经营项目采用成立私募基金，引入战略投资者，发行企业债券、项目收益债券、公司债券、非金融企业债务融资工具等方式拓宽投融资渠道"
2015.8.25	保监会	《资产支持计划业务管理暂行办法》	"支持计划存续期间，基础资产预期产生的现金流，应当覆盖支持计划预期投资收益和投资本金。国家政策支持的基础设施项目、保障房和城镇化建设等领域的基础资产除外。本款所指基础资产现金流不包括回购等增信方式产生的现金流"

发布时间	发文单位	文件名称	关于 PPP 项目资产证券化的内容
2016.5.13	证监会	资产证券化监管问答（一）	"为社会提供公共产品或公共服务的相关收费权类资产可以作为基础资产开展资产证券化业务，同时 PPP 项目开展资产证券化原则上需为纳入财政部 PPP 示范项目名单、国家发展改革委 PPP 推介项目库或财政部公布的 PPP 项目库的项目"
2016.7.5	中共中央、国务院	《关于深化投融资体制改革的意见》	"依托多层次资本市场体系，拓宽投资项目融资渠道，支持由真实经济活动支撑的资产证券化，盘活存量资产，优化金融资源配置，更好地服务投资业务"
2016.8.10	发改委	《关于切实做好传统基础设施领域政府和社会资本合作有关工作的通知》	"推动 PPP 项目与资本市场深化发展相结合，依托各类产权、股权交易市场，通过股权转让、资产证券化等方式，丰富 PPP 项目投资退出渠道"
2016.12.21	发改委、证监会	《关于推荐传统基础设施领域政府和社会资本合作（PPP）项目资产证券化相关工作的通知》	明确了资产证券化的方式和适应领域，为国内推动 PPP 项目资产证券化融资方式提供了政策支持与操作指导
2017.1.9	沪深交易所	《关于推进传统基础设施领域政府和社会资本合作（PPP）项目资产证券化业务的通知》	对于优质 PPP 项目资产证券化产品实行"5+3"（5 个工作日提出反馈意见，收到反馈后 3 个工作日明确是否符合挂牌要求）的即报即审措施，提高挂牌效率
2017.2.17	基金业协会	《关于 PPP 项目资产证券化产品实施专人专岗备案的通知》	依据《资产支持专项计划备案管理办法》的备案标准，在不放松的前提下即报即审，提高备案效率

三、PPP 项目资产证券化的特点

PPP 项目资产证券化是以 PPP 项目未来所产生的现金流为基础资产，与一般的资产证券化相比，PPP 项目资产证券化的操作模式并无本质差异，但考虑到 PPP 模式本身的特点，PPP 项目资产证券化也有一定的独特之处。

（一）运营管理权和收费收益权相分离

根据《基础设施和公用事业特许经营管理办法》（2015 年第 25 号令），在交通运输、环境保护、市政工程等领域的 PPP 项目往往涉及特许经营，因此在这些 PPP 项目资产证券化的过程中，项目基础资产与政府特许经营权是紧密联系的。同时，由于我国对特许经营权的受让主体有严格的准入要求，PPP 项目资产证券化中要转移运营管理权比较困难，因此实际操作中更多的是将收益权分离出来作为基础资产进行证券化。

（二）可将财政补贴作为基础资产

《资产证券化业务基础资产负面清单指引》中将"以地方政府为直接或间接债务人的基础资产"列入负面清单，但提出"地方政府按照事先公开的收益约定规则，在政府和社会资本合作 (PPP) 模式下应当支付或承担的财政补贴除外"，这一规定为 PPP 项目资产证券化提供了政策可能。实际上，财政补贴作为部分 PPP 项目收入的重要来源，可以产生稳定的、可预测的现金流，符合资产证券化中基础资产的一般规定。

（三）产品期限要与 PPP 项目期限相匹配

PPP 项目的期限一般为 10 ～ 30 年，相较于目前我国存在的一般类型的资产证券化产品的期限（多数在 7 年以内）要长很多。因此要设计出与 PPP 项目周期长特点相匹配的 PPP 项目资产证券化产品，需要在投资主体准入和产品流动性方面提出更严格的标准和更高的要求，并不断推动政策的完善和交易机制的创新。

（四）更关注 PPP 项目本身

《关于进一步做好政府和社会资本合作项目示范工作的通知》（财金〔2015〕57 号）中明确规定："严禁通过保底承诺、回购安排、明股实债等方式进行变相融资"。这相当于禁止了地方政府对 PPP 项目违规担保承诺的行为，也对 PPP 资产抵质押提出了更高要求。因此，在 PPP 项目资产证券化过程中应更注重项目现金流的产生能力和社会资本的增信力度，保证 PPP 项目资产证券化的顺利开展。

四、PPP 项目资产证券化的意义

为拓宽 PPP 项目融资渠道，引导 PPP 项目资产证券化的良性发展，国务院及相关部门出台的政策文件中都对 PPP 项目资产证券化持一定的鼓励态度。实际上，在基础设施和公共服务领域开展 PPP 项目资产证券化，对于盘活存量 PPP 项目资产、吸引更多社会资金参与提供公共服务、提升项目稳定运营能力具有较强的现实意义。

（一）盘活存量 PPP 项目资产

PPP 项目中很大比重属于交通、保障房建设、片区开发等基础设施建设领域，建设期资金需求巨大，且项目资产往往具有较强的专用性，流动性相对较差。如果对 PPP 项目进行资产证券化，可以选择现金流稳定、风险分配合理、运作模式成熟的 PPP 项目，以项目经营权、收益权为基础，变成可投资的金融产品，通过上市交易和流通，盘活存量 PPP 项目资产，增强资金的流动性和安全性。

（二）吸引更多社会资金参与提供公共服务

PPP 项目期限长，资金需求大，追求合理利润，而且法律政策层面没有对退出机制的明确保障，因此对社会资金的吸引力相对有限。通过 PPP 项目资产证券化，有利于建立社会资金在实现合理利润后的良性退出机制，这一创新性的 PPP 项目融资模式将能够提高社会资本的积极性，吸引更多的社会资金投身于公共服务的提供。

（三）提升项目稳定运营能力

PPP 项目开展资产证券化，借助其风险隔离功能，即通过以真实销售（指资产证券化的发起人（Transferor）向发行人（Special Purpose Vehicle）转移基础资产或与资产证券化有关的权益和风险）的途径转移资产和设立破产隔离的 SPV（SPV 在法律上独立于资产原始持有人，其所拥有的资产在发起人破产时不作为清算资产）的方式来分离能够产生现金流的基础资产与发起人的财务风险，在发行人和投资者之间构筑一道坚实的"防火墙"，以确保项目财务的独立和稳定，夯实项目稳定运营的基础。

第十二章

PPP 项目资产证券化的运作

PPP 项目资产证券化的基础资产主要有三种类型，即收益权资产、债权资产和股权资产，其中，收益权资产是 PPP 项目资产证券化最主要的基础资产类型。结合我国 PPP 模式推广运行的实践，以收益权为基础资产的 PPP 项目资产证券化相对成熟。本章主要介绍 PPP 项目资产证券化的基本条件、主要参与者以及基本流程。

本章主要内容包括：

➤ PPP 项目资产证券化收益权资产的类型

➤ PPP 项目资产证券化的模式

➤ PPP 项目资产证券化交易结构设计

➤ PPP 项目资产证券化的基本条件

➤ 资产证券化标的 PPP 项目甄选标准

➤ PPP 项目资产证券化主要参与者

➤ PPP 项目资产证券化的基本流程

一、PPP 项目资产证券化收益权资产的类型

PPP 项目收费包括使用者付费、政府付费和可行性缺口补助三种模式，相应地，收益权资产也可分为使用者付费模式下的收费收益权、政府付费模式下的财政补贴、可行性缺口补助模式下的收费收益权和财政补贴。

1. 使用者付费模式

在使用者付费模式下，其基础资产是项目公司在特许经营权范围内直接向最终使用者供给相关服务和产品而享有的收益权。一般来说，这种模式下的 PPP 项目需求量可预测性强，现金流稳定且持续。但是，特许经营权的授予对资金实力、技术、管理经验等具有较高的要求，因此，在使用者付费模式下向 SPV 转让的基础资产一般是特许经营权产生的现金流入，而不是特许经营权的直接转让，比如市政供水和供热收费权、道路收费权、机场收费权等。

2. 政府付费模式

在政府付费模式下，其基础资产是 PPP 项目公司提供的基础设施和服务而享有的政府补贴的权利。在此模式下，项目公司提供的基础设施和服务的数量、质量和效率决定着项目公司可以获得政府补贴的多少且财政补贴应该符合财政承受能力的相关要求，即不得高于一般公共预算支出的10%。因此，在以政府财政补贴为基础资产的 PPP 项目的资产证券化中，政府财政能力、预算程度等会对其造成影响，因此需要重点考虑。

3. 可行性缺口补助模式

可行性缺口补助是指在使用者付费无法满足社会资本或项目公司的成本回收和合理汇报的情况下，由政府以财政补贴、股本投入、优惠贷款和其他优惠政策的形式，对项目公司做出经济补助。此模式适用于诸如科教文卫或

保障房建设之类、经营性系数较低、财务效益相对较差、直接向最终用户提供服务但仅凭收入无法覆盖投资和运营回报的项目。

在可行性缺口补助模式下，其基础资产是收益权和财政补贴，因此，它兼具使用者付费和政府付费两种模式的特点。

二、PPP 项目资产证券化的模式

在我国，以收益权为基础资产的 PPP 项目资产证券化主要有三种模式，分别为资产支持专项计划、资产支持票据、资产支持计划。

（一）资产支持专项计划

资产支持专项计划是指将特定的基础资产或资产组合通过结构化方式进行信用增级，以资产基础所产生的现金流为支持，发行资产证券化产品的业务活动。

中国银监会负责对资产支持专项计划的监管工作，但在实际操作中不会对具体产品进行审核，产品一般由上海证券交易所、深圳证券交易所或机构私募产品报价与服务系统负责挂牌审核，由基金业协会进行备案管理。

以收益权为基础资产的 PPP 项目开展资产支持专项计划的基本运作流程包括以下几个步骤，具体运作流程如图 12-1 所示。

（1）由券商或基金子公司等作为管理人设立资产支持专项计划，并作为销售机构向投资者发行资产支持证券募集资金；

（2）管理人将专项计划募集资金用于向 PPP 项目公司购买基础资产，由 PPP 项目公司负责收益权资产的后续管理；

（3）基础资产产生的现金流将定期归集到 PPP 项目公司在监管银行开立的资金归集账户，并定期划转到管理人在托管处开立的专项计划账户；

（4）托管人按照管理人的划款指令进行本息分配，通过中国证券登记结算有限责任公司向投资者兑付产品本息。

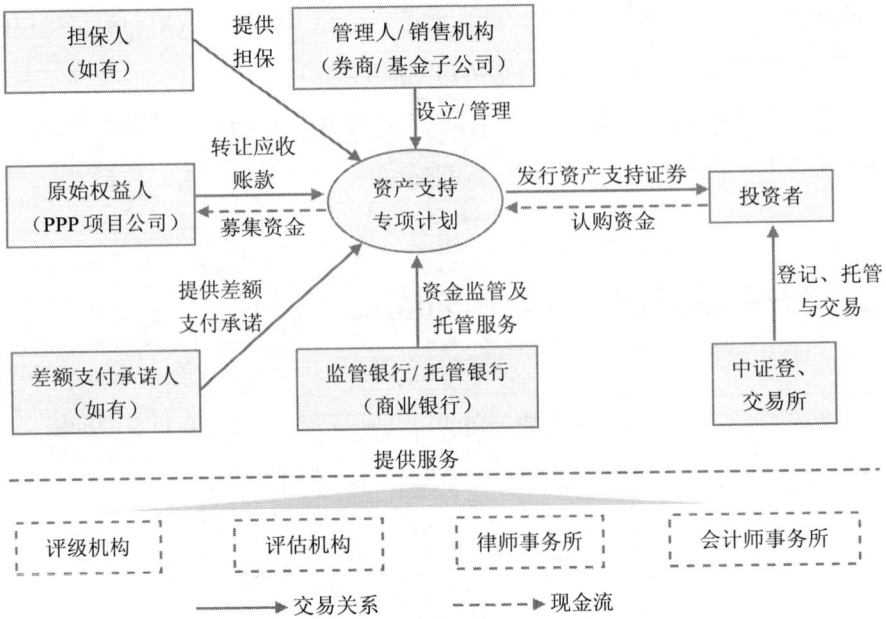

● 图 12-1　PPP 项目资产支持专项计划运作流程

（二）资产支持票据

资产支持票据是指非金融企业在银行间债券市场发行的，由基础资产所产生的现金流提供支持的，约定在一定时间内还本付息的债务融资工具。PPP 项目资产支持票据的基本操作流程包括以下几个步骤，具体运作流程如图 12-2 所示。

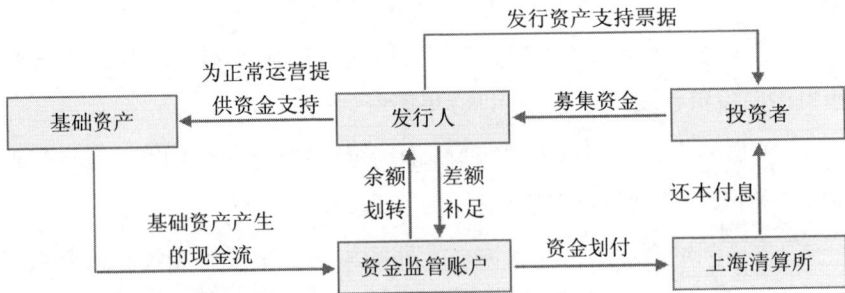

● 图 12-2　PPP 项目资产支持票据运作流程

（1）PPP 项目公司向投资者发行资产支持票据；

（2）PPP 项目公司将其基础资产产生的现金流定期归集到资金监管账户，PPP 项目公司对基础资产产生的现金流与资产支持票据应付本息差额部分承担补足义务；

（3）在资产支持票据本息兑付日前，监管银行将本期应付票据本息划转至上海清算所账户；

（4）上海清算所将本息及时分配给资产支持票据持有人。

（三）资产支持计划

资产支持计划是将基础资产托付给保险资管公司等专业管理机构，以基础资产所产生的现金流为支持，由受托机构作为发行人设立支持计划，合格投资者购买产品而获得再融资资金的业务活动。

PPP 项目以收益权为基础资产开展资产支持计划，其运作流程分为以下几个步骤，具体流程如图 12-3 所示。

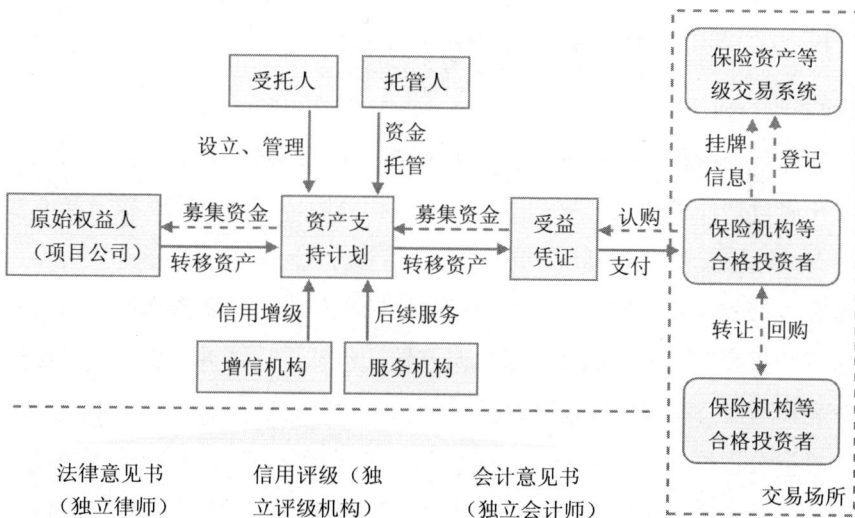

• 图 12-3 PPP 项目资产支持计划运作流程

（1）保险资管公司等专业管理机构设立资产支持计划；

（2）PPP 项目公司依照约定将基础资产移交给资产支持计划；

（3）保险资产管理公司面向保险机构等合格投资者发行受益凭证，受益凭证可按规定在保险资产登记交易平台发行、登记和转让；

（4）由托管人保管资产支持计划资产并负责资产支持计划项目下资金的拨付；

（5）托管人根据保险资产管理公司的指令，及时向受益凭证持有人分配本金和收益。

三、PPP 项目资产证券化交易结构设计

在 PPP 项目资产证券化的具体操作中，可以从不同的角度进行交易结构的设计，以下分别从基础资产类型、项目所处阶段、合同主体出发进行介绍。

（一）从基础资产类型出发

PPP 项目资产证券化的基础资产主要有三种，即收益权资产、债权资产和股权资产，可以选择与之相适应的资产证券化方式。

1. 收费收益权模式

收费收益权模式就是指将使用者付费收益权作为基础资产。在实践中，以使用者付费作为现金流来源的基础设施和公用事业收费收益权资产证券化已经有成熟的交易模式和不少成功案例。

在收费收益权模式中，项目公司是原始权益人，社会资本作为项目公司直接或间接股东不能直接取得基础资产转让价款，只能通过项目公司税后利润分配和项目公司利润预分配的途径获得证券化融资资金。

项目公司税后利润分配，但是在 PPP 项目运营早期，项目公司往往承担着巨额的固定资产折旧或无形资产摊销，很难实现税后盈利，社会投资人的退出受到限制。

项目公司利润预分配，实际上就是股东向公司借支。

2. 债权模式

若基础资产为 PPP 项目银行贷款或 PPP 项目金融租赁债权，则资产证券化产品的类型为信贷资产证券化，以商业银行或金融租赁公司为发起机构在

银行间市场发行信贷资产支持证券。目前，由商务部主管的融资租赁公司主要在交易所市场或报价系统发行资产支持专项计划。

若以承包商 / 分包商对项目公司拥有的企业应收账款 / 委托贷款为基础资产，则产品类型为资产支持专项计划、资产支持票据或资产支持计划，原始权益人或发行人为承包商 / 分包商。

3. 股权资产

当 PPP 项目进入运营阶段时，可以考虑以 PPP 项目公司作为融资主体，借助资产证券化、流动资金贷款等融资工具进行债务结构调整；也可以以项目公司股东为融资人，以项目公司股权或股权收益权作为标的进行融资，盘活存量资产。

目前，国内资产证券化实践中以股权或股权收益权作为基础资产的资产证券化项目以私募 REITs 为主。

（二）从 PPP 项目所处阶段出发

PPP 项目分为开发、建设和运营等阶段，其中，通常将开发和建设阶段合称为在建阶段。

1. PPP 项目在建阶段

PPP 项目处于在建阶段尚未产生现金流，进行资产证券化可以考虑采取以下三种模式：

一是设计双 SPV 模式，以在建项目的未来现金流收入所支持的信托收益权为基础资产，发行资产支持专项计划；二是以重大在建项目的未来现金流为支持，发行保险资产管理支持计划；三是以在建阶段商业银行的项目贷款或金融租赁公司提供设备融资的金融租赁债券为基础资产，大型信贷资产证券化产品。

2. PPP 项目运营阶段

PPP 项目进入运营阶段后，就会产生比较稳定的现金流，为开展资产证券化提供了成熟条件。在此阶段内，开展资产证券化可以选择以下几种模式：一是以收费收益权或财政补贴为基础资产，发行资产支持专项计划、资产支持票据或资产支持计划；二是以运营阶段商业银行的流动资金贷款或金融租赁债权为基础资产，发行信贷资产证券化产品；三是以 PPP 项目公司的股权或股权收益权为基础资产，发行类似于 REITs 产品。

（三）从合同主体出发

前文已经介绍过，PPP 项目的整个生命周期有一个复杂的合同体系，可以从 PPP 项目合同体系的不同主体出发设计资产证券化方案。

在 PPP 项目合同体系中，与资产证券化相关主体包括 PPP 项目实施主体即项目公司、为 PPP 项目提供贷款的商业银行或提供融资租赁服务的租赁公司、PPP 项目投资方即社会资本、PPP 项目合作方即承包商（分包商）。

从合同的不同主体出发，PPP 项目资产证券化的模式有如下选择：

一是以 PPP 项目公司为原始权益人或发行人，以收费收益权或财政补贴作为基础资产。

二是以商业银行或租赁公司为发起机构，以 PPP 项目银行贷款或租赁债权作为基础资产，资产出表后释放额度，继续发放新的贷款或租赁款，为 PPP 项目建设提供支持。

三是以社会资本为原始权益人或发行人，可以将基础资产的类型不再限制在 PPP 项目本身，以社会资本自身拥有的符合要求的基础资产发行资产证券化产品，募集资金以增资扩股或股东借款方式支持 PPP 项目公司。

四是以承 / 分包商为原始权益人，以 PPP 项目公司的应收账款或其他类型资产为基础资产，承 / 分包商获得募集资金后以垫资或委托贷款方式支持 PPP 项目公司。

四、PPP 项目资产证券化的基本条件

根据相关规定，开展资产支持专项计划、资产支持票据、资产支持计划，对原始权益人和基础资产均有一定的要求。下面以资产支持专项计划来介绍

该种模式下 PPP 项目需要具备的基本条件（从资产支持票据和资产支持计划的相关法规来看，资产支持票据和资产支持计划对于资产证券化基础资产的要求基本相同，只是在对原始权益人或发行人的要求存在一些区别，但是整体区别不大）。

（一）对原始权益人的基本要求

对原始权益人的基本要求有以下四点，如图 12-4 所示。

1　原始权益人为有限责任公司、股份有限公司、全民所有制企业或事业单位

2　原始权益人内部控制制度健全，具有持续经营能力，无重大经营风险、财务风险和法律风险

3　原始权益人最近 3 年未发生重大违约或虚假信息披露，人民银行企业信息信用报告中无不良信用记录

4　原始权益人最近 3 年未发生过重大违法、违规行为

• 图 12-4　资产证券化对原始权益人的基本要求

（二）对基础资产的基本要求

对基础资产的基本要求主要有以下几点：

（1）基础资产符合法律法规及国家政策规定，权属明确，可以产生独立、可预测的现金流且可以特定化。基础资产的交易基础应当真实，交易对价应当公允，现金流应当持续、稳定。若以存量项目（或已建成开始运营的项目）开展资产证券化，则还要求基础资产运营已有一定期限（比如 1 年以上），且现金流历史记录良好，数据容易获得。

（2）基础资产不得附带抵押、质押等担保负担或者其他权利限制，但通过专项计划相关安排，在原始权益人向专项计划转移基础资产时能够解除相关担保负担和其他权利限制的除外。原始权益人可以通过如下 3 种方式解除基础资产的抵质押等权利负担。

① 与贷款银行（或提供融资的其他金融机构）协商替换担保措施，将基

础资产的抵质押释放出来；

  ② 用部分募集资金提前还款，解除基础资产抵质押；

  ③ 发行前寻找过桥资金，提前还款解除基础资产抵质押。

  （3）基础资产不属于《资产证券化业务基础资产负面清单指引》的附件《资产证券化基础资产负面清单》的范围。

五、资产证券化标的 PPP 项目甄选标准

  根据《国家发展改革委 中国证监会关于推进传统基础设施领域政府和社会资本合作（PPP）项目资产证券化相关工作的通知》的规定，重点推动资产证券化的 PPP 项目范围包括以下四个方面，如图 12-5 所示。

1 项目已严格履行审批、核准、备案手续和实施方案审查审批程序，并签订规范有效的 PPP 项目合同，政府、社会资本及项目各参与方合作顺畅

2 项目工程建设质量符合相关标准，能持续安全稳定运营，项目履约能力较强

3 项目已建成并正常运营 2 年以上，已建立合理的投资回报机制，并已产生持续、稳定的现金流

4 原始权益人信用稳健，内部控制制度健全，具有持续经营能力，最近三年未发生重大违约或虚假信息披露，无不良信用记录

    ● 图 12-5 资产证券化的 PPP 项目范围

  根据《关于规范开展政府和社会资本合作项目资产证券化有关事宜的通知》的规定，优先支持水务、环境保护、交通运输等市场化程度较高、公共服务需求稳定、现金流可预测性较强的行业开展资产证券化，重点支持符合雄安新区和京津冀协同发展、"一带一路"、长江经济带等 PPP 项目开展资产证券化。

  具体来说，作为资产证券化的基础资产或底层资产赖以形成的载体，在甄选标的 PPP 项目时重点考虑的因素主要有三点，即 PPP 项目的合规性、可转让性以及现金流。

（一）项目的合规性

合规性是 PPP 项目获得稳定现金流的前提。PPP 项目的合规性包括 PPP 项目程序的合规性、融资合规性、是否存在对民营资本歧视性条款、PPP 项目资产 / 设施的基础建设的合规性、收费许可和定价依据、原始权益人是否符合标准、基础资产是否符合标准、地方融资平台作为社会资本、项目运营年限等。

1. PPP 项目程序

PPP 项目程序的合规性主要是通过审核相关文件、信息的合规性来确定。

- 县级以上人民政府出具的项目实施机构授权文件。
- 对于新建、改建项目来说，需要审核项目建议书、可行性研究报告（包括规划选址、用地预审、环评批复等支持性文件）以及批复文件、初步设计及批复文件。
- 物有所值评价报告及本级（县级以上）财政部门、行业主管部门审核意见。
- 财政承受能力论证报告及本级（县级以上）财政部门审核意见。
- 项目实施方案及本次（县级以上）人民政府审核意见。
- PPP 项目合同，以及社会资本采购的过程性文件，包括资格预审公告、采购公告、采购文件。
- 针对政府支出（包括政府付费、可行性缺口补助）的 PPP 项目，需审核预算支持文件，包括本级（县级以上）人大出具的年度预算决议、本级（县级以上）人大常委会出具的预算调整决议、财政部门出具的有关项目政府性支出纳入中长期财政规划的确认文件、财政承受能力报告及本级（县级以上）财政部门的审核意见。
- 项目入库确认文件 / 信息。

2. 融资合规性

现行 PPP 政策文件禁止 PPP 项目通过固定回报、明股实债、回购安排等方式进行变相融资，因此需对 PPP 项目合同等文件进行审核，并结合项目具体情况进行确认。如果项目公司/社会资本获得投资回报与项目绩效考核脱钩，则可能会被判定为"变相融资"。

3. 是否存在对民营资本歧视性条款

根据财政部《关于在公共服务领域深入推进政府和社会资本合作工作的通知》中第三条的规定："各级财政部门应确保采购过程公平、公正、公开，不得以不合理的采购条件（包括设置过高或无关的资格条件，过高的保证金等）对潜在合作方实行差别待遇或歧视性待遇，着力激发和促进民间投资。对民营资本设置差别条款和歧视性条款的 PPP 项目，各级财政部门将不再安排资金和政策支持。"因此，需要对社会资本采购文件进行审查，审核其中是否存在对民营资本差别条款或歧视性条款。

4. PPP 项目资产/设施的基础建设的合规性

对于包含新建、改扩建投资的 PPP 项目，考察项目是否依法履行了基建程序，包括固定资产投资审批、规划、用地、建设、环境评价、消防、验收等。对于不包括新建、改扩建投资的 PPP 项目：同样需要对项目用地、环境评价、消防、验收程度等完成情况进行审核。

在实践中，经常会出现 PPP 项目基础建设程序存在合规瑕疵的情形，但很少出现因这些瑕疵对项目资产/设施建成和投入使用造成实质性影响的情况。因此，为了避免 PPP 项目资产/设施的基础建设出现瑕疵，需要由有经验的管理人和律师对项目全套基建流程文件进行审查，并判断基建存在的瑕疵是否会对 PPP 项目的运作和资产证券化造成实质性的不利影响。同时，需要对基建瑕疵设计相应的风险缓解措施，由管理人在计划说明书等专项计划文件中进行充分披露和风险提示。

5. 收费许可和定价依据

如果 PPP 项目的现金流来自于使用者付费，则需要对收费许可和收费依据进行审核。

- 项目公司是否获得了相应的收费许可，且该许可有效。
- 收费价格的制定是否遵循政府定价或在政府指导价格的浮动范围内。

6. 原始权益人是否符合标准

PPP 项目资产证券化的原始权益人符合相关法规要求，国家发改委、中国证监会《关于推进传统基础设施领域政府和社会资本合作（PPP）项目资产证券化相关工作的通知》中对原始权益人的规定为"信用稳健，内部控制制度健全，具有持续经营能力，最近三年未发生违约或虚假信息披露，无不良信用记录"，这些要求与《企业资产证券化管理规定》中对特定原始权益人的要求基本相同。

7. 基础资产是否符合标准

根据负面清单，以下资产不能作为资产证券化的基础资产：

- 以地方融资平台公司为债务人的基础资产。
- 因空置等原因不能产生稳定现金流的不动产租金债权。
- 待开发或在建占比超过 10% 的基础设施、商业物业、居民住宅等不动产或相关不动产权益（当地政府证明已列入国家保障房计划并已开工建设的项目除外）。

8. 地方融资平台作为社会资本

根据《国务院办公厅转发财政部 发展改革委 人民银行关于在公共服务领域推广政府和社会资产合作模式指导意见的通知》对地方融资平台作为社会资本做出了规定："对已经建立现代企业制度、实现市场化运营的，在其承担的地方政府债务已纳入政府财政预算、得到妥善处置并明确公告今后不再承担地方政府举债融资职能的前提下，可作为社会资产参与当地政府和社会资本合作项目，通过与政府签订合同方式，明确责权利关系。严禁融资平台公司通过保底承诺等方式参与政府和社会资本合作项目，进行变相融资。"

9. 项目运营年限

国家发展改革委、中国证监会发布的《关于推进传统基础设施领域政府和社会资本合作（PPP）项目资产证券化相关工作的通知》中明确规定："进行资产证券化运作的 PPP 项目应满足'已建成并正常运营 2 年以上，已建立合理的投资回报机制，并已产生持续、稳定的现金流'。"

此处规定的"2 年"的运营期限从理论上说可以不予考虑或者是放宽期限，交由独立的专业机构对 PPP 项目的历史现金流记录进行检验和对未来现金流进行合理预测。在现阶段，符合"正常运营 2 年以上"的要求，是发改委系统甄选可开展资产证券化项目的优选标准，但它不应是 PPP 项目开展资产证券化的必要条件。

（二）可转让性

在 PPP 项目合同中，通常会对项目资产、项目公司股权、PPP 项目合同权利、项目收费收益权的转让、处置做出限制，通常会要求仅能在征得政府同意目的前提下，为项目融资目的进行转让或设定担保。也就是说，PPP 项目资产、项目公司股权、PPP 项目合同权利、项目收费收益权往往会被设定权利限制，这就要求在进行资产证券化的过程中必须取得政府的认可和配合，比如要求政府出具同意函。

在以 ROT、TOT 模式运作的存量 PPP 项目中，可以在 PPP 项目合同谈判阶段为后续实施资产证券化等融资运作预留条款接口。

（三）现金流

在 PPP 项目资产证券化中，PPP 项目运作的全套流程符合相关政策法规是判断现金流稳定和可预期的基本前提。针对政府付费（含可用性付费、可行性缺口补助）的 PPP 项目来说，还必须符合《预算法》《政府和社会资本合作项目财政管理暂行办法》等财政管理要求。

对 PPP 项目现金流的考察，主要集中在以下几个方面：

1. 基于不同现金流性质的考察

针对使用者付费、可用性付费、可行性缺口补助等付费模式，对现金流的考察有不同的侧重点，详见表 12-1。

表 12-1　基于不同现金流性质的考察

付费模式	考察重点
使用者付费	取得有关 PPP 设施市场需求量的专业论证结果（如高速公路的流量预测报告或可行性研究报告）； 核查使用者付费历史记录； 通过核查政府定价、政府指导价格的相关批文对定价机制和价格水平／区间进行考察； 审核 PPP 项目合同中的有关市场需求量、价格不能覆盖项目投资成本及投资者合理回报的风险缓释机制，如照付不议条款（在污水处理项目中往往表现为"保底水量"条款）； 核查 PPP 项目合同中有关市场占有的排他性条款
可用性付费	审核 PPP 项目设施是否满足 PPP 项目合同和法律对待定设施"可用性"的要求及财政承受能力的论证结果。实践中可通过核查以下相关文件资料确认 PPP 项目的"可用性"：各项工程验收文件、业主接收资产确认文件、项目试运行／运行开始确认文件、竣工决算／结算文件、项目资产评估报告； 财政承受能力论证结果
可行性缺口补助	审核 PPP 项目合同约定的可行性缺口补助支付条件； 审核 PPP 项目合同约定的可行性缺口不足支付金额预算方式； 财政承受能力论证结果

2. 与绩效挂钩的付费机制对现金流的影响

在现行 PPP 政策中，社会资本通过运营获得投资回报，且投资回报与投资、建设、运营等方面绩效考核结果挂钩是最根本的核心所在。因此，在资产证券化产品设计中，必须关注与绩效挂钩的付费机制对现金流的影响，并要对其做充分的信息披露和风险提示。

3. 调价机制对现金流的影响

无论是政府付费还是使用者付费，很多项目会在 PPP 项目合同中约定付费价格的调整方案，甚至会设置细致的调价程序和调价公式。在资产证券化产品的设计中，必须关注调价机制对现金流造成的影响，并对其做出充分的信息披露和风险提示。

4. PPP 项目资产评估报告

在 ROT、TOT 模式运营的存量 PPP 项目运作中，第三方出具的资产评估报告是编制项目实施方案必须参考的文件之一，且必须要在 PPP 综合信息平台对资产评估报告进行披露。根据实践，存量项目的资产评估报告是确定

TOT 转让价格和社会资本投资回报的重要依据，通过对其进行核查，以判断现金流取得的依据是否充分，现金流测算结果是否合理。

5. 地方政府财力

依据现行的 PPP 政策，从理论上来说，一个 PPP 项目依据法定程序完成采购和签约，则意味着该项目的政府付费处于地方政府支付能力阈值之内，地方政府必须履行在 PPP 项目合同项下的支付义务，包括但不限于依法将合同项下支出按年纳入预算及滚动纳入中长期财政规划。但在实践中，必须要对地方政府的实际财政能力进行深入考察，可以由相关专业机构对项目当地政府的财政能力进行评估并出具评估报告。

六、PPP 项目资产证券化主要参与者

在 PPP 项目资产证券化的过程中，涉及的参与者主要包括计划管理人、投资人、推广机构、评级机构、律师事务所以及会计师事务所。

（一）计划管理人

计划管理人是资产证券化重要的中介机构，对基础资产实施监督、管理，并负责对接发起人与投资者。收费收益权资产证券化的管理人一般为证券公司和基金子公司，成立专项资产管理计划，全面参与产品设计、销售发行，担任财务顾问。

（二）投资人

2014 年颁发的《证券公司及基金管理公司子公司资产证券化业务管理规定》对企业资产证券化的投资人进行了明确的规定："资产支持证券应当面向合格投资者发行，发行对象不得超过 200 人，单笔认购不少于 100 万元人民币发行面值或等值份额。合格投资者应当符合《私募投资基金监督管理暂行办法》规定的条件，依法设立并受国务院金融监督管理机构监管。"

目前的投资者主体为银行自营资金、理财资金，证券投资基金，资产管

理计划，信托管理计划等。由于企业资产证券化托管信息尚未公开，所以具体比例尚不可知。

（三）推广机构

一般来说，证券公司或基金管理公司子公司均可作为企业资产证券化产品的推广机构。在现实中，证券公司更为常见，这是因为券商一般作为计划管理人在整个产品设立、发行、管理过程中承担了许多工作，作为产品的整体协调人参与其中，负责沟通律师事务所、会计师事务所、评级机构、托管人等各方中介参与机构，具备主动管理能力和专业能力的优势。

各大收费收益权资产证券化推广机构的市场占有率按从多到少分别为恒泰证券、申万宏源、招商资管、中信证券、招商证券、国开证券、信达证券、民生证券、华泰证券和长城证券。由此可见，推广机构和计划管理人高度相关。

（四）评级机构

信用评级在资产证券化中至关重要，一方面有利于信息披露，向投资者揭示资产支持证券的信用风险，是投资者认购的重要参考标准；另一方面，帮助各参与主体综合考量基础资产和产品结构，全面认知资产支持证券面临的风险。

根据《证券公司及基金管理公司子公司资产证券化业务管理规定》第三十二条规定：资产支持证券的评级工作应当由取得中国证券化核准的证券市场资信评级业务的资信评级机构进行，分为初始评级和跟踪评级。目前，中诚信、联合信用、大公国际、新世纪评级、东方金诚、鹏元资信、中诚信国际、远东资信八家评级机构在收费收益权资产证券化市场占有率较高。

（五）律师事务所

律师事务所为资产证券化提供全流程的法律保障，确保项目的合法合规，在基础资产选择、特殊目的载体搭建、基础资产转让、信用增级、产品发行等各环节发挥专业作用。收费收益权资产证券化市场占有率超过 5% 的有 5 家，分别为锦天城律师事务所、大成律师事务所、中伦律师事务所、奋迅律师事务所和金杜律师事务所。

（六）会计师事务所

在资产证券化过程中，需要会计师对基础资产财务状况进行尽职调查和现金流分析，提供会计、税务咨询、审计服务，会计处理工作在资产证券化过程中至关重要。但在收费收益权资产证券化中，会计师事务所的市场占有率较为分散，天健会计师事务所（7.51%）、中兴财光华会计师事务所（6.88%）、立信会计师事务所（5.36%）、大华会计师事务所（5.31%）和中准会计师事务所（5.05%）。

七、PPP 项目资产证券化的基本流程

通过对以往的基础设施项目资产证券化产品发行流程进行整理，本书认为通行的 PPP 项目资产证券化一般会经过五个流程，即基础资产确认、尽职调查、设计交易结构、发行备案、发行。

（一）基础资产确认

根据资产证券化的定义及操作流程，确定基础资产，是进行资产证券化的起点和首要问题。《资产证券化业务管理规定》第三条规定：基础资产是指符合法律法规，权属明确，可以产生独立、可预测的现金流且可特定化的财产权利或者财产。同时，基础资产还需符合三个方面的要求，如图 12-6 所示。

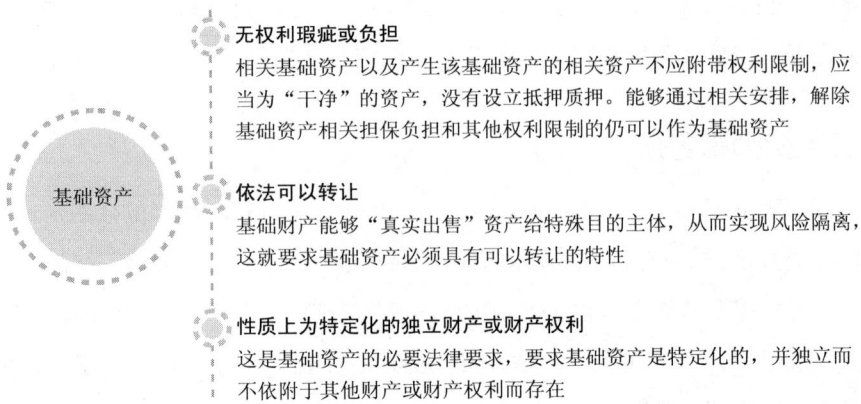

无权利瑕疵或负担
相关基础资产以及产生该基础资产的相关资产不应附带权利限制，应当为"干净"的资产，没有设立抵押质押。能够通过相关安排，解除基础资产相关担保负担和其他权利限制的仍可以作为基础资产

依法可以转让
基础财产能够"真实出售"资产给特殊目的主体，从而实现风险隔离，这就要求基础资产必须具有可以转让的特性

性质上为特定化的独立财产或财产权利
这是基础资产的必要法律要求，要求基础资产是特定化的，并独立而不依附于其他财产或财产权利而存在

基础资产

• 图 12-6　PPP 项目资产证券化基础资产应符合的要求

（二）尽职调查

尽职调查是整个 PPP 资产证券化项目中的首要基础性工作，也是律师在资产证券化操作实务中不可缺少的部分。对基础资产合法性的尽职调查应当包括基础资产的法律权属、转让的合法性、基础资产的运营情况或现金流历史记录，同时应当对基础资产未来的现金流情况进行合理预测和分析。

在 PPP 项目资产证券化的尽职调查中，为了对基础资产合规性以及基础资产可否作为资产证券化目的进行判断，进而对基础资产未来现金流做出合理预测和分析，律师除需完成与一般资产证券化业务中的基础尽职调查工作相契合，还应基于 PPP 项目的特点，关注于调查投资项目审批、PPP 项目实施审批、采购流程、参与主体等 PPP 项目形式合规性要求，并需对 PPP 项目是否存在"严禁通过保底承诺、回购安排、明股实债等方式进行变相融资"的情况及其核心边界条件、风险分配、收费机制等商业模式是否符合 PPP 项目实质合规性要求及其合理性等进行全面审查和分析。

（三）设计交易结构

在尽职调查中期，即基础资产调查基本完成之时即可开始设计交易结构，并根据交易所反馈的内容进行修改补充。

（四）发行备案

向交易所提交发行和申请挂牌文件，交易所确认符合挂牌条件后会出具无异议函。在此阶段，在交易结构基本确定之后即可与资金方沟通，以保证未来发行的顺利。根据银监会、中基协等部门的要求：在备案过程中，各机构监管部应对发起机构合规性进行考察，不再打开产品"资产包"对基础资产等具体发行方案进行审查；会计师事务所、律师事务所、评级机构等合格中介机构应针对证券化产品发行方案出具专业意见，并向投资者充分披露。

（五）发行

发行前需向证券交易所提交发行文件，并在中国证券投资基金业协会进行备案，取得备案确认函之后向交易所申请挂牌，取得证券代码后向中证登申请证券初始登记，之后即可正式发行。发行之后五个工作日之内向基金业协会备案。但需注意，已备案产品需在三个月内完成发行，三个月内未完成发行的需重新备案。

在此过程中，银行或企业等基础资产持有方可选择基金子公司或证券公司办理资产证券化的业务。改备案之后，交易所审查内容主要以信息披露为核心，重点关注基础资产、交易结构的合法合规性及投资者的适当性，所以律师事务所、评级机构和会计师事务所不仅需要针对证券化产品发行方案出具专业意见，并向投资者充分披露产品信息，也需要在项目前期介入以保证资产证券化产品发行的合规与顺利。

第十三章

PPP 项目资产证券化风险
防控及发展趋势

○───○

　　资产证券化对提升 PPP 项目的吸引力具有非常明显的作用，未来有稳定现金流的 PPP 项目可以通过资产证券化使社会资本能够提前收回投资，还可以赚取差价，这将增加社会资本投资 PPP 积极性，并提高资金使用效率。政府对 PPP 资产证券化也会提供各方面的便利和支持，PPP 项目资产证券化业务具有极其广阔的发展空间。

本章主要内容包括：
➤　PPP 项目资产证券化的风险防控
➤　PPP 项目资产证券化的发展趋势

一、PPP 项目资产证券化的风险防控

PPP 资产证券化对于调动广大社会投资者的参与，降低项目融资成本，分散项目投资风险，发挥市场在资源配置中的作用等方面有着较为明显的优势。但是，由于资产证券化本身的特点，PPP 资产证券化在实践中存在一些风险点，需要谨慎对待。

1. 保证 PPP 项目基础资产质量，预防金融系统风险

PPP 项目的基础资产质量对金融产品的质量有着至关重要的影响，低质量的基础资产只会形成低质量的金融产品，进而导致金融系统风险的蔓延。基础资产是证券化技术的根基，如果根基不牢靠，即便资产证券化结构设计得非常完美，使用的技术非常先进，风险分散效果非常好，那么风险控制也是无从谈起的。在 PPP 项目的建设过程中，可能会涉及诸多环节，如所有权、产权、技术、管理、生产设施等，任何一个环节上出现问题都会对整个项目的运行造成严重影响，进而影响项目的资金收益。

此外，PPP 项目具有建设周期长的特点，如果项目的质量不高，根本无法保证项目收益的长期可持续性。如果开展 PPP 项目进行资产证券化时不考虑基础资产的质量问题，一方面，容易造成社会资本低效使用的情况，对公共福利造成损害；另一方面，也会导致证券化的产品安全性无法得到保证，进而影响投资者的利益。因此，以规范和高质量的 PPP 项目作为基础资产才是资金流稳定安全的保障，也是进行 PPP 项目资产证券化的前提条件。

2. 防止资产证券化过度

资产证券化过度可能会导致项目实施的激励机制被扭曲，造成低质量的 PPP 项目堆积，甚至会导致出现一些项目假借 PPP 之名来达到自身融资目的的现象。

在美国的次贷危机中，人们认为导致危机形成的重要原因之一就是资产

证券化，人们之所以会这样认为，是因为金融机构能利用资产证券化将低质量的贷款打包出售，导致金融机构没有足够的动力来加强对信用风险的管理，从而产生大量低质量贷款。

由于国家在政策上对 PPP 项目资产证券化予以大力支持，商业银行、证券公司也为 PPP 资产证券化大开便利之门，这可能会为不少项目假借 PPP 旗号进行融资获利提供便利条件。因此，在 PPP 项目资产证券化的过程中要防止资产证券化过度，加强风险防范，否则很容易导致 PPP 泡沫化与空心化，最终伤害投资者和市场利益，也对 PPP 事业造成不利影响。

3. 全方位多角度考究，充分考虑各项变化

如果项目论证做得不够充分，可能会导致项目在后期实施中难度增大，进而对资产证券化产品的收益造成负面影响。

引入社会资本与政府一起对项目进行评估是 PPP 项目的主要优势之一，这样有利于充分发挥各方的信息优势，共同决策，制定出最佳方案。在进行项目论证时，各个参与方要进行全方位、多角度的考量，充分考虑到各种可能存在的变化。

在项目运作过程中，项目公司的资质会对项目的运营与管理绩效产生影响，政府的财政预算执行情况会对项目的收益性产生影响。PPP 项目只有保证良好的质量以及较高的社会价值与效益，才能保证项目收入来源的稳定。因此，只有设计足够好的机制来保证 PPP 项目的质量，才能保证资产证券化最终获得成功。

概括来说，要保证 PPP 项目资产证券化的顺利进行，需要做好以下三个方面的工作：

首先，政府和业界要更多地关注基础资产的质量，弄清并坚持 PPP 的根本属性，重视并坚持物有所值评价和财政承受能力论证，对项目运行的长期可持续性与收益性进行充分考查。在选取 PPP 资产证券化项目时，要坚持宁缺毋滥的原则，以达到真正提高社会福利和人民生活水平的目的。

其次，加快完善 PPP 资产证券化的配套措施。政府各部门在积极推动 PPP 资产证券化的过程中，应尽快完善相关法律，明确在 PPP 资产证券化过程中各主体的利益与责任，针对可能存在的风险点，要明确承担责任的相应

主体，并完善破产隔离保护机制。尤其要对 PPP 项目的公开透明性予以高度重视，保证项目的各个环节都能得到相应的监督。

最后，参与 PPP 项目资产证券化的各个主体要提高风险管理技术，培养高层次人才。一方面，各个参与主体可以吸收我国前期资产证券化的相关经验，为现阶段的资产证券化提供指导；另一方面，各个参与主体要积极学习发达国家 PPP 资产证券化风险管理技术，并在此基础上进行创新和发展。

二、PPP 项目资产证券化的发展趋势

PPP 强调的是"融智、融制、融资"，当社会资本尤其是民间资本需要寻求新的投资机会时，PPP 是一个很好的进入领域。由于一些社会资本方在某些行业领域并不具备专业优势，再加上地方融资需求与投资者偏好的背离，导致目前 PPP 项目还存在较大的融资缺口。而资产证券化融资具有表外融资的显著特点，这既有利于满足国家 PPP 政策对地方政府的要求，也有利于社会资本方的资金运作和投资回收。

PPP 项目资产证券化打通了"融资—落地—退出"的投融资链条，使 PPP 在我国的发展迈向了新高度，因此 PPP 项目资产证券化业务具有极其广阔的发展空间。

（一）政策利好，支持力度持续加码

在政策层面红利不断。2014 年 9 月，国务院在《关于加强地方政府债务管理的意见》（国发〔2014〕43 号）中就提出，推广使用政府与社会资本合作的模式，将资产证券化列为其中的一种方式；2014 年 11 月，国务院印发《关于创新重点领域投融资机制鼓励社会投资的指导意见》，明确提出了建立健全政府和社会资本合作（PPP）机制，发挥市场在资源配置中的决定性作用，大力发展债权投资计划、股权投资计划、资产支持计划等融资工具。

2014 年，证监会制定并出台了《证券公司及基金管理公司子公司资产证券化业务管理规定》，正式取消了资产证券化业务行政许可，实行基金业协

会事后备案和基础资产"负面清单"管理机制，为企业资产证券化业务迸发活力、快速发展释放了制度红利。

2016 年 12 月末，国家发展改革委、中国证监会联合印发《关于推进传统基础设施领域政府和社会资本合作（PPP）项目资产证券化相关工作的通知》，明确重点推动资产证券化的 PPP 项目范围。

此外，《关于推进传统基础设施领域政府和社会资本合作（PPP）项目资产证券化相关工作的通知》中还要求各省级发展改革委推荐 1 ~ 3 个首批拟进行证券化融资的传统基础设施领域 PPP 项目，报送国家发展改革委。国家发展改革委从中选取符合条件的 PPP 项目，加大扶持力度，发行 PPP 项目证券化产品，及时总结经验并交流推广。

2017 年 2 月 17 日，上交所、深交所分别发布《关于推进传统基础设施领域政府和社会资本合作（PPP）项目资产证券化业务的通知》，鼓励支持 PPP 项目企业及相关中介机构依法积极开展 PPP 项目资产证券化业务。此外，沪深交易所成立 PPP 项目资产证券化工作小组，明确专人负责落实，对于符合条件的优质 PPP 项目资产证券化产品建立绿色通道，提高受理、评审和挂牌转让工作效率。2017 年 3 月 8 日，首批项目就在交易所受理，2017 年 3 月 10 日即有项目获批发行成功。

2017 年 6 月 19 日，财政部、中国人民银行、中国证监会联合发布了《关于规范开展政府和社会资本合作项目资产证券化有关事宜的通知》（财金〔2017〕55 号），对政府和社会资本合作（PPP）项目资产证券化的业务类型、筛选标准、工作程序和监督管理等进行了规范。各部委之间紧密配合，落地进度大超预期，充分显示出政府推进 PPP 的坚定决心。

（二）开辟社会资本退出新渠道

通常来说，在政府和社会资本合作项目中，社会资本在运营期满后完成移交是最为理想的结果。然而，PPP 项目具有合作周期长、投资金额大的特点，项目从建设到运营各个环节中都存在着一定的风险，所以如何转移风险是 PPP 参与者关注的焦点。

由于 PPP 项目合作周期长，退出方式有限，PPP 项目普遍面临融资难的问题，而资产证券化政策的出台为解决'难退出'这一痛点提供了有利条件。随着首批 PPP 资产证券化项目的顺利发行，资产证券化为 PPP 参与者开辟了新的退出渠道，有利于盘活 PPP 项目存量资产，提高资金使用效率，降低 PPP 融资成本，提升社会资本参与 PPP 项目的积极性。同时，PPP 资产证券化的提速将有助于 PPP 模式的推广和项目的加速落地。

畅通的退出渠道、完善的退出机制是社会资本参与 PPP 项目的重要保障，2016 年 8 月国家发展改革委印发的《关于切实做好传统基础设施领域政府和社会资本合作有关工作的通知》专门强调："要构建多元化退出机制，政府和社会资本合作期满后，按照合同约定的移交形式、移交内容和移交标准，及时组织开展项目验收、资产交割等工作。推动 PPP 项目与资本市场深化发展相结合，依托各类产权、股权交易市场，通过股权转让、资产证券化等方式，丰富 PPP 项目投资退出渠道。提高 PPP 项目收费权等未来收益变现能力，为社会资本提供多元化、规范化、市场化的退出机制，增强 PPP 项目的流动性，提升项目价值，吸引更多社会资本参与。"

2017 年 2 月 28 日和 3 月 1 日，财政部 PPP 中心还先后与天津金融资产交易所和上海联合产权交易所合作成立 PPP 资产交易平台。ABS 与资产交易平台两个政策相结合，打通了 PPP 资产流转交易的二级市场，完善了社会资本退出渠道，显著提高了 PPP 资产的流动性，有利于吸引更多资本来参与 PPP 的投资。

（三）公募 REITs 和私募 ABS 多元发展

虽然 PPP 和资产证券化的发展如火如荼，但面临的问题和困难同样很多，比如社会资本参与 PPP 项目的积极性不高，PPP 项目降杠杆作用未充分发挥；二级市场缺少长期资金参与，限制了一级市场项目转化为二级市场投资标的；PPP 项目整体收益率不高，对投资者的吸引力不足等。

要改变这些状况，必须发展出适宜长期资金投资的资产证券化工具，如公募 REITs。《中华人民共和国证券投资基金法》已经为公募基金参与一级市场投资提供了制度条件，现有的封闭式基金是一个很好的载体，可以用于发展符合公募要求的一级市场集合投资工具。

　　与 IPO 未来收益的不确定性不同，REITs 需将收益的绝大多数进行定期分红，具有相对稳定的现金流。同时，REITs 还需进行分散化投资和充分的信息披露，这些特点与公募基金的架构最为相似。

　　作为长期封闭运作的公募 REITs，可以向 PPP 项目运营方派驻董事或高级管理人员，完善项目治理，改善经营绩效，为公众投资者提供稳健的长期回报。这一特征既可以吸引银行理财等短期资金通过公募 REITs 转化为长期资本，还可以为养老金资产配置提供新的工具。

　　公募 REITs 和私募 ABS 多元发展，最终使各类长短期资金各取所需，促进 PPP 项目资产证券化二级市场的繁荣，并为一级市场各类资本的退出提供通畅的渠道，从而彻底激活 PPP 项目和资本市场投资链条。

第十四章

PPP 项目资产证券化案例解析

随着各类 PPP 资产证券化的相关政策明确，PPP 资产证券化的进程加快，产品纷纷落地。国家发展改革委向证监会提供了首批 9 单 PPP 资产证券化项目的推荐函，其中有 4 单产品已经获批在上交所和深交所发行，总规模达 27.14 亿元。这 4 单产品为中信建投—网新建投庆春路隧道 PPP 项目资产支持专项计划、中信证券—首创股份污水处理 PPP 项目收费收益权资产支持专项计划、华夏幸福固安工业园区新型城镇化 PPP 项目供热收费收益权资产支持专项计划和广发恒进—广晟东江环保虎门绿源 PPP 项目资产支持专项计划。

本章主要内容包括：

➤ 中信建投—网新建投庆春路隧道 PPP 项目资产支持专项计划

➤ 中信证券—首创股份污水处理 PPP 项目收费收益权资产支持专项计划

➤ 华夏幸福固安工业园区新型城镇化 PPP 项目供热收费收益权资产支持专项计划

➤ 广发恒进—广晟东江环保虎门绿源 PPP 项目资产支持专项计划

一、中信建投—网新建投庆春路隧道 PPP 项目资产支持专项计划

全国首批、浙江省首单 PPP 资产证券化产品"中信建投—网新建投庆春路隧道 PPP 项目资产支持专项计划"顺利完成簿记发行，最终结果为：优先 A 档，期限 14 年，评级 AAA，规模 7 亿；优先 B 档，期限 14 年，评级 AAA，规模 4 亿，该资产支持专项计划期限与金额均保持首批领先地位，最终兴业银行股份有限公司、浙商银行股份有限公司、南京银行股份有限公司完成认购，利率分别为 4.05% 和 4.15%。

中信建投—网新建投庆春路隧道 PPP 项目资产支持专项计划资产支持证券共有 3 个品种。"优先 A 级资产支持证券"预期到期日为 2031 年 3 月 13 日，转让简称为"17 庆春 A"，转让代码为 142897，详见表 14-1；"优先 B 级资产支持证券"预期到期日为 2031 年 3 月 13 日，转让简称为"17 庆春 B"，转让代码为 142898，详见表 14-2；"次级资产支持证券"预期到期日为 2031 年 3 月 13 日，转让简称为"17 庆春次"，转让代码为 142899，详见表 14-3。上海证券交易所将于 2017 年 3 月 28 日开始为"中信建投—网新建投庆春路隧道 PPP 项目资产支持专项计划资产支持证券"提供转让服务。

表 14-1　中信建投—网新建投庆春路隧道 PPP 项目资产支持专项计划有限 A 级资产支持证券

产品名称	中信建投—网新建投庆春路隧道 PPP 项目资产支持专项计划有限 A 级资产支持证券
证券简称	17 庆春 A
证券代码	142897
发行量（亿元）	7
期限（年）	14

续表

产品名称	中信建投—网新建投庆春路隧道 PPP 项目资产支持专项计划有限 A 级资产支持证券
计划起息日（YYYY/MM/DD）	2017/3/13
到期日（YYYY/MM/DD）	2031/3/13
年收益率（%）	4.05%
利息种类	固定利率
付息方式	每半年付息
总付息次数	28 次
发行价格	100
收益分配日期	2017 年 9 月 13 日、2018 年 3 月 13 日、2018 年 9 月 13 日、2019 年 3 月 13 日、2019 年 9 月 13 日、2020 年 3 月 13 日、2020 年 9 月 14 日、2021 年 3 月 15 日、2021 年 9 月 13 日、2022 年 3 月 14 日、2022 年 9 月 13 日、2023 年 3 月 13 日、2023 年 9 月 13 日、2024 年 3 月 13 日、2024 年 9 月 13 日、2025 年 3 月 13 日、2025 年 9 月 15 日、2026 年 3 月 13 日、2026 年 9 月 14 日、2027 年 3 月 15 日、2027 年 9 月 13 日、2028 年 3 月 13 日、2028 年 9 月 13 日、2029 年 3 月 13 日、2029 年 9 月 13 日、2030 年 3 月 13 日、2030 年 9 月 13 日、2031 年 3 月 13 日
信用等级（如 AAA，若有）	AAA
信用等级评定单位（若有）	上海新世纪资信评估投资服务有限公司
专项计划备案日	2017/3/16
管理人	中信建投证券股份有限公司

表 14-2 中信建投—网新建投庆春路隧道 PPP 项目资产支持专项计划有限 B 级资产支持证券

产品名称	中信建投—网新建投庆春路隧道 PPP 项目资产支持专项计划有限 B 级资产支持证券
证券简称	17 庆春 B
证券代码	142898
发行量（亿元）	4
期限（年）	14
计划起息日（YYYY/MM/DD）	2017/3/13
到期日（YYYY/MM/DD）	2031/3/13

续表

产品名称	中信建投—网新建投庆春路隧道 PPP 项目资产支持专项计划有限 B 级资产支持证券
年收益率（%）	4.15%
利息种类	固定利率
付息方式	每半年付息
总付息次数	28 次
发行价格	100
收益分配日期	2017 年 9 月 13 日、2018 年 3 月 13 日、2018 年 9 月 13 日、2019 年 3 月 13 日、2019 年 9 月 13 日、2020 年 3 月 13 日、2020 年 9 月 14 日、2021 年 3 月 15 日、2021 年 9 月 13 日、2022 年 3 月 14 日、2022 年 9 月 13 日、2023 年 3 月 13 日、2023 年 9 月 13 日、2024 年 3 月 13 日、2024 年 9 月 13 日、2025 年 3 月 13 日、2025 年 9 月 15 日、2026 年 3 月 13 日、2026 年 9 月 14 日、2027 年 3 月 15 日、2027 年 9 月 13 日、2028 年 3 月 13 日、2028 年 9 月 13 日、2029 年 3 月 13 日、2029 年 9 月 13 日、2030 年 3 月 13 日、2030 年 9 月 13 日、2031 年 3 月 13 日
信用等级（如 AAA，若有）	AAA
信用等级评定单位（若有）	上海新世纪资信评估投资服务有限公司
专项计划备案日	2017/3/16
管理人	中信建投证券股份有限公司

表 14-3　中信建投—网新建投庆春路隧道 PPP 项目资产支持证券次级

产品名称	中信建投—网新建投庆春路隧道 PPP 项目资产支持证券次级
证券简称	17 庆春次
证券代码	142899
发行量（亿元）	0.58
期限（年）	14
计划起息日（YYYY/MM/DD）	2017/3/13
到期日（YYYY/MM/DD）	2031/3/13
年收益率（%）	—
利息种类	—
付息方式	到期一次还本付息
总付息次数	—
发行价格	100
收益分配日期	—
信用等级（如 AAA，若有）	—
信用等级评定单位（若有）	—
专项计划备案日	2017/3/16
管理人	中信建投证券股份有限公司

该项计划以浙江浙大网新集团有限公司下属子公司——杭州庆春路过江隧道有限公司拥有的杭州市庆春路隧道专营权合同收益作为基础资产。专项计划设置了合理的内部结构化分层、差额支付、回售和赎回支持等增信措施，根据 PPP 项目的特性设置了合理严格的资金管理制度，是我国 PPP 项目资产证券化产品的试点示范案例，对盘活 PPP 项目存量大类资产，提高 PPP 项目资产流动性，吸引更多社会资本参与 PPP 项目建设，推动我国 PPP 模式持续健康发展具有重要意义。

中信建投方面表示，中信建投—网新建投庆春路隧道 PPP 项目资产支持专项计划是中信建投证券又一快速高效落地的高标准创新性金融产品。本资产支持专项计划是中信建投证券通过上海证券交易所的 PPP 项目资产证券化绿色通道，经过高效严格评审后快速落地的资产证券化项目。

二、中信证券—首创股份污水处理 PPP 项目收费收益权资产支持专项计划

中信证券—首创股份污水处理 PPP 项目收费收益权资产支持专项计划（简称"专项计划"）作为首单 PPP 证券化项目已于 2017 年 3 月 13 日正式成立，成为 2016 年 12 月国家发改委、中国证监会联合发布《关于推进传统基础设施领域政府和社会资本合作（PPP）项目资产证券化相关工作的通知》后第一个正式落地的 PPP 资产证券化项目，也是首单落地的环保类 PPP 资产证券化项目。本次专项计划由于其优质的基础资产、合理的交易结构设计，最终吸引了包括银行、券商、保险、基金等数十家机构投资者的追捧和踊跃认购。

本次专项计划于 2017 年 3 月 13 日正式成立，由北京首创股份有限公司携手中信证券共同设立，以首创股份旗下山东地区四家全资水务公司作为原始权益人，以四家水务公司持有的污水处理 PPP 项目下的收费收益权为基础资产。上述污水处理厂的运营时间均在两年以上，经营模式成熟、现金流稳定，工艺技术领先，在严格履行相关程序之后，完全符合《通知》中对 PPP 项目进行资产证券化的要求。

PPP 项目运作与资产证券化

本次专项计划总规模为 5.3 亿元，其中优先级资产支持证券规模 5 亿元，次级资产支持证券规模 0.3 亿元。优先级资产支持证券分为优先 01 至优先 18 共计 18 档，产品期限分别为 1 ~ 18 年不等，其中优先 04 至优先 18 每 3 年附有回售、赎回选择权。优先级资产支持证券按季还本付息，现金流的回流和分配分别设置独立账户，顺序明晰。

此外，专项计划还设置了完备的增信措施，包括优先 / 次级结构化分层，污水处理费收入现金流超额覆盖，首创股份对优先级本息的兑付提供差额补足、对原始权益人运营提供流动性支持以及对优先 04 至优先 18 档证券的回售和赎回提供承诺等，产品安全性极高，获得了中诚信证评给予的 AAA 评级。

本专项计划的资产支持证券具体情况详见表 14-4。

表 14-4　中信证券—首创股份污水处理 PPP 项目收费收益权资产支持专项计划具体情况

资产支持证券简称	发行规模（万元）	预期收益率	信用评级	预期到期日	面值（元）	还本付息安排
17 首创 01	1600	3.70	AAA	2018 年 3 月 20 日	100	
17 首创 02	1800	3.98	AAA	2019 年 3 月 20 日	100	
17 首创 03	2000	4.60	AAA	2020 年 3 月 20 日	100	
17 首创 04	2000	4.60	AAA	2021 年 3 月 20 日	100	每季度付息、第 y 年分四次还本(y = 1,2,3)
17 首创 05	2200	4.60	AAA	2022 年 3 月 20 日	100	
17 首创 06	2200	4.60	AAA	2023 年 3 月 20 日	100	① 每季度付息、第 y 年分四次还本（ y =
17 首创 07	2400	4.60	AAA	2024 年 3 月 20 日	100	4,5,……，18)
17 首创 08	2600	4.60	AAA	2025 年 3 月 20 日	100	
17 首创 09	2600	4.60	AAA	2026 年 3 月 20 日	100	② 每 3 年投资者拥有
17 首创 10	2800	4.60	AAA	2027 年 3 月 20 日	100	回售选择权
17 首创 11	2800	4.60	AAA	2028 年 3 月 20 日	100	③ 每 3 年原始权益人
17 首创 12	3000	4.60	AAA	2029 年 3 月 20 日	100	拥有赎回选择权
17 首创 13	3200	4.60	AAA	2030 年 3 月 20 日	100	每季度基础资产现金
17 首创 14	3200	4.60	AAA	2031 年 3 月 20 日	100	流偿付完优先级本息后
17 首创 15	3600	4.60	AAA	2032 年 3 月 20 日	100	的剩余收益支付次级
17 首创 16	3800	4.60	AAA	2033 年 3 月 20 日	100	
17 首创 17	4000	4.60	AAA	2034 年 3 月 20 日	100	
17 首创 18	4200	4.60	AAA	2035 年 3 月 20 日	100	
17 首创次	3000	—	—	2035 年 4 月 30 日	100	
合计（万元）	5300000					
推广对象	由合格投资者认购					
托管人	中信银行股份有限公司总行营业部					
登记机构	中国证券等级阶段有限责任公司上海分公司					
流动性安排	优先级证券通过上海证券交易所固定收益证券综合电子平台进行转让					

三、华夏幸福固安工业园区新型城镇化 PPP 项目供热收费收益权资产支持专项计划

华夏幸福固安工业园区新型城镇化 PPP 项目供热收费收益权资产支持专项计划是首批 PPP 项目资产证券化中唯一一单园区 PPP 项目资产支持专项计划。该资产支持专项计划的发行人为华夏幸福基业股份有限公司（以下简称华夏幸福）下属全资子公司固安九通基业公用事业有限公司，拟发行规模 7.06 亿元。

在产品结构方面，华夏幸福固安 PPP 资产支持专项计划采用结构化分层设计，优先级资产支持证券募集规模为 6.7 亿元，分为 1 年至 6 年期 6 档，均获中诚信证券评估有限公司给予的 AAA 评级；次级资产支持证券规模 0.36 亿元，期限为 6 年，由九通基业投资有限公司（华夏幸福全资子公司、原始权益人固安九通基业公用事业有限公司控股股东）全额认购。

该专项计划优先级 4 ~ 6 档在存续期内第三年末设置利率调整、购回和售回机制，即第三年末原始权益人有权选择购回全部优先级资产支持证券，且投资者有权将其持有的优先级资产支持证券全部或部分售回给原始权益人。

此外，作为国内领先的产业新城运营商，华夏幸福作为本交易差额支付承诺人和保证人，其提供的不可撤销的差额补足承诺可为本专项计划优先级资产支持证券本息的偿付提供较强的保障。

华夏幸福固安工业园区新型城镇化 PPP 项目供热收费收益权资产支持专项计划的要素详见表 14-5。

表 14-5　华夏幸福固安工业园区新型城镇化 PPP 项目供热收费收益权资产支持专项计划

证券简称	信用级别	发行规模（亿元）	预期年收益率（%）	兑付日
17 九通 A1	AAA	0.58	3.90	2018 年 4 月 24 日
17 九通 A2	AAA	0.80	5.00	2019 年 4 月 24 日
17 九通 A3	AAA	1.02	5.20	2020 年 4 月 24 日

证券简称	信用级别	发行规模（亿元）	预期年收益率（%）	兑付日
17 九通 A4	AAA	1.28	5.20	2021 年 4 月 23 日
17 九通 A5	AAA	1.43	5.20	2022 年 4 月 22 日
17 九通 A6	AAA	1.59	5.20	2023 年 4 月 24 日
17 九通次	—	0.36	—	2023 年 4 月 24 日
推广对象	合格投资者			
托管人	中国邮政储蓄银行股份有限公司北京分行			
登记机构	中国证券登记结算有限责任公司上海分公司			

该项资产支持专项计划依托的固安 PPP 项目是国内最优秀的园区 PPP 项目，曾获得国务院办公厅通报表扬，并入选了国家发改委 PPP 示范项目和财政部联合发布的第三批 PPP 示范项目名单。固安 PPP 项目正在持续地为华夏幸福贡献营业收入和现金流，华夏幸福 2016 年园区结算收入同比增长81.7%，达到 177.59 亿元，其中固安 PPP 项目功不可没。

不仅如此，年销售额超过 1200 亿元的国内领先的产业新城运营商华夏幸福作为本交易差额支付承诺人和保证人，其提供的不可撤销的差额补足承诺也为本专项计划优先级资产支持证券本息的偿付提供较强的保障。

四、广发恒进—广晟东江环保虎门绿源 PPP 项目资产支持专项计划

广发恒进—广晟东江环保虎门绿源 PPP 项目资产支持专项计划发行规模3.2 亿元，其中优先级规模 3 亿元，分为 3 ~ 15 年期 5 档，均获 AAA 评级，由民生银行全额认购，发行利率 4.15%；次级规模 0.2 亿元，期限为 15 年，由原始权益人东莞市虎门绿源水务有限公司（以下简称"绿源水务"）认购。

该专项计划由广发证券资产管理（广东）有限公司作为管理人，以东江环保控股子公司绿源水务建设和运营的虎门镇宁州污水处理厂、虎门镇海岛污水处理厂项目的污水处理收益权作为基础资产，根据 PPP 项目的特性设置了合理严格的资金管理制度和增信措施。

绿源水务是虎门镇唯一的污水处理商，虎门宁洲污水处理厂处理量为 10 万吨／日；虎门海岛污水处理厂处理量为 1 万吨／日。两家污水处理厂均已正常运营 2 年以上，服务人口约为 85 万人，为当地的环保事业做出了积极的贡献；项目盈利模式成熟，运营稳定，效益突出，信用稳健，内控制度健全，履约能力较强。

该专项计划优先级资产支持证券获中诚信证券评估有限公司给予 AAA 评级。项目还获得广东省融资再担保公司的增信担保优先级，广东再担保是由粤财控股代表广东省政府全额出资成立的省级再担保公司，也是全国首家获得 AAA 级主体评级的省级再担保机构。

该专项计划基本情况详见表 14-6。

表 14-6　广发恒进—广晟东江环保虎门绿源 PPP 项目资产支持专项计划

证券类别	信用评级	发行规模（万元）	预期收益率	预期到期日	还本付息方式
虎门绿源 01	AAA	4100	4.15%	2020 年 3 月 21 日	按半年偿付本息
虎门绿源 02	AAA	4900	4.15%	2023 年 3 月 21 日	按半年偿付本息
虎门绿源 03	AAA	5800	4.15%	2026 年 3 月 21 日	按半年偿付本息
虎门绿源 04	AAA	6900	4.15%	2029 年 3 月 21 日	按半年偿付本息
虎门绿源 05	AAA	8300	4.15%	2032 年 3 月 21 日	按半年偿付本息
次级	—	2000	—	2032 年 3 月 21 日	无预期收益率，待偿付完全部优先级本金后分配次级收益

该专项计划各类别资产支持证券面值均为人民币 100 元，每份资产支持证券的参与价格为人民币 100 元。该专项计划通过销售机构向境内合格投资者非公开发行。投资者认购的资产支持证券将登记在其在中国证券登记结算有限责任公司深圳分公司开立的人民币普通股票类或基金类证券账户中。专项计划发行结束后，计划管理人将向深圳证券交易所提出上市或交易流通申请。

东江环保作为广发证券的战略客户和深港两地上市公司，是国内危废处理行业龙头企业，此次共将获得融资 9.2 亿元，有利于其实现跨越式发展。

PPP 项目运作与资产证券化

在不少机构看来，PPP 证券化为社会资本提供了退出机制，对吸引社会资本参与 PPP 项目起到积极作用，有望持续推动上市公司订单和业绩增长，其中，污水垃圾处理、园区基础设施领域中拥有稳定现金流项目和充裕 PPP 项目订单的上市公司将率先受益。随着东江环保 PPP 资产证券化产品的落地，有利于自身盘活存量资产，降低整体融资成本，优化财务结构，提高 PPP 项目资产流动性。